EL FUEGO
QUE DESCIENDE DEL
CIELO

EL FUEGO
QUE DESCIENDE DEL
CIELO

La nueva era del Espíritu Santo

ELIZABETH CLARE PROPHET

SUMMIT UNIVERSITY ✣ PRESS ESPAÑOL®

Gardiner, Montana

Índice

Y en los postreros días, dice Dios,
derramaré de mi Espíritu sobre toda carne,
y vuestros hijos y vuestras hijas profetizarán;
vuestros jóvenes verán visiones,
y vuestros ancianos soñarán sueños

Hechos 2:17

Prólogo

Hace dos mil años, un pequeño grupo de hombres y mujeres se reunía en el aposento alto, en la ciudad de Jerusalén, a la espera de recibir «el poder desde lo alto». El primer día de Pentecostés, ese poder descendió con el «estruendo como de un viento recio», asentándose sobre cada uno de ellos en «lenguas repartidas, como de fuego».

Ese poder les trasformó la vida. Nadie habría pensado que esos humildes hombres y mujeres pudieran lograr nada. Sin embargo, fueron catalizadores de una revolución espiritual que alcanzó al mundo entero y cambió el curso de la historia. Así es el poder del Espíritu Santo.

Hoy, dos mil años después, nos encontramos en tiempos de guerra y rumores de guerra, hambruna, movimientos sísmicos e inundaciones. Muchos ven esto como el fin de los tiempos que se predijo. Otros lo ven como el amanecer de una nueva era. Pero la profecía dice que el fuego del Espíritu se derramará sobre toda carne. Cuando miramos al mundo que nos rodea, nos damos cuenta de que la necesidad del momento es urgente. Porque, ¿qué otra esperanza hay? ¿Qué otra cosa puede tan siquiera empezar a abordar los desafíos que vemos en el mundo de hoy?

De modo que debemos prepararnos para recibir el fuego del Espíritu Santo. No veo alternativa. Cuando usted reciba ese fuego descubrirá que es una experiencia diferente a todas las demás. Se dará cuenta, como yo, de que el Espíritu Santo es el poder para cambiar su vida.

Inicié mi trayectoria en la iglesia como ministro luterano; de hecho, ministro luterano de cuarta generación. Gracias a Dios las cosas me fueron muy bien en esta vocación. Recibí muchos honores por mi servicio a la comunidad. Aparentemente me esperaba una vida maravillosa y un gran futuro.

Pero llegado a cierto punto me di cuenta de que ya no podía continuar. Un domingo di un sermón, «¿Merece la pena salvar el protestantismo?». Mi conclusión fue que el protestantismo ya estaba muerto. Solo esperaba a que le llegara el funeral. Así es la vida en la iglesia sin el Espíritu Santo.

Y así, comencé mi búsqueda, una búsqueda que duró diez años y me llevó a Elizabeth Clare Prophet, una profeta moderna como nunca había visto a nadie. La primera vez que la vi sentí que el poder del Espíritu fluía a través de ella. Lloré de alegría. Supe que estaba en mi casa, y supe que mi vida ya no sería la misma.

Unos pocos meses después asistí a una serie de sermones de la Sra. Prophet titulados: «La conversión del Espíritu Santo en la Nueva Jerusalén». Esos doce sermones tuvieron un enorme impacto en mi vida. Yo había ido al seminario, claro está, y sabía del Espíritu Santo. De vez en cuando había sentido el fluir de ese Espíritu. Pero estar presente para escuchar esos sermones me cambió la vida. Fue una experiencia del Espíritu Santo a un nivel profundo y personal que jamás habría imaginado fuera posible.

Supe que esa era la verdad que llevaba buscando toda mi vida. Esos sermones fijaron el rumbo de mis años posteriores de ministerio y establecieron la base de muchas de mis experiencias como predicador de la Palabra. Su mensaje me ha impulsado hacia adelante desde entonces.

El Espíritu Santo es un regalo de Dios. Sin embargo, es necesario que nos preparemos para recibirlo. Dios no vierte su Espíritu en un recipiente con fugas. Debemos satisfacer ciertas condiciones, las cuales Jesús nos enseña a través de estos sermones. Una de esas condiciones es la obediencia a la voluntad de Dios, la ley interior de nuestro ser.

Otra clave se puede deducir de unas frases de la Biblia que han significado mucho para mí: «Todo lo puedo en Cristo que me fortalece»; «No puedo yo hacer nada por mí mismo»; «Bástate mi gracia; porque mi poder se perfecciona en la debilidad».

Cuando somos débiles en nuestro ego y en nuestro sentimiento de que el *yo* es el que obra, entonces el Espíritu Santo puede obrar en nosotros. Pero si uno quiere sentirse dotado de poder, si uno quiere decir «¡mira lo que puedo lograr!», ¡olvídese! Dios no hace, así las cosas. Dios puede obrar en usted y a través de usted solo cuando tenga un espíritu humilde; lo sé por experiencia.

El Espíritu Santo es la ayuda más grande que uno pueda tener en su vida. Antes de cada sermón siempre he ofrecido esta oración: «Crea en mí, oh, Dios, un corazón limpio, y renueva un espíritu recto dentro de mí. Que solo hable la verdad. Ven, Espíritu Santo, ilumíname». Cuando he hecho este llamado, mi oración ha recibido respuesta. Ese es mi testimonio.

Como jubilado, cada día puedo pasar más tiempo en oración, en meditación y practicando la ciencia de la Palabra hablada. Cierro cada sesión en el nombre del Padre, de la Madre, del Hijo y del amigo más bendito que tengo, el Espíritu Santo. Y por su Espíritu, que puede vivir dentro de todos nosotros, cada día se vuelve más rico y hermoso que el anterior.

Esta presencia personal del Espíritu Santo es el derecho de nacimiento que tiene todo hijo de Dios en la Tierra. Solo tenemos que aprender a prepararnos para recibir ese Espíritu. Y, por tanto, me alegra enormemente saber que esos sermones sobre «La conversión del Espíritu Santo en la Nueva Jerusalén», que escuché hace muchos años, ahora llegarán a una audiencia nueva y más grande a través de las páginas de este libro. Porque estas contienen las claves que pueden cambiarle la vida de maneras que usted no se imagina.

Mi experiencia con el Espíritu Santo ha tenido un aspecto muy práctico. Ha sido un caminar diario de dotación de poder, alegría y realización. Gracias a Dios y con toda humildad, puedo decir que he sentido el poder del Espíritu Santo. Sé que lo que usted va a leer aquí es Verdad, y ofrezco mi testimonio de esa Verdad.

Pido profundamente que el mensaje de este libro le conduzca a un caminar diario con ese Consolador bendito.

Rev. E. Gene Vosseler

La Iglesia y el Espíritu Santo

En el nombre de Jesucristo, invocamos la alegría del Espíritu Santo, la alegría del Padre y el Hijo y la alegría de la verdadera Iglesia en la que somos estamos unidos. Invocamos la llama de la alegría que es la gracia que tenemos de estar en la voluntad de Dios, en la sabiduría de Dios y en el amor de Dios. Invocamos la luz de mundos lejanos y en el centro del corazón. Invocamos la luz que es la plenitud de la llama.

En el nombre del Dios único y verdadero, que es el YO SOY EL QUE YO SOY en todos nosotros, nos encomendamos a guardar el Espíritu Santo, y pedimos que esta celebración de comunión en la Iglesia pueda ser la gloria del Padre, el Hijo y el Espíritu Santo. Amén.

Me alegra mucho darles la bienvenida esta mañana a la comunión que vamos a vivir sobre el tema de la Iglesia y el Espíritu Santo. El tema de qué lugar ocupan la Iglesia y el Espíritu Santo en nuestra vida es de mucha actualidad. Es algo que nos interesa en esta era, en este siglo, en esta década. Está relacionado con el cumplimiento de las promesas de nuestro Señor Jesús y la promesa de la luz de Dios que tenemos en nuestro corazón. Está relacionado con la ley de los profetas escrita en nuestro corazón.

Esta mañana vamos a considerar la Iglesia como el cuerpo de Cristo, el cuerpo de Dios en la tierra, la Iglesia que hay en este mundo como punto focal para preparar al alma para la comunión con Dios. Y vamos a considerar el Espíritu Santo como la llama que arde en el altar de esa Iglesia.

Si queremos tomar parte del cuerpo de Cristo y ser la Iglesia, debemos nacer de nuevo, como dijo Jesús, para poder ver el reino de Dios, la conciencia de Dios. Jesús nos dijo que este nacimiento nuevo nos llega con el bautismo, el bautismo del flujo de agua de la Palabra y del fuego sagrado del Espíritu.*

La Iglesia, por tanto, es la comunidad de almas que han experimentado la esencia de la Trinidad y, con su devoción a esa Trinidad, desean hacer de la Iglesia la casa de Dios, el templo de Dios en la tierra. Por eso miramos al cuerpo de Dios y del Cristo. Al Cristo lo consideramos como la cabeza o la conciencia de la Iglesia y a todas las almas que han salido del Cristo único y del Dios único como los cubos, como las piedras blancas que son los elementos que forman la Iglesia. Al Espíritu Santo, la llama que arde sobre el altar, lo consideramos como el intérprete del Cristo y de la conciencia del Cristo, que fue partida para nosotros cuando nos dio la comunión, compartiendo con nosotros no solo el cuerpo, sino la sangre de su vida.

Por tanto, nosotros queremos constantemente ser las piedras vivas del templo, ser la Iglesia viva.† Y vemos que los que tienen el Espíritu y la esencia del Cristo son los que están conformados juntos como ese cuerpo, que se convierte en un adecuado recipiente para recibirlo a él.

Debemos mirar las profecías sobre los últimos días, sobre la iglesia apóstata, sobre la gran ramera de Babilonia y todas las cosas que están profetizadas.‡ Y para determinar qué hay en nuestro templo

---

*Juan 3:3, 5.
† 1 Pedro 2:5.
‡ Apocalipsis 3:14-19; 17:1-7.

—la casa de Dios— que sea la gran ramera, la iglesia apóstata, aquello que ha entrado a profanar las verdaderas enseñanzas del Cristo, no hay que mirar afuera, sino adentro.

Al considerar nuestro deseo sincero de unirnos a Dios, sabemos que ese devenir y esa unión solo se puede lograr mediante la gracia, la gracia de cada miembro de la Trinidad. Al meditar en el concepto de Iglesia, vi al Padre como Ley y como Legislador de la Iglesia, al Hijo como su conciencia o como la cabeza, al Espíritu como la llama sobre el altar y a todas las almas como la Iglesia misma. Vi el aspecto divino de la Madre como el cimiento de la Iglesia en el plano físico, nuestro conocimiento de la Madre como la alimentación de la vida de la Iglesia, esa Madre a la que hallamos dentro de nosotros como manantial de esperanza, alegría y liberación.

Pero al contemplar el mensaje de la Trinidad y cómo Dios se representa a sí mismo ante nosotros en esta manifestación trina, me volví a quedar impresionada con el concepto de la persona real del Espíritu Santo en la Iglesia. En el Nuevo Testamento, especialmente en el libro de los Hechos, el Espíritu Santo se revela como una persona. Y Jesús prometió la venida del Consolador como si fuera la venida de una persona. Así es que las tres personas tienen mucha importancia para la acción y la interacción de nuestra vida en la Iglesia.

Creo que es importante que consideremos la presencia de Padre, Hijo y Espíritu Santo tanto como la ley y la conciencia *impersonal,* así como la presencia muy *personal,* la voz personal, la voz interior que nos habla de asuntos de conciencia personal y nacional, que nos guía y dirige, que nos enseña a rezar y a comulgar. Es importante que no perdamos el sentimiento de la Persona de Dios, igual que es importante no perder el sentimiento de la esencia y la naturaleza impersonal del Espíritu y la verdad inherente en la Iglesia.

Muchos de nosotros hemos sentido la presencia del Señor como una figura bien real, alguien a quien tenemos a nuestro lado en un momento de tribulación o de gran peligro, peligro personal o planetario. Hemos sentido una dulce presencia detrás de nosotros o una voz muy firme en nuestro corazón. Estas manifestaciones son la mezcla, el movimiento de las llamas del Padre, el Hijo y el Espíritu Santo.

A la Iglesia se le denomina como la Novia de Cristo porque se convierte en el aspecto femenino, la polaridad femenina de esta sagrada Trinidad. La Iglesia es la *realización en la tierra* de la conciencia de Dios que es la *Trinidad en el Espíritu*. El propósito de la Iglesia es la comunión entre nosotros, mediante la cual dos o tres congregados en el nombre de Jesucristo* se convierten en un imán literal para la concentración de un Espíritu que es más grande que todos nosotros, pero muy personal para cada uno de nosotros. Nuestra comunión, nuestra devoción, nuestro amor a Dios en unidad es lo que crea un campo energético de amor para atraer el campo energético de amor más grande. Este intercambio divino es la *finalidad* para la cual la Iglesia está fundada.

Jesús, en su época, al caminar por la Tierra, fue la Iglesia. Algunas personas han dicho que Jesús no necesitó una Iglesia. Jesús fue la Iglesia viva. Él fue la plenitud de la manifestación de la Divinidad, corporalmente, en sí mismo, la Trinidad, la llama trina manifiesta en su corazón. La Iglesia, por tanto, caminó con él y estuvo con él.

Al examinar ahora ciertos pasajes de las escrituras, quisiera mostrarles de una manera más específica algunos de los conceptos que acabo de mencionar y cómo Jesús transfirió lo que él era —la plenitud de la Trinidad, la Madre, la Iglesia y las almas que habitaban en la Iglesia—, cómo transfirió su autoridad a sus apóstoles, y cómo incluso llegó al punto de decir que era mejor que se marchara, porque si no lo hacía, el Consolador, el Espíritu Santo, no vendría.†

Si entendemos algunos de estos misterios hoy día, tendremos una base para la gran cantidad de enseñanza que vamos a estudiar desde ahora hasta la Semana Santa. Esta enseñanza se extraerá en su mayor parte del libro de los Hechos y de la misión que Jesús encargó

---

*Mateo 18:20.
†Juan 16:7.

a los apóstoles y que ellos recibieron en las últimas horas después de la resurrección y en los cuarenta días de enseñanza antes de ascender Jesús.

En primer lugar, en Mateo 16 encontramos la autoridad para establecer la Iglesia. Esto tiene mucha importancia. Para nosotros tiene importancia que Jesús tuviera en su corazón la idea de la Iglesia, la matriz, el diseño original, porque de no haberlo tenido en su corazón, nosotros no podríamos realizarlo. Esto viene de Dios y tiene un significado muy místico. Y ese significado místico está representado en las grandes catedrales góticas de Europa, que fueron un intento por parte de los iniciados del Cristo de producir en piedra y en arquitectura el verdadero campo energético de la llama, la llama sobre el altar, la Trinidad y la Madre.

Este momento fue muy especial, cuando Jesús tuvo interés por ver si sus discípulos iban a ser capaces de recibir la transferencia de luz que él tenía. Todos los instructores de Oriente y Occidente que han aparecido con una comisión del Cristo han vivido el momento de la transferencia del impulso acumulado, de la autoridad. Y en esas últimas horas, en esos momentos en que se ha producido la transferencia, el instructor ha sentido la mayor de las preocupaciones e incluso se ha dirigido a Dios con una oración angustiosa y llena de anhelo para que esa llama esencial, esa unidad esencial, la visión, la verdadera dispensación para la era, pudiera depositarse en los seguidores, en los discípulos.

Hoy nosotros afirmamos, y con razón, que nuestra posición con relación al Cristo es la de coherederos,* discípulos junto con sus discípulos. Por tanto, vayamos pues en conciencia y pongámonos alrededor de nuestro Señor mientras él hace esta pregunta:

> ¿Quién dicen los hombres que es el Hijo del Hombre?
> Ellos dijeron: Unos, Juan el Bautista; otros, Elías; y otros, Jeremías, o alguno de los profetas.
> Él les dijo: Y vosotros, ¿quién decís que soy yo?

---

*Romanos 8:14-17.

> Respondiendo Simón Pedro, dijo: Tú eres el Cristo, el Hijo del Dios viviente.
>
> Entonces le respondió Jesús: Bienaventurado eres, Simón, hijo de Jonás, porque no te lo reveló carne ni sangre, sino mi Padre que está en los cielos.
>
> Y yo también te digo, que tú eres Pedro, y sobre esta roca edificaré mi iglesia; y las puertas del Hades no prevalecerán contra ella. (Mateo 16:13-18)

Los cimientos de la Iglesia consisten en reconocer a Cristo como Hijo de Dios, a Jesús como Hijo de Dios y como el Cristo: Cristo el Ungido, el ungido por el fuego sagrado, por el Todopoderoso. Y Jesús nos dice que este reconocimiento no será debido a la carne y la sangre. Aunque Pedro había estado con él desde el principio, no fue la carne y la sangre del Maestro lo que lo reveló, sino la unión de la llama y de la conciencia.

Si queremos ser la verdadera Iglesia —y observen que digo «ser», no edificar—, si nosotros, individualmente, queremos *ser* la Iglesia, debemos saber que el primer cubo, la primera piedra, debe ser el reconocimiento, por el poder del Espíritu Santo, de que Jesús es Cristo el Señor; que Jesús, el Hijo de Dios, que es, fue y por siempre será Cristo el Señor, también está vivo en nosotros. Y debido a que está vivo en nosotros, ese Cristo en nosotros es el mismo Cristo, el mismo ayer, y hoy, y por los siglos.*

Con esta experiencia llega una vivificación del Espíritu Santo. La vivificación nos llega para enseñarnos esta unión esencial de la Persona de Dios: Dios Padre, Dios Hijo y Dios Espíritu Santo. Debe producirse una transformación, una transmutación si se quiere, por la cual, en la comunión del Espíritu, vemos que existe el Dios único en esa Persona única. Nos vemos a nosotros mismos, por tanto, fusionándonos, capturados en una espiral de llama viva, y nos vemos como una persona, un cuerpo como depósito de esa Persona. Y cada vez que perdamos esa conciencia de unión de la Persona de Dios en la

---

*Hebreos 13:8.

Trinidad, habremos perdido la comprensión de que somos la Iglesia.

Ahora bien, en esa unión, que nos llega simplemente con el Espíritu Santo cuando este disuelve el sentido del tiempo y el espacio, ya no estamos separados de Jesús. Nos vemos a nosotros mismos con respecto a él bajo una perspectiva devocional. Lo adoramos porque él es el que ha realizado al Cristo. Pero cuando el que adora se une al que es adorado, esa unión simultánea en el Espíritu Santo hace que el devoto y el Maestro sean uno solo, y con ello el devoto puede proclamar: «Donde yo estoy, está la presencia del Dios vivo. Donde yo estoy, está la Persona de Dios. Donde YO SOY [estoy] está el YO SOY EL QUE YO SOY, está este Cristo».

Jesús fundó la Iglesia sobre la percepción Crística de Pedro, una percepción que Pedro vio en Jesús, pero que pronto debía ver en sí mismo. Y llegó al punto en el que pudo ver a ese Cristo interior, cuando después Jesús se le apareció en la Vía Apia, diciendo: «Voy a Roma a ser crucificado de nuevo». Pedro volvió a Roma y fue crucificado, aunque boca abajo. Pedro llegó al punto en que también se consideró, por estar en Cristo, como alguien que debía pasar por la crucifixión.*

En esta transferencia de luz nos convertimos en el cuerpo de Dios y en la Iglesia de Dios. Esto no es blasfemia. Esto no es una doctrina o un dogma falso, sino la verdadera comunicación entre Dios y nosotros, la comprensión de la unión, cuando la carne y la sangre desaparecen y las almas que conforman el cuerpo del Dios vivo se encuentran simplemente como células de ese cuerpo, como una sola llama.

---

*Según los Hechos de Pedro, uno de los primeros Hechos de los Apóstoles apócrifos, Pedro, que se marchaba de Roma para escapar del martirio, se encontró con Jesús, que se dirigía hacia la ciudad. Pedro le preguntó: "¿A dónde vas, Señor?" (En latín: *Quo vadis?*). Jesús contestó: "Voy a Roma a ser crucificado de nuevo". Al oír estas palabras, Pedro regresó a la ciudad para afrontar su destino. La Iglesia del Domine Quo Vadis se levantó en el sitio donde, según la leyenda, tuvo lugar este encuentro. Los Hechos de Pedro suponen la primera fuente de la tradición que dice que Pedro pidió ser crucificado cabeza abajo, tras decir que no era digno de ser crucificado igual que su Señor. Sin embargo, al volver a Roma, Pedro reconoció que la afirmación de Jesús solo podía realizarse porque él, Pedro, era la presencia de Cristo encarnada.

Cuando entendamos las cosas así y nos hayamos convertido en la Iglesia, recibiremos la misma bendición que recibió Pedro:

> Y a ti te daré las llaves del reino de los cielos; y todo lo que atares en la tierra será atado en los cielos; y todo lo que desatares en la tierra será desatado en los cielos.
>
> Entonces mandó a sus discípulos que a nadie dijesen que él era Jesús el Cristo. (Mateo 16:19-20)

Una y otra vez encontramos a Jesús encargando a sus discípulos que guarden el secreto del misterio. Es un gran misterio, este conocimiento de la encarnación de la Palabra. Los discípulos tenían el verdadero conocimiento de la encarnación, pero él sabía que no era para el profano, porque la encarnación de la Palabra significa el reconocimiento de la Iglesia interior, el templo, y de la Trinidad interior.

Los profanos dirán que esa encarnación es un adorno de la mente carnal y se volverán idólatras y se convertirán en la generación idólatra. Pero los que tienen el Espíritu Santo reconocen al Cristo como la verdadera identidad de todos los que toman parte de la misión de Jesús. Esto tiene mucha importancia. Están los que dirán que son el Cristo, pero otorgarán esa identidad al yo no entregado, al yo no comprometido, al yo que aún no ha sido lavado por la Palabra mediante el bautismo o lavado por el fuego sagrado del Espíritu Santo.

Esto, por consiguiente, se convierte en satanismo, separado por una línea muy fina de la verdadera enseñanza de la Iglesia original. Debemos comprender esto. Se nos advierte contra los que hablan con orgullo y los que engañan, quienes vienen repitiendo las palabras de Jesús, pero lo hacen sin el Espíritu Santo. Por tanto, la conclusión del asunto de la Iglesia y los que son salvados por el Cristo es esta: sin el Espíritu Santo, la Iglesia está muerta y no hay cristiano que pueda nacer de nuevo. El Espíritu Santo, en la realidad de la Tercera Persona de la Trinidad, debe completar la Trinidad a fin de que exista un cimiento viable para vivir la vida de Cristo y de Dios.

Ahora quisiera abordar una frase interesante sobre la Iglesia que

Pablo escribió en su epístola a los colosenses,[1] teniendo en cuenta los cimientos de esa Iglesia que Jesús nos ha dado.

> Con gozo dando gracias al Padre que nos hizo aptos para participar de la herencia de los santos en luz;... (Colosenses 1:12)

Esta frase me parece magnífica, porque *cuestiona* la falsa doctrina y el falso dogma que dice que no somos dignos de ser partícipes de Cristo porque somos pecadores. Comprendemos que el pecador no puede ser el depósito de la verdadera Iglesia. También comprendemos que la vivificación del alma y la consumación de la conciencia del pecado, el acto del pecado, por medio del Espíritu Santo nos hace dignos de estar en ese punto de gracia, esa receptividad a través de la Presencia YO SOY gracias a la cual podemos ser partícipes aptos de la herencia de los santos.

> El cual nos ha librado de la potestad de las tinieblas, y trasladado al reino de su amado Hijo,... (Colosenses 1:13)

Ese traslado es una aceleración de la conciencia, un convertir en luz al cuerpo de Dios, una intensificación de esa luz. *Reino* es una palabra en código que significa conciencia; por tanto, aquí tenemos el traslado que nos lleva al nivel de la Segunda Persona de la Trinidad, el Cristo.

A través de la Iglesia y a través de nuestra participación en los sacramentos de la Iglesia, el Señor Cristo tiene un plan mediante el cual nos podemos vestir con cada uno de los aspectos de la Trinidad al trasladarse a ellos. La palabra *traslado* muestra que los de mente carnal, aquellos que tienen una conciencia de carne y sangre, no pueden ser la Iglesia, no pueden recibir la Iglesia, no pueden comprender la comunidad de la Iglesia. Aquí tenemos ese requisito que se repite una y otra vez en la vida de Jesús y en todos los actos de los apóstoles: debe tener lugar un traslado; debe tener lugar una aceleración de la conciencia.

> En quien tenemos redención por su sangre, el perdón de pecados. (Colosenses 1:14)

Esta palabra, *sangre,* siempre significa fuego sagrado, la energía del Espíritu que Jesús tenía corriendo por sus venas, la energía de su Padre. Esa es la redención y ese es el perdón del pecado que nosotros invocamos, en su nombre, cuando invocamos el fuego sagrado del Espíritu Santo.

Él es la imagen del Dios invisible, el primogénito de toda creación. (Colosenses 1:15)

Ese es el Cristo. Y cuando descubramos que el Cristo también está en nosotros, podremos afirmar a ese Cristo como el Yo Interior Verdadero, esa verdadera imagen a cuya semejanza está siendo moldeada nuestra alma, nuestra conciencia del alma y nuestra percepción solar.

Porque en él fueron creadas todas las cosas, las que hay en los cielos y las que hay en la tierra, visibles e invisibles; sean tronos, sean dominios, sean principados, sean potestades; todo fue creado por medio de él y para él.

Y él es antes de todas las cosas, y todas las cosas en él subsisten;

y él es la cabeza del cuerpo que es la iglesia, él que es el principio, el primogénito de entre los muertos, para que en todo tenga la preeminencia;

por cuanto agradó al Padre que en él habitase toda plenitud, ... (Colosenses 1:15-19)

Aquí tenemos la confirmación de Pablo sobre lo que Jesús dio a Pedro: Cristo, la cabeza de la Iglesia; Cristo, la Iglesia misma; y nosotros, el cuerpo y los componentes de esa Iglesia al llegar a la unión a través del Espíritu Santo.

Al buscar la manifestación del Espíritu en las sagradas escrituras vemos que Dios nos da muchas confirmaciones de su presencia. Por ello, quisiera leerles algo del libro de Juan, capítulo 14, sobre la venida del Consolador, que es el Espíritu Santo. Veamos el versículo 15:

Si me amáis, guardad mis mandamientos.

La base de la Iglesia es amor. Una y otra vez Jesús habla de este amor como los cimientos de la Iglesia y de la misión después de su marcha.

La base de la Iglesia es el mandamiento de Jesús, que es el mandamiento del Padre. Todos los mandamientos que Jesús no dio vienen del Padre. Por consiguiente, el Padre se convierte en la base de la Iglesia como Legislador y como la verdadera Ley. La única forma que tenemos de mantener la estructura de la Iglesia es guardando la Ley, la Ley que nos ha llegado a través de los patriarcas, los profetas, los que tuvieron el discernimiento de ese código interior, el código de los elegidos, los verdaderos israelitas que formaron la base para la venida del Hijo.

Manifestando la Ley, pues, dice:

> Y yo rogaré al Padre, y os dará otro Consolador, para que esté con vosotros para siempre: el Espíritu de verdad, al cual el mundo no puede recibir, porque no le ve, ni le conoce; pero vosotros le conocéis, porque mora con vosotros, y estará en vosotros.
>
> No os dejaré huérfanos; vendré a vosotros.
>
> Todavía un poco, y el mundo no me verá más; pero vosotros me veréis; porque yo vivo, vosotros también viviréis.
>
> (Juan 14:16-19)

Jesús nos está explicando la vida en las octavas de perfección y de imperfección. Nos está diciendo: «Debo abandonar esta octava de imperfección y debo ser sellado en la luz perfecta del Dios único, para que el Consolador pueda descender». La ley del ascenso del Cristo y el descenso del Espíritu Santo se representa una y otra vez en la venida de los seres Crísticos.

Veamos la misión de Elías y Eliseo. Elías asciende al cielo en un carro de fuego, en la conciencia de torbellino del YO SOY EL QUE YO SOY, y el Espíritu Santo desciende sobre Eliseo, el manto, el impulso acumulado, el Espíritu de Elías.* El Espíritu del Dios vivo

---

*2 Reyes 2:9-14.

personalizado a través del ministerio de Elías desciende; y así, él le da el manto a Eliseo, que golpea las aguas, y estas se separan por el poder del Espíritu Santo, el mismo poder que llega el día de Pentecostés.

> En aquel día vosotros conoceréis que yo estoy en mi Padre,
> y vosotros en mí, y yo en vosotros. (Juan 14:20)

Así, con la venida del Espíritu Santo entenderemos que Jesucristo ha ascendido al plano de la Presencia YO SOY. Y puesto que él ha ascendido a ese plano, nosotros también hemos participado de su luz a través del nuevo nacimiento; y, por tanto, estamos en él y él está en nosotros y somos partícipes de su reino. Y su reino es esa conciencia nueva, esa aceleración de luz.

Es muy importante que tengamos este conocimiento: todas las promesas y todos los actos que Dios ha hecho a través de Jesús están presentes en nosotros, aquí y ahora, cuando aceptamos el traslado de nuestra alma desde el estado de oscuridad hacia la luz y cuando aceptamos la comisión que nos han dado de ser la Iglesia.

Veamos ahora Juan 16, versículo 7.

> Pero yo os digo la verdad: Os conviene que yo me vaya;
> porque si no me fuera, el Consolador no vendría a vosotros;
> mas si me fuere, os lo enviaré.

Es como si las dos Personas de la Trinidad no se estuvieran manifestando de manera simultánea. La iniciación del camino del Cristo se da durante el período del ministerio de Jesús, y ese Cristo, transferido a los discípulos por haber reconocido al Cristo, se convertirá en la puerta abierta para la venida del Consolador.

Los discípulos reciben varias instrucciones para recibir al Consolador, como ese último ruego: «Quedaos vosotros en la ciudad de Jerusalén, hasta que seáis investidos de poder desde lo alto»*. Jerusalén es el símbolo de la Ciudad Cuadrangular siempre, el cubo cósmico, los cuatro lados del templo del ser. Nosotros debemos

---

*Lucas 24:49.

quedarnos en el plano de la materia y no desear marcharnos con nuestro Señor al paraíso hasta que hayamos sido el cáliz, la Iglesia, para recibir el Espíritu Santo; y al recibir el Espíritu Santo y participar de él, hayamos dado ese Espíritu a todos. Hasta que no se realice eso, no debemos dejar nuestro puesto de centinela, de protectores de la ley de la Persona del Padre, el Hijo y el Espíritu Santo.

Y así, «conviene», y el Consolador no vendrá hasta que se marche Jesús, y cuando él se vaya, lo enviará.

> Y cuando él venga, convencerá al mundo de pecado, de justicia y de juicio. (Juan 16:8)

En este pasaje, la palabra *convencerá* no se entiende del todo, pero cuando vemos el original en griego encontramos que el verbo que está traducido el español como «convencer» viene del verbo «poner al descubierto», «exponer» o «explicar».

En este grano de enseñanza, en los versículos de Juan 16:9, 10 y 11, encontramos una explicación de la misión del Espíritu Santo en la Iglesia, que consiste en convencer al mundo de pecado, de justicia y de juicio. Es decir, iluminar, poner al descubierto o exponer qué es pecado, qué es justicia y qué es juicio. Por tanto, si deseamos ser la verdadera Iglesia, debemos encarnar el Espíritu Santo que delinea estos tres elementos de la Ley.

Jesús dice:

> De pecado, por cuanto no creen en mí;
> de justicia, por cuanto voy al Padre, y no me veréis más;
> y de juicio, por cuanto el príncipe de este mundo ha sido ya juzgado. (Juan 16:9-11)

Hasta que no cumplamos esos tres elementos del Espíritu —o permitamos que el Espíritu en nosotros los cumpla— y a menos que lo hagamos, estaremos fallando al no obedecer la ley que Jesús dio para la verdadera Iglesia.

Consideremos, por tanto, cómo podemos poner al descubierto

el pecado. La exposición del pecado gracias a la conciencia del Espíritu Santo es esta: la comprensión de que el Espíritu Santo, como flujo del fuego sagrado y bautismo de ese fuego, puede limpiar y consumir ese pecado, transmutarlo. Este conocimiento del bautismo del Espíritu Santo es esencial para la aceleración de la conciencia, para nuestro traslado al nivel del Cristo.

El conocimiento del pecado debe contener el conocimiento de la Ley, porque se nos dice que ir contra la Ley o abandonarla es pecado,* el abandonar el conocimiento de las verdaderas leyes de Dios. Estas leyes están escritas en las sagradas escrituras del mundo y en nuestro corazón.† La Ley y el Legislador están en el interior. El sentimiento de lo que está bien y mal es inconfundible, a menos que, por testarudez y una mentalidad carnal, se nos cauterice la conciencia con un hierro candente‡ y ya no tengamos el sabor de la Ley ni el conocimiento de lo que está bien y lo que está mal.

Por consiguiente, el pecado empieza con la conciencia de pecado, la conciencia de la ausencia de plenitud. Plenitud es el Espíritu Santo, el Espíritu del Yo Pleno, la plenitud del YO SOY EL QUE YO SOY. El pecado original es el apartamiento de esa plenitud, de esa unión, el sentimiento de separación de Dios. Todos los demás pecados provienen de ese.

La misión del Espíritu en la Iglesia es curar el pecado y la conciencia de pecado. El pecado, pues, contiene en sí mismo el sentimiento de lucha que crea la lucha, el apartamiento de la bendita presencia de la Trinidad. El pecado es la negación de la Trinidad en uno mismo, en el vecino, en Jesucristo y en cualquier otro santo de luz que sea partícipe del reino o conciencia de Dios.

La verdad suprema acerca del pecado es que, ante la presencia del Espíritu Santo, el pecado no es real. No puede serlo, porque la presencia del Espíritu Santo es el fuego omniconsumidor que lo consume.

---

*1 Juan 3:4.
†Jeremías 31:33.
‡1 Timoteo 4:2.

Por tanto, al poner al descubierto, al exponer el pecado, exponemos al Mentiroso y la mentira que han dado continuidad a la condenación de las almas de luz con esa conciencia de ser pecadores, desde la condenación, el sentimiento de culpa y la autocondenación hasta el suicidio o la destrucción, la extinción, del yo físico e incluso del alma.

Por consiguiente, ponemos al descubierto que existe una ley y que la trasgresión de la Ley es posible; pero al ser partícipes del Cristo, podemos recibir el Espíritu Santo, que es el perdón de ese pecado. Eso es lo que vimos en la lectura que hicimos del libro de Colosenses, el perdón del pecado.

Por tanto, en la Iglesia se ha de predicar la oportunidad de *redención*, la oportunidad que se aparece a través de la fusión de la luz de la Trinidad: el Padre como Ley y Legislador; el Hijo como la gran iluminación y la mente de la Ley; y el Espíritu Santo como la presencia del amor que consume de manera absoluta todo lo que es inferior a sí mismo.

La consecución del Espíritu Santo es en verdad una experiencia de fuego en la que el yo anterior, el yo inferior con sus semillas, es consumido. Uno se desviste de él abandonando el pecado. Y cuando nos quitamos esa prenda y la echamos a la llama, sabremos que la acción del fuego consumidor se produce por la ley de Dios. Esa es la enseñanza del Espíritu de la Iglesia en esta era.

De justicia, por cuanto voy al Padre, y no me veréis más;

(Juan 16:10)

Si queremos ser la verdadera Iglesia, nuestra misión es poner al descubierto, exponer y explicar la justicia. Entendemos la justicia como el uso correcto de la Ley, la aplicación correcta de la Ley, la Ley de Dios que es la ciencia de todo un cosmos, la ciencia de los átomos y las células de nuestro ser.

El uso correcto de la Ley significa su aplicación a todas horas. Significa extraer las energías de la Trinidad hacia la manifestación en la Iglesia, en el cuerpo de Dios, y no permitir que ningún estado de conciencia, ningún problema, predomine sobre esa conciencia de justicia. Significa exigir que todas las cosas de este mundo sean entregadas al altar de la Trinidad y saber que al entregar nuestro ser a la Trinidad habrá una *resolución*. La sagrada Trinidad nos da la resolución de la conciencia y de las fuerzas de nuestro ser. Resolución significa resolver la oscuridad y la luz, con lo cual la luz se traga la oscuridad y nosotros podemos manifestar esa luz aquí y ahora.

La mayor mentira jamás pronunciada es la que nos pesa por la doctrina y el dogma que dice que Cristo no puede vivir en nosotros aquí y ahora, que Dios no puede vivir dentro de nosotros, que el Espíritu Santo no puede habitar en este templo porque no somos dignos. Jesús no enseñó eso. Sin embargo, esa mentira está muy extendida. Es como un hilo oscuro que atraviesa la conciencia de las masas, y sobre la base de ese hilo oscuro y la aceptación del pecado, no practicamos el uso correcto de la Ley. Pensamos en nosotros mismos como incapaces de hacer nada por nuestra condición, por nuestro planeta, por nuestro país o por nuestro gobierno, porque no hemos llevado al Espíritu Santo a la Iglesia para poner al descubierto, para exponer y para explicar la justicia.

¿Por qué es necesario esto? Porque Jesús no está aquí en la carne. Se ha ido al Padre y ya no lo vemos. Por tanto, se nos da el manto para que enseñemos la ley de la justicia como la enseñó él, como la vivió él, como lo *fue* él. Él fue la Iglesia. Él fue todos estos elementos.

Ahora ha vuelto al Padre y, por tanto, puesto que él vive, nosotros vivimos. «Porque yo vivo, vosotros también viviréis.» Y después dice: «En aquel día vosotros conoceréis que yo estoy en el Padre, el Padre está en mí, y estamos en vosotros, y somos uno»*. Forjaremos esta victoria, esta unión, esta identidad solo con la eliminación de la ilusión del tiempo y el espacio y con la aceptación aquí y ahora de esa presencia.

Lo tercero que debe hacer el Espíritu Santo en la Iglesia es poner al descubierto, exponer y explicar el juicio. ¿Por qué? Porque el

---

*Juan 14:20.

príncipe de este mundo es juzgado. No dice que se juzgará, dice que *es* juzgado. Él, el Cristo, ha focalizado la energía del juicio al príncipe de este mundo.

¿Quién es el príncipe de este mundo? No miren lejos de sí mismos. Miren hacia su propio templo. El príncipe de este mundo, o de este torbellino de energía al que llamamos yo, es la conciencia que se ha separado de Dios, la conciencia de pecado que Pablo denominó mente carnal, que es enemistad contra Dios.* Ese es el príncipe de este mundo. Esa es la conciencia que guiará y dominará su templo hasta que ustedes invoquen el juicio. Y el juicio se invoca mediante la acción del Espíritu Santo, que es la vida de la Iglesia.

A menos que ese juicio ponga al descubierto, exponga y explique, no podremos realizar esta trinidad de acción del Espíritu Santo en la Iglesia. La trinidad es esta: el primer aspecto es la ley del pecado o la ley de la verdad, que viene del Padre; el segundo es la justicia que viene del Hijo con su ejemplo, con su vivir la Ley; y el tercero es el juicio, que siempre es la acción del Espíritu Santo.

El juicio nos trae la prueba de fuego. Es un fuego sagrado que nos purificará, que sacará a la superficie la mente carnal, Y ahí, con toda su fealdad, se nos aparecerá. Y tendremos que decir: «En el nombre de Jesucristo, por la acción del Espíritu Santo, exijo que hoy seas derrocada». Debemos confirmar ese juicio con la ley del Espíritu Santo en nosotros. Esta es la *comisión* que tenemos como discípulos.

Ahora podemos ir y sentarnos en el estadio como espectadores de esa escena en que los discípulos reciben la comisión de Jesús; pero no debemos hacerlo, porque hacerlo significaría aceptar la mentira de la separación, la mentira de la postergación, la mentira de que todos nosotros no estamos unidos como cuerpo de Dios compartiendo las disciplinas de los primeros discípulos. Somos los *herederos* de la luz de los santos, y somos aptos herederos de esa luz.

Por tanto, debemos permanecer en ese punto, en el punto del discípulo, y ver qué nos ha dicho él que no hemos realizado. Y por

---

*Romanos 8:7

no haberlo realizado, nos encontramos faltos en la manifestación de la Iglesia. Todo cristiano, todo budista, todo judío, todo musulmán debe hacerse la misma pregunta: ¿Dónde hemos errado en la fe, en la ley y en el llamamiento? ¿Dónde hemos fallado por no ponernos el manto de nuestros instructores y, por tanto, no hemos sido la realización de su dispensación en esta era?

Por consiguiente, el juicio ha llegado. El juicio llega en esta era de acuerdo con las revelaciones de Juan,[*] pero también llega según el programa de iniciación de los discípulos. Todo discípulo de Jesucristo debe pasar por ciertas iniciaciones. El juicio es una.

Los arcángeles nos han dicho que la llegada del juicio es la manifestación más grande de amor que el mundo jamás conocerá, porque el amor y el Espíritu Santo son uno solo. El juicio es el amor más grande de Dios porque nos obliga a separarnos de la irrealidad. Con ese fuego sagrado consumidor, nos obliga a escoger hoy a quién serviremos.[†] Y cuando escojamos el amor, la ley y la persona del Padre, el Hijo y el Espíritu Santo en la Iglesia, entonces tendremos derecho a ser, y podremos exigir ser, la casa de Dios, esa casa de la comunidad de santos llamada Iglesia Universal y Triunfante.

Es universal porque las almas que forman parte de esta Iglesia tienen todas ellas la señal del cubo en el corazón, allá donde estén en el tiempo y el espacio, en esta octava o en otra. La Iglesia es universal porque está formada por quienes tiene el cubo, la piedra blanca que se manifiesta por la Trinidad, por la llama trina. Es triunfante porque la luz de Dios nunca falla. Es universal. Es triunfante. Trasciende el tiempo y el espacio, a las personas, la doctrina, el dogma y toda clase de edificios construidos con las manos, así como las doctrinas hechas con las manos.

Ahora, acerca de la venida del Espíritu Santo en la Iglesia, Jesús afirma tres cosas en los diferentes versículos que les he leído: primero, que el Consolador nos traerá a la memoria todas las cosas; segundo, que el Consolador nos enseñará todas las cosas; y tercero,

---

[*]El libro del Apocalipsis, que traza los ciclos del desarrollo del juicio al final de la era.
[†]Josué 24:15.

que el Consolador nos enseñará las cosas que han de ser.

El traernos a la memoria todas las cosas que Jesús nos ha enseñado es la activación del registro de la vida de Cristo y la vida de las enseñanzas, trayendo a nuestra conciencia exterior aquello que está escrito en el interior. Es la tradición histórica de todos los profetas, los seres Crísticos, los seres ungidos de todas las épocas. Más que eso, es la experiencia interior del alma con Cristo, que nuestra mente exterior aún no ha percibido. Por tanto, la definición de la venida del Espíritu Santo es la venida de esa Persona, esa personificación de Dios, que nos recuerda la Ley, el Hijo, el amor y el Espíritu que ya está dentro.

Al hablar de esta Persona de una forma muy personal, Jesús dijo:

> Aún tengo muchas cosas que deciros, pero ahora no las podéis sobrellevar. (Juan 16:12)

¿Por qué no pueden sobrellevar esas enseñanzas ahora? Esto significa que el cáliz de su conciencia, la aceleración de su cuerpo de luz interior, no es suficientemente grande para recibir el Espíritu Santo. «Debo marcharme a mi Padre para concentrar esa conciencia Crística por vosotros de modo que podáis tener la fortaleza, la capacidad de sobrellevar esta venida del Espíritu Santo, el cual es el instructor que os enseñará todas las cosas.»

> Pero cuando venga el Espíritu de verdad, él os guiará a toda la verdad; ...

Cada vez más nos llega el sentimiento del amor personal de Dios con este instructor muy personal que viene a enseñarnos.

> ... porque no hablará por su propia cuenta, sino que hablará todo lo que oyere; (Juan 16:13)

Esto nos dice que la Persona del Espíritu Santo es el instrumento del Dios universal; que puede existir la personificación, la manifestación personal del Espíritu, que es el representante de ese Dios universal.

> Él me glorificará; porque tomará de lo mío, y os lo hará saber.
> Todo lo que tiene el Padre es mío; por eso dije que tomará
> de lo mío, y os lo hará saber. (Juan 16:14-15)

Esta enseñanza promete que todas las cosas se traerán a la memoria. Esta es la acción vivificadora del Espíritu Santo, la vivificación de todo lo que hemos conocido y lo que se nos ha enseñado desde el principio, cuando, con Cristo, estábamos en Dios, «antes que Abraham fuese, YO SOY»*. Si somos de Cristo, si nacimos de Cristo y en Cristo, también estuvimos presentes cuando las estrellas del alba cantaron juntas.† Y cuando cantaron ese tono cósmico para la creación de los mundos, esa ley, esa ciencia, ese engrama de la energía de Dios también se imprimió en la energía a partir de la cual fuimos formados.

Jesús nos está diciendo que, con la venida del Espíritu Santo a la Iglesia, a nuestro corazón, tendremos ese recuerdo. Él nos enseñará todas las cosas, él nos traerá a la memoria la interpretación de la Ley para que la recordemos. Esa es la función de la conciencia Crística, la persona del Hijo.

Y entonces, finalmente, el Espíritu Santo nos mostrará todas las cosas que han de ser. Este es el Espíritu de profecía que nos enseña el camino que tenemos ante nosotros, las iniciaciones por las que hemos de pasar, las pruebas y los asuntos que tendrán lugar en la Tierra. Esa venida del Espíritu Santo a Juan nos lo dio el libro del Apocalipsis, que nos revela las cosas que han de llegar cuando comprendamos el libro por la vivificación del Espíritu Santo.

Por consiguiente, la Iglesia es la comunidad de almas que se convierten en el depósito colectivo del Espíritu Santo. Y el Espíritu Santo interpreta la Trinidad para el cuerpo de Dios en la tierra.

En el capítulo 20 del libro de Juan, versículo 21, dice:

> Entonces Jesús les dijo otra vez: Paz a vosotros. Como me
> envió el Padre, así también yo os envío.

---

*Juan 8:58.
† Job 38:7.

Tal como consta al final del libro de Marcos y al principio del libro de los Hechos, aquí volvemos a ver a Jesús dando a los discípulos la comisión de hacer ciertas cosas, de llevar la enseñanza, de avanzar con señales. Y al final del libro de Marcos da cinco señales distintas que seguirán a quienes creen.*

«Como me envió el Padre, así también yo os envío». Esta es la cadena jerárquica, siendo la verdadera jerarquía la cadena del cuerpo de Dios, desde Cristo hasta los apóstoles, hasta todos los creyentes, hasta todos los que entren en esa unión a través del bautismo con agua y el bautismo con fuego.

> Y habiendo dicho esto, sopló, y les dijo: Recibid el Espíritu Santo. (Juan 20:22)

Jesús dijo esto durante los cuarenta días en los que enseñó en el Aposento Alto, después de su resurrección. Jesús transfirió el Espíritu después de demostrar la iniciación de la crucifixión y después de demostrar la iniciación de la resurrección. La transferencia del Espíritu Santo ocurrió después de su ascensión, el día de Pentecostés, cumpliendo con exactitud las palabras: «Os conviene que yo me vaya para que venga el Consolador».

Habiendo recibido ellos el Espíritu Santo, ¿qué dijo?

> A quienes remitiereis los pecados, les son remitidos; y a quienes se los retuviereis, les son retenidos. (Juan 20:23)

¿Cómo puede ser? ¿Cómo pueden los discípulos tener la autoridad de retener o remitir los pecados? Esto solo puede ser a través de la Trinidad y la invocación del fuego sagrado. Gracias a la invocación del fuego sagrado el amor omniconsumidor de Dios puede transmutar la conciencia de pecado en todo el cuerpo planetario. ¿Por qué? Porque somos uno solo. Porque no hay dos ni tres ni un millón ni mil millones, sino solo uno. El cuerpo único de Dios, por tanto, responde a esa llama del Espíritu Santo que nosotros tenemos en la verdadera Iglesia.

---

*Estas señales de la presencia del Espíritu Santo se analizan en el capítulo 2.

Ahora, la cuestión es cómo conseguir el Espíritu Santo. Jesús lo dice con mucha sencillez, con muchísima sencillez, en el undécimo capítulo del libro de Lucas, versículo 13. Voy a leer los dos versículos anteriores:

> ¿Qué padre de vosotros, si su hijo le pide pan, le dará una piedra? ¿o si pescado, en lugar de pescado, le dará una serpiente?
>
> ¿O si le pide un huevo, le dará un escorpión?
>
> Pues si vosotros, siendo malos, sabéis dar buenas dádivas a vuestros hijos, ¿cuánto más vuestro Padre celestial dará el Espíritu Santo a los que se lo pidan?

Es muy sencillo. Si queremos el Espíritu Santo, le pedimos al Padre el Espíritu Santo, y cuánto más él nos lo dará que nuestro padre terrenal, que nos dará pan.

Pedirle al Padre el Espíritu Santo; me pregunto cuántos de ustedes se han dirigido al Padre en el nombre del Hijo y le han pedido el Espíritu Santo; o simplemente lo han contemplado; o han pensado en eso; o han considerado tibiamente que quizá lo hagan algún día.

Pero si se dirigen a Dios en oración, con fervor, diciendo: «Padre, en el nombre de Jesucristo, te pido que me des el Espíritu Santo», Jesús nos ha prometido que no nos rechazará.

Por consiguiente, si en ese momento en que hacemos la petición no sentimos cómo desciende el Espíritu, ¿qué debemos pensar? Debemos saber que Dios nos va a conceder su Espíritu Santo, pero antes nos debe preparar para que seamos aptos. Nos debe trasladar. Debemos experimentar el nuevo nacimiento de la conciencia Crística. Debemos cumplir las promesas. Debemos obedecer la ley del amor. Debemos caminar siguiendo los pasos de nuestro maestro, cumpliendo todas las cosas que nos ha enseñado, entendiendo que, si él les dijo a los discípulos que no estaban preparados para ser portadores del Espíritu Santo, nosotros debemos preocuparnos de ser un receptáculo adecuado, la Iglesia adecuada, el templo adecuado. Cuando practiquemos —línea a línea, precepto a precepto— todo lo que el Maestro Jesús nos ha dado y toda la interpretación de su vida que hemos recibido por el Espíritu Santo, sabremos que Dios nos dará ese Espíritu según tengamos la capacidad de recibirlo.

Creo que Dios responde en el momento en que llamo, pero mi sentido empobrecido es lo que me priva de la plenitud de la bendición al instante. La gente cree que cuando llama a Dios en oración y no percibe una respuesta, es que Dios no ha contestado. Él ha contestado de manera infalible. Pero la respuesta no ha entrado en congruencia con la conciencia que tenemos aquí en la tierra, porque esa conciencia no es capaz de recibirla.

Por tanto, tenemos que esforzarnos por llegar más alto, salir de nosotros mismos. Tenemos que desapegarnos y dejar que Dios entre, y deshacernos del sentimiento de separación, lo cual es el pecado original. El pecado original tiene perdón, el cual viene a través del sentimiento de unión que Jesucristo nos trajo. Una y otra vez él dice: «Yo y el Padre uno somos. Yo estoy en el Padre, y vosotros en mí, y yo en vosotros».

Jesús nos ha prometido otras cosas también. Volviendo al decimocuarto capítulo de Juan:

> Y todo lo que pidiereis al Padre en mi nombre, lo haré, para que el Padre sea glorificado en el Hijo. (Juan 14:13)

«Todo lo que pidiereis al Padre en mi nombre, lo haré». Nosotros necesitamos saber que Jesús está haciendo su labor, que está cumpliendo su promesa, que por su parte jamás romperá el pacto.

Es como la polaridad negativa y positiva en la electricidad. Si no hacemos la conexión, no hay corriente. Eso no significa que no haya electricidad. Nosotros somos la polaridad de la materia. Lo que está en el reino del Espíritu, en Cristo, en Dios, es la polaridad del Espíritu. Para que haya flujo, nosotros, en el ciclo de la materia, debemos conectarnos con el ciclo del Espíritu. Y mediante ese ciclo y la circulación de las energías por la forma de ocho, seremos coherederos de todas las promesas del reino de Dios, que es la conciencia de Dios.

Por tanto, uniendo esta parte de las escrituras a la explicación de Jesús de que, si pedimos a Dios el Espíritu Santo, él nos lo dará, podemos decir:

En el nombre del Hijo, en el nombre del Cristo, en el nombre del Cristo en mí, en el nombre del Cristo en Jesús, llamo al Padre. Llamo al YO SOY EL QUE YO SOY. Invoco la luz, la presencia, la Persona y el poder, la llama omniconsumidora del Espíritu Santo. Que aparezca, Señor, en respuesta a mi llamado, en cumplimiento de tu promesa y el pacto de tu amado Hijo. Lo acepto manifestado en esta hora.

Elevo mi conciencia a ti. Encomiendo mi alma a tu cuidado. Levanto mi alma hasta el núcleo de fuego de la Presencia del Dios vivo. Estoy sintonizándome y sintonizando mi ser con la Trinidad, y elevo ese cáliz para que pueda purificarse, para que todo pecado pueda ser consumido por esa ley del perdón de acuerdo con ese Espíritu. Dios mío, hazme apto para recibir el Espíritu Santo que tú envías ahora.

Señor, oigo tus pasos; oigo el estruendo del viento; oigo el estruendo del agua. Acepto el bautismo de tu Palabra, simbólico y tangible en el agua de la vida. Acepto la limpieza de mi conciencia con el agua de la Palabra. Ahora, que reciba yo el bautismo del fuego sagrado que entrará en mi ser, fluirá hacia él y lo llenará.

Por tanto, levanto el cáliz de mi conciencia. Y ahora, Dios mío, me contento con esperar al Señor, que es la ley de mi ser, día y noche, para cumplir las promesas que han sido enviadas, por las cuales yo pueda ser el verdadero cumplimiento de la Iglesia y el Espíritu Santo en la Iglesia.

Dios mío, que mi alma sea la novia de Cristo. Que mi alma sea la unión del Cristo en la tierra, la unión del cuerpo, para que yo pueda ser el templo, para que el Padre pueda aparecer como la Ley en el templo, para que la Persona del Cristo pueda aparecer como el instructor, la cabeza y el ministro de la Iglesia, y que el

Espíritu Santo pueda enclaustrarse como llama sobre el altar de nuestra Iglesia, mi Iglesia, tu Iglesia, la unión de este templo que YO SOY, que es el YO SOY EL QUE YO SOY. En el nombre del Dios Padre-Madre, en el nombre del Hijo, y en el nombre del Espíritu Santo, pronuncio este llamado. Y me quedaré en la ciudad de Jerusalén hasta que sea dotada del poder de las alturas. Me quedaré hasta que la gracia de nuestro Señor Jesucristo sea conmigo, hasta que la gracia de Dios y de su Espíritu sean conmigo. Y me quedaré porque sé que sus promesas no fallan, y que, he aquí, el SEÑOR Dios que vive vendrá pronto.

Aun así, ven pronto, Señor Jesús. Aun así, ven pronto, Espíritu Santo. Ven pronto con la vivificación de esa energía de la vida —la vida de Dios, mi vida— que es mía gracias a la dispensación de Jesucristo y de todos los que han vivido en la llama del Cristo. Amén.

30 de enero de 1977

2

«Me seréis testigos»

En el nombre de la Luz, la Luz única y verdadera que alumbra a todo hombre que viene al mundo, invocamos la llama de Dios. Que esa llama descienda y destelle hoy sobre el altar de nuestros corazones, y que la llama sea testigo para los hijos y las hijas de Dios de que él vive en nosotros, y para nosotros es esa luz, esa Palabra eterna.

Que el Christos eterno venga a nosotros y entre en nosotros y nos llene de ese Espíritu, ese Espíritu que es la vida universal y triunfante de la cual deseamos ser tabernáculo de testimonio en la Iglesia Universal y Triunfante.

En el nombre del Padre y la Madre, el Hijo y el Espíritu Santo. Amén.

Esta mañana hemos tenido la gran alegría de comulgar con uno de los últimos dichos de Jesús. Justo antes de la hora de su ascensión, él nos dio sus últimas promesas, la cuales nos han sido esperanza de salvación durante estos dos mil años. La frase «me seréis testigos»* es un decreto del Señor Cristo. Es un fíat, una promesa, un pacto y una vocación sagrada.

---

*Hechos 1:8.

Y hoy, formando el campo energético y la continuidad de la Iglesia que está a la espera, a la espera de la infusión de la luz Crística, nos reunimos para aprender el significado de esta Palabra, de esta venida —la Segunda Venida de Cristo, que también fue una prometida en la hora de su ascensión—* y lo que debemos hacer para cumplir su promesa. Jesús ha dado su Palabra. Para cumplir esa Palabra, él depende de nosotros como instrumentos de esa Palabra.

La promesa está sacada del primer capítulo de los Hechos. El libro de Hechos lo escribió Lucas, un médico, y es una continuación de su Evangelio sobre la vida y el testimonio de Jesucristo. Es el documento más valioso de la transición entre los Evangelios y las epístolas de Pablo a las distintas iglesias. El libro de Hechos es principalmente un documento sobre la venida del Espíritu Santo, el testimonio del Espíritu Santo y cómo los apóstoles se quedaron en la ciudad de Jerusalén, como él les dijo que hicieran, hasta que fueran dotados del poder de las alturas.

Por consiguiente, el testimonio es lo que exige la Ley dentro de nosotros, es lo que compele al Cristo. Así, aquí vamos a leer el testimonio de Lucas, empezando por este capítulo, el primero, del libro de Hechos. El testimonio concierne todo lo que Jesús comenzó a hacer y a enseñar, hasta el día en que fue detenido. Después de eso, a través del Espíritu Santo, Jesús dio mandamientos a los apóstoles a los que había escogido.

Hemos hablado de cómo hemos de aceptar el manto de los apóstoles, el manto de los doce apóstoles y de los otros setenta —los discípulos y las mujeres santas— y hemos mencionado que para que la Biblia cobre vida, debemos aceptar ese llamado. Debemos aceptar la *transferencia* del manto de quienes nos han precedido y debemos aceptar un discipulado de la nueva era.

Solo han pasado dos mil años, un abrir y cerrar de los ojos de Dios, y nos encontramos en otro tiempo y espacio, en otro ciclo. Sin embargo, la continuidad del Espíritu desde ese momento siempre ha

---

*Hechos 1:11.

sido el testimonio del Cristo. Jesús dio órdenes por el Espíritu Santo y los apóstoles dieron testimonio del Espíritu Santo, y los discípulos recibieron el Espíritu. Nosotros aceptamos la continuidad y sabemos que, debido a esa continuidad y solo por esa continuidad, tenemos la capacidad de dar testimonio. El testimonio por el Espíritu es lo que buscamos.

> A quienes también, después de haber padecido, se presentó vivo con muchas pruebas indubitables, apareciéndoseles durante cuarenta días y hablándoles acerca del reino de Dios.
>
> (Hechos 1:3)

Valoramos esos catorce días después de la resurrección de Jesús como el período en que el círculo interno de devotos recibió las enseñanzas internas. Consta que él les abrió las escrituras, les abrió el entendimiento para que pudieran comprender las escrituras.* También creemos que, en el período de los cuarenta días, los iniciados —los discípulos clave, los hombres y las mujeres que debían portar la llama de Cristo por siempre— recibieron una transferencia del Espíritu Santo.

Una de las primeras cosas que hizo Jesús cuando fue al Aposento Alto fue bendecirlos y darles la bendición de la que hablamos el pasado domingo, «recibid el Espíritu Santo». Eso fue la promesa de que, tras su resurrección y ascensión, les daría el Espíritu Santo. El propio Jesús está dando testimonio de su resurrección.

Al estudiar el sermón de hoy, veremos que los acontecimientos de los Evangelios y los Hechos de los Apóstoles, y todo lo que tuvo lugar para esta dispensación del Cristo, es un testimonio continuo a Dios.

> Y estando juntos, les mandó que no se fueran de Jerusalén,...

Se reunió con ellos y les dio este mandamiento:

> ... sino que esperasen la promesa del Padre, la cual, les dijo, oísteis de mí. (Hechos 1:4)

---

*Lucas 24:45.

Esa promesa es que iban a recibir el Espíritu Santo para poder cumplir su mandamiento de dar testimonio.

> Porque Juan ciertamente bautizó con agua, mas vosotros seréis bautizados con el Espíritu Santo dentro de no muchos días.
>
> Entonces los que se habían reunido le preguntaron, diciendo: Señor, ¿restaurarás el reino a Israel en este tiempo?
>
> Y les dijo: No os toca a vosotros saber los tiempos o las sazones, que el Padre puso en su sola potestad; pero recibiréis poder, cuando haya venido sobre vosotros el Espíritu Santo, ...
>
> (Hechos 1:5-8)

La palabra *potestad* está asociada con autoridad. *Autoridad* y *potestad.* Cuando pensamos en esas dos palabras vemos que en realidad significan lo mismo, porque si tenemos poder también tenemos autoridad, la misma autoridad que él dio a los discípulos sobre los espíritus impuros y sobre los caídos. Poder es igual a autoridad. No hay autoridad sin poder. Jesús está transfiriendo su autoridad en la tierra, la autoridad del Cristo, a los apóstoles, para que ellos continúen el testimonio del Cristo. Y he aquí la promesa:

> Pero recibiréis poder, cuando haya venido sobre vosotros el Espíritu Santo, y me seréis testigos en Jerusalén, en toda Judea, en Samaria, y hasta lo último de la Tierra. (Hechos 1:8)

Los apóstoles y los discípulos fueron, en este orden, primero a Jerusalén, después a toda Judea y Samaria. Pero en esa encarnación no llegaron a lo último de la Tierra. Así pues, vemos que la promesa es para la continuidad del testimonio en todas las épocas. Se trata de la continuidad del testimonio acerca del Salvador, acerca del Cristo, por parte de quienes deseen aceptar el manto jerárquico.

Tal como Jesús entregó el manto y la autoridad del Cristo a Pedro para edificar la Iglesia, quienes formaban parte de esa Iglesia entregaron el mando a aquellos discípulos que les siguieron, hasta el día de hoy, cuando no hay lugar sobre la faz de la Tierra donde la enseñanza de Jesucristo no se haya promulgado.

> Y habiendo dicho estas cosas, viéndolo ellos, fue alzado, y le recibió una nube que le ocultó de sus ojos. (Hechos 1:9)

¿Ustedes han considerado alguna vez cuáles serían sus últimas palabras para sus amigos, su familia y sus seres queridos si supieran que en cinco o diez minutos el Espíritu del Señor se los fuera a llevar a la ascensión? ¿Qué considerarían como lo más importante? Esto sería el deseo de vaciar el corazón y dar a los seres queridos toda la porción del Espíritu que tuvieran. Sería la continuidad de una vida vivida en Cristo.

Jesús sirvió de acuerdo con los ciclos del Señor. Dios le había dado su comisión. Cada día y cada hora de su vida durante el ministerio de tres años y toda la preparación anterior fue un despliegue de ciclos interiores según la voluntad de Dios.

Por consiguiente, no podemos imaginar que las palabras que dijo en esos últimos momentos fueran simplemente una improvisación. Tenían importancia e indicaban específicamente la continuidad de la conciencia Crística.

Él vino para que tuviéramos vida, y la tuviéramos en abundancia.* Se trata de la conciencia de la abundancia, la percepción que el Cristo interior tiene de la abundancia. Y él sabía que su percepción debía impartirse de corazón a corazón, de uno en uno, con la llama saltarina del Espíritu Santo. Y así, dio su comisión. Y curiosamente cada uno de los escritores de los Evangelios da fe de esta comisión, escribiendo lo que es y lo que debemos hacer.

En dos de los Evangelios encontramos escrito que, ante la presencia de su resurrección y después que les hubo enseñado durante cuarenta días, aún hubo discípulos que dudaron, que no creyeron. Así, justo cuando estaba entregándoles el relevo, la llama de la dispensación para dos mil años y más, debió poner a un lado el valioso

---

*Juan 10:10.

don del Espíritu Santo y reprenderlos. Tómese, por ejemplo, el último capítulo del libro de Marcos.

> Finalmente se apareció a los once mismos, estando ellos sentados a la mesa, y les reprochó su incredulidad y dureza de corazón, porque no habían creído a los que le habían visto resucitado. (Marcos 16:14)

Ahora llega la comisión, los últimos versículos, las últimas palabras:

> Y les dijo: Id por todo el mundo...

«Id por todo el mundo»: todos los planos de conciencia, todas las naciones, todos los pueblos, todas las razas. No excluyáis a este o a aquel, sino incluid a todos.

> ... y predicad el evangelio a toda criatura. (Marcos 16:15)

Predicar el evangelio significa predicar las buenas nuevas de la presencia interior del Cristo y que alguien llamado Jesús ha venido y demostrado esa ley infalible de la victoria triunfadora y la resurrección.

«A toda criatura»: predicar a las criaturas significa predicar no solo a las almas de los portadores de luz, sino también a quienes se han apartado del camino, los llamados demonios, desencarnados, caídos; predicar a la mismísima creación humana, recalcitrante y rebelde ante la luz. Predíquenle, exhórtenla. Es decir, den testimonio ante ella y ofrezcan la llama del Cristo, la llama omniconsumidora del testimonio.

Y entonces dijo:

> El que creyere y fuere bautizado, será salvo; mas el que no creyere, será condenado. (Marcos 16:16)

Es decir, «condenado» porque la luz de Dios sobre él producirá una acción que hará que él sea atado, una acción que lo detendrá. El individuo no podrá elevarse en Cristo si no cree en Cristo.

Jesús insiste continuamente en el creer y en el bautismo porque son componentes, ingredientes necesarios para lo que en realidad es una fórmula cósmica y matemática para llenarse del Espíritu. Si queremos ser testigos, si queremos ser portadores de esta luz, de este Cristo, para la siguiente generación y la siguiente, hay unos pasos y unas etapas de conciencia a las que debemos aspirar y que debemos lograr.

Creer en el Cristo es la creencia en que el Cristo es la verdadera persona de todo hijo y toda hija de Dios, que el Cristo es la verdadera Persona de Jesús y que Jesús vivió, que fue y es para siempre ese Cristo.

Y el bautismo es la unción del alma con agua y con fuego, el bautismo con agua de Juan, el bautismo con fuego de Jesús por el Espíritu Santo. Estos bautismos son necesarios porque el templo debe prepararse. El templo de ser apto para el Espíritu Santo.

> Y estas señales seguirán a los que creen:... (Marcos 16:17)

Creer en el Cristo dentro de uno mismo como el mismo Cristo que había y que hay en Jesús es la base del testimonio. Si a ustedes nunca se les ha desatado la lengua y la mandíbula para dar testimonio de la Verdad, si han retenido las palabras, la confirmación de la Palabra y la Ley, si no han sentido el movimiento de Dios en su ser como Espíritu, deben hacerse la pregunta: «¿He satisfecho de verdad este requisito de creer en el Cristo y en Jesucristo como uno solo?».

Muchos de nosotros hemos escuchado las enseñanzas de Jesucristo y de los Maestros Ascendidos durante tanto tiempo, que creemos que estamos creyendo por las palabras o los textos en los que creemos o por escuchar la repetición de las palabras. Pero ¿creemos?

Creer se define como llegar a ser. *Llegar a ser* el Cristo, cumplir la ley del Cristo, es la única creencia real. Si no tenemos ese tipo de creencia, nuestra creencia es una mofa y estaremos confundiendo las palabras que tenemos en las páginas de nuestras escrituras con la llama original que debe estar enclaustrada en nuestro corazón.

Esta creencia es el contacto del alma, el corazón y la mente con el Cristo vivo. Es el contacto que se hace en oración a Dios. Es el contacto que se hace al vivir una vida basada en este código de honor y amor.

En el corazón sabemos cuándo hacemos ese contacto en oración. Sabemos cuándo Dios nos ha escuchado. Sabemos cuándo hemos sentido esa llama. Sabemos cuándo hemos experimentado esa unión esencial, cara a cara, corazón a corazón, con Jesús el Cristo. Y si ustedes no han sentido nunca eso, deberían rezar continuamente para que Dios les quite las escamas de su ser que les separan de ese amor al Cristo y de esa unión con él.

Deberían comprometerse a ponerse de rodillas, antes de acostarse y cada mañana, hasta que sepan que con el alma han entrado en contacto con su Señor, con su Salvador, con su Jesucristo; y con su Ser Crístico interior y la presencia viva del YO SOY EL QUE YO SOY, que Moisés percibió. Y con esa percepción, con ese ver y con ese contemplar, Moisés fue capaz de mover a los hijos de Israel, con toda su obstinación, para que salieran de su esclavitud en Egipto. Gracias a ese contacto con el YO SOY EL QUE YO SOY, esa visión que tuvo, se cumplió toda su misión.

No debemos tomarnos a la ligera esta comisión que nuestro Señor nos ha dado ni pensar que es nuestra de forma automática ni imaginarnos que somos gente escogida porque tenemos las revelaciones de los Maestros Ascendidos. Tenemos un peso y una carga de responsabilidad mucho mayor. Y no hay nada que pueda reemplazar la creencia que significa llegar a ser el Cristo y el testimonio que aparece por estar llenos del Espíritu Santo. Cuando hayamos buscado seriamente este contacto y lo hayamos manifestado, veremos las señales que él prometió:

En mi nombre echarán fuera demonios; ...

Ustedes deben anticipar que, al pronunciar el nombre de Jesús el Cristo, puesto que han llegado a ser ese Cristo, puesto que es un contacto certero en su alma que han ensayado una y otra vez en oración y en comunión, el demonio (palabra en código que significa mal deificado), los demonios de la mente, de las emociones, del cuerpo, temblarán y se marcharán, porque por medio de ese nombre la presencia de Dios está presente en su vida.

No deben posponer esto, ni por procrastinación ni porque se les persiga. Procrastinación y persecución. Considérenlas como enemigos de la Iglesia, la Iglesia que está a la espera, y como enemigos de su alma. Piensen en cómo posponemos el día de la liberación al posponer nuestra comunión, al posponer el verdadero creer y sustituyéndolo con un creer intelectual o emocional.

Si no están manifestando esa luz del Cristo, pregúntense por qué, y pídanle a Jesús que se lo muestre. Pidan que el fuego omniconsumidor del Espíritu Santo los limpie de todo lo que es inaceptable ante los ojos de Dios. Hace mucho, David pidió que su oración y las meditaciones de su corazón fueran aceptables ante los ojos de Dios, una ofrenda aceptable.* Debemos ver si nuestra ofrenda es aceptable y esforzarnos con diligencia por hacer que así sea.

... hablarán nuevas lenguas; ... (Marcos 16:17)

Las nuevas lenguas son el nuevo entendimiento del Espíritu por el que sabemos que Cristo el Señor vive en nosotros y no solo en Jesús.

Tomarán en las manos serpientes, ...

Tomando los venenos, las toxinas, la conciencia anti-Cristo, deteniendo la mano de la oscuridad que quiere invadir al Niño Cristo.

... y si bebieren cosa mortífera, no les hará daño; sobre los enfermos pondrán sus manos, y sanarán. (Marcos 16:18)

Todas estas son señales. Si no tenemos las señales en nuestra Iglesia, no somos la Iglesia viva ni la Iglesia que está a la espera ni la Iglesia que se elevará y recibirá al Cristo cuando este infunda esa llama en su gente en la Tierra.

---

*Salmos 19:14.

Después de decir esas últimas palabras, fue recibido en el YO SOY EL QUE YO SOY. Unido a Dios, «se sentó a la diestra de Dios».* La diestra es la posición clave de autoridad ocupada por la Segunda Persona de la Trinidad. Jesús, unido al Cristo, ocupa ese cargo en la jerarquía.

> Y ellos, saliendo, predicaron en todas partes, ayudándoles el Señor y confirmando la palabra con las señales que la seguían.
>
> (Marcos 16:20)

Dieron testimonio, y por su testimonio, el Señor dio testimonio de ellos. Y el testimonio de él fue las señales que la seguían, confirmando la Palabra, confirmado al Cristo. Siempre debemos anticipar e invocar la confirmación de la Palabra, y debemos saber que eso forma parte del testimonio.

La palabra *testimonio* o *dar testimonio* viene del griego *martys*. Esa es la raíz que nos ha llegado con la palabra *mártir*. Por tanto, vemos que dar testimonio del Cristo es mucho, mucho más que una repetición intelectual o una manifestación emocional. Siendo mucho más que eso, significa ser *consumidos* por Cristo. Es la experiencia omni-consumidora, autoconsumidora. *Mártir* significa que el testimonio de la verdad que uno da, le cuesta la vida. Uno está dispuesto a dar la vida por el privilegio de dar testimonio de esta verdad del Cristo. Si no estamos dispuestos a entregarnos en ese grado, a dar testimonio de esta verdad del Cristo que declaró «antes que Abraham fuese, YO SOY», no seremos testigos. Esto significa dar la vida por los amigos, dar la vida del yo inferior.

La única forma de dar testimonio del Christos Eterno y de poder revelar al Cristo a la humanidad (ese Cristo que era aparente en Elías y Eliseo, en Isaías y Jeremías, en Moisés y Abraham, que dieron todos testimonio de ese mismo Cristo, el cual es una continuidad de su existencia a través de todos los grandes avatares de Oriente y Occidente) es determinar que ese Yo, que ese Yo más grande, que ese

---

*Marcos 16:19.

Ser Crístico sea *nuestro* Yo. Debemos estar dispuestos a dar la vida del yo inferior, porque el yo inferior no puede ser el instrumento, el cáliz, la copa del Cristo verdadero.

Por consiguiente, nos encontramos con los quejidos. Nos encontramos con la amargura en el vientre* de esta palabra, *testimonio.* Al principio nos sentimos emocionados y alegres; saltamos y deseamos ir y dar la palabra acerca de Jesús. Bien, Jesús quiere que le hablemos al mundo sobre el Cristo que vive *en nosotros* y que vive *en ellos.* Y la única manera de que el mundo crea es que vea. «Ver es creer», como reza el dicho. Si ven al Cristo en ustedes, en su vida, en su ser, en su templo, ese ver crea el arco de atención, igual que un arco eléctrico.

Es una cuestión de poder conectarse y conseguir la electricidad que se necesita. Todos tenemos que conectarnos. Nos conectamos con Jesucristo. Nos conectamos con el YO SOY EL QUE YO SOY. Y según nos vamos convirtiendo en el Cristo, la gente ve al Cristo y sabe que también puede llegar a serlo.

Dar testimonio, por tanto, implica ser autoconsumidos por amor al Cristo. Y más que por amor al Cristo, es por apacentar los corderos,† demostrando que amamos al Cristo más que al yo, más que las chucherías y los placeres de la vida terrenal. Con todo, Jesús desea que tengamos una vida abundante y alegre. Por tanto, la felicidad y la alegría forman parte del verdadero ministerio cristiano en el cual dar testimonio.

Por consiguiente, los verdaderos pastores del rebaño son aquellos que han ido creyendo cada vez más, hasta que se han convertido en el Cristo, sin hablar de Jesús en el sentido histórico, pero comprendiendo que el tiempo y el espacio no existen en absoluto, sino el movimiento eterno de esta presencia del Espíritu y del Cristo por todo el cuerpo de Dios.

Veamos, pues, lo que encontramos escrito sobre la comisión que Jesús da en estas últimas horas, al final del libro de Lucas.

---

*Apocalipsis 10:10.
†Juan 21:15-7.

Y les dijo: Estas son las palabras que os hablé, estando aún con vosotros: que era necesario que se cumpliese todo lo que está escrito de mí en la ley de Moisés, en los profetas y en los salmos. (Lucas 24:44)

¿Sobre quién? Sobre el Christos Eterno en cuya llama se consumió la identidad de la persona que era Jesús. Lo mismo se puede decir cuando se comprende que la definición de identidad en uno mismo y en todos los hijos y las hijas de Dios es el Cristo. El cumplimiento de los profetas, las escrituras y los salmos es el dar testimonio; dejar al yo inferior a un lado para que todos puedan confesar y ver que Cristo, el Mesías, ha venido. Jesús era muy consciente de que debía dar testimonio.

Entonces les abrió el entendimiento, para que comprendiesen las Escrituras;

y les dijo: Así está escrito, y así fue necesario que el Cristo padeciese, y resucitase de los muertos al tercer día;

y que se predicase en su nombre el arrepentimiento y el perdón de pecados en todas las naciones, comenzando desde Jerusalén. (Lucas 24:45-47)

«Arrepentimiento y remisión de pecados»: este es el reconocimiento de la separación de uno de la verdadera llama del Cristo y el echar al fuego sagrado aquello que ha provocado que uno se desencamine. Arrepentimiento y remisión son requisitos para dar testimonio, requisitos para recibir el Espíritu Santo. Juan predicó estos requisitos para la venida de Jesús a fin de que Jesús pudiera dar testimonio de la llama y ellos pudieran dar testimonio de Jesús.

Finalmente, versículo 48.

Y vosotros sois testigos de estas cosas.

Una y otra vez, desde el principio de su misión, Jesús se asegura el testimonio. En el tercer capítulo de Mateo, cuando Jesús es bautizado:

> Y Jesús... subió luego del agua; y he aquí los cielos le fueron
> abiertos, y vio al Espíritu de Dios que descendía como paloma,
> y venía sobre él.
> Y hubo una voz de los cielos, que decía: Este es mi Hijo
> amado, en quien tengo complacencia. (Mateo 3:16-17)

Esto nos enseña que cuando aceptamos nuestro ministerio por
el cual dar testimonio del SEÑOR, el SEÑOR da testimonio de nosotros, el SEÑOR da la confirmación como se la dio a Jesús, a quien no
envió sin el apoyo del YO SOY EL QUE YO SOY. Él no envió a
Moisés ni a ninguno de los profetas sin apoyo; les dio un sello y una
señal. Es el testimonio. Por tanto, este testimonio sobre la Trinidad
del Padre, el Hijo y el Espíritu Santo es una alquimia que tiene lugar
una y otra vez. Es un movimiento, es una ola, es una ola de la que
podemos formar parte, porque sin el testimonio no hay Iglesia, no
hay llama verdadera; ninguna promesa puede cumplirse.

Este testimonio lo encontramos de nuevo en la transfiguración
en Mateo 17. Jesús está sobre el Monte de la Transfiguración; los
discípulos están con él.

> Mientras él aún hablaba, una nube de luz los cubrió; y he
> aquí una voz desde la nube, que decía:...

Por los discípulos que aún no estaban seguros de que este fuera
el Cristo (no estaban seguros, dudaban), se elevaron en conciencia y
oyeron la voz de Dios decir:

> Este es mi Hijo amado, en quien tengo complacencia; a él oíd.
>
> (Mateo 17:5)

Este es ese testimonio, ese asombroso testimonio del Padre
sobre el Hijo. Ahora Jesús habla del testimonio en el capítulo 3 del
libro de Juan.

> De cierto, de cierto te digo, que lo que sabemos hablamos, y
> lo que hemos visto, testificamos; y no recibís nuestro testimonio.

Si os he dicho cosas terrenales, y no creéis, ¿cómo creeréis si os dijere las celestiales? Nadie subió al cielo [nadie subió en conciencia al plano de la conciencia de Dios], sino el que descendió del cielo. (Juan 3:11-13)

Jesús revela un gran misterio acerca del testimonio diciendo que solo ciertas almas pueden dar testimonio, y que solo las almas que han descendido de Dios son las que pueden ascender. Jesús se está refiriendo a una multitud de evoluciones de varias clases. Está hablando del Sanedrín y de los saduceos y fariseos. Está hablando de aquellos que causaron su juicio y crucifixión porque encarnaron lo anti-Cristo. Ellos cuestionaron su testimonio sobre Dios Padre a lo largo de su misión. Y aquí está dando la clave:

... Nadie subió al cielo, sino el que descendió del cielo; ...

(Juan 3:13)

Jesús les está diciendo: «No podéis entender de lo que estoy hablando porque jamás habéis subido al monte Horeb, donde Moisés recibió los Diez Mandamientos. No habéis estado nunca con el Espíritu, con Elías cuando se fue al cielo en un carro de fuego.* Jamás habéis reconocido la ascensión que consta de Enoc, que caminó con Dios, y desapareció, porque le llevó Dios.† No habéis sido creyentes de vuestras propias escrituras porque no habéis tenido el Espíritu Santo. Jamás habéis tenido esa unión con la conciencia Crística. No podéis dar testimonio de mí. Pero yo puedo dar testimonio de mí mismo».

Y como Moisés levantó la serpiente en el desierto, así es necesario que el Hijo del Hombre sea levantado, ... (Juan 3:14)

Jesús está diciendo: «Moisés os dio el ejemplo, os enseñó que, para que tengáis la conciencia donde corresponde, los fuegos Kundalini, esa energía serpentina debe elevarse al plano de la conciencia

---

*1 Reyes 2:11.
†Génesis 5:24.

cósmica, de la conciencia Divina. Moisés os dio la clave por la cual
debíais reconocer al Cristo cuando viniera, pero no lo habéis reconocido porque no habéis recibido el Espíritu Santo».

> ... para que todo aquel que en él cree, no se pierda, mas
> tenga vida eterna. (Juan 3:15)

«Todo aquel que cree» en él (el Hijo sobre el que Moisés dio testimonio, el Cristo que les enseñó), el creer en ese Cristo es vida eterna.

Los hijos de Israel miraban la serpiente de bronce que Moisés
levantaba como símbolo y como señal,* y se curaban de sus enfermedades. Él simplemente la sostenía en alto, y los hijos de Israel la miraban y se curaban. Esto se debe a que su visión del ojo —la capacidad
del ojo de contener la energía de Dios— entraba en contacto con la
imagen de Cristo y su exaltación. Y la simple imagen de Cristo y su
contacto con esa imagen era capaz de transferir el arco de energía de
esa unión del testimonio del Padre al Hijo y a las almas del pueblo de
Israel, y se curaban, prueba de la naturaleza eterna del Cristo, la
eterna presencia del Cristo. Los que han rechazado al Cristo son los
que se han negado a elevarse, los que se han negado a elevar sus
energías a ese plano.

«Todo aquel que en él cree»: creer es llegar a ser. Todo aquel
que llegue a ser el Cristo al mantener la visión del Cristo, al meditar
en el Cristo, mediante el flujo de la energía hacia el Cristo y el regreso
de la energía, *estos* no se perderán, sino que tendrán vida eterna.

> Porque de tal manera amó Dios al mundo, que ha dado a su
> Hijo unigénito, para que todo aquel que en él cree, no se pierda,
> mas tenga vida eterna. (Juan 3:16)

Jesús ha venido a declararnos la naturaleza eterna de este Hijo de
Dios y que el contacto con el Hijo es el regreso al paraíso, el regreso
al verdadero instructor, al verdadero gurú, al verdadero maestro, al
Ser Verdadero. Pero el creer en ese Hijo eterno debe ser el *devenir*.

---

*Números 21.9.

Este es el requisito. Qué hermosa es la enseñanza que Dios nos da, porque no nos deja con dudas. Nos dice exactamente lo que debemos hacer para volver al estado de gracia.

> Porque no envió Dios a su Hijo al mundo para condenar al mundo, sino para que el mundo sea salvo por él. (Juan 3:17)

Jesús no se sienta en la silla de escarnecedores.* Él con condena, sino que su presencia autoconsumidora es la consumación de todo lo que no es como el Cristo en nosotros.

> El que en él cree, no es condenado; pero el que no cree, ya ha sido condenado,...

Si no creemos y, por tanto, no hemos llegado a ser el Cristo, estamos condenados. Nos condenamos a nosotros mismos por haber elegido no ser autoconsumidos. Nuestra propia condenación es lo único que puede quitarnos la vida eterna. Nuestra propia condenación. Nos lo habremos hecho a nosotros mismos. No es voluntad de Dios. No es voluntad de Hijo. No es voluntad del Espíritu Santo. Pero al rechazar, al procrastinar, al aceptar la persecución como excusa por no haber llegado a ser la plenitud de Dios, ya estamos condenados.

> ... porque no ha creído en el nombre del unigénito Hijo de Dios. (Juan 3:18)

El nombre es la clave, la clave de la entrega de energía: el nombre de Cristo, el nombre de Jesús el Cristo, el nombre YO SOY EL QUE YO SOY.

> Y esta es la condenación:...

Esta no viene de Dios o de la Trinidad, sino...

> ... que la luz vino al mundo, y los hombres amaron más las tinieblas que la luz, porque sus obras eran malas. (Juan 3:19)

Sus obras eran un abuso de esa luz para crear un velo de energía.

---

*Salmos 1:1.

Porque todo aquel que hace lo malo, aborrece la luz y no viene a la luz, para que sus obras no sean reprendidas.

Mas el que practica la verdad viene a la luz, para que sea manifiesto que sus obras son hechas en Dios. (Juan 3:20-21)

Hay condenación, pues habiéndosenos enviado al Cristo, no lo hemos recibido; no habiéndolo recibido, no hemos manifestado esa luz como hechos, como obras. Por toda la eternidad, la venida del Cristo es la venida de la acción de esa energía de la Palabra. Por consiguiente, la medida del ungido o del Ser Crístico siempre es «por sus frutos los conoceréis»*; por la acción, por las obras.

Es asombroso lo que dice en el primer capítulo de Juan, el dar testimonio de la Palabra, la venida de la Palabra. Primero dice:

La luz en las tinieblas resplandece, y las tinieblas no prevalecieron contra ella [no la comprendieron]† (Juan 1:5)

¿Por qué no comprendió la Palabra nuestro ignorante entendimiento? Porque la Palabra no se había hecho carne. No podíamos ver la Palabra en alguien que fuera un ejemplo vivo. Y, por tanto, esa luz, que no fue comprendida, se hizo carne como Palabra encarnada. Y así, Juan dice:

Y aquel Verbo [Palabra] fue hecho carne, y habitó entre nosotros y vimos su gloria,... (Juan 1:14)

La Palabra está dando testimonio de Dios y la Palabra es el testimonio. Y en el nacimiento de Jesús hay una luz individual que decide dar testimonio del Cristo.

Luego está Juan el Bautista, que vino dando testimonio antes de la venida de Jesús.

Juan dio testimonio de él, y clamó diciendo: Este es de quien yo decía: El que viene después de mí, es antes de mí; porque era primero que yo.

---

*Mateo 7:15-20.

†*... no la comprendieron:* según la versión bíblica del rey Jacobo en lengua inglesa. (N. del T.)

Porque de su plenitud tomamos todos, y gracia sobre gracia.

Pues la ley por medio de Moisés fue dada, pero la gracia y la verdad vinieron por medio de Jesucristo.

A Dios nadie le vio jamás; el unigénito Hijo, que está en el seno del Padre, él le ha dado a conocer. (Juan 1:15-18)

Puesto que Jesús dio testimonio del Padre, sabemos que el Padre existe. Puesto que el Padre dio testimonio de Jesús, aceptamos la presencia del Hijo. Puesto que Jesús nos dio a nosotros el relevo del testimonio, a los apóstoles y a los discípulos, y puesto que ellos dieron testimonio, tenemos constancia de que su venida es cierta. Tenemos constancia por el Espíritu Santo, que los confirmó en sus obras. Este testimonio es la continuidad de la cadena de conciencia.

Ustedes, que hoy están sentados aquí, no podrían lograr la conciencia cósmica si no hubiera existido el testimonio continuo, y Dios nunca ha dejado de proporcionarnos ese testimonio. Sea cual sea el país y el pueblo, el testimonio siempre ha existido, y siempre ha existido con el poder y la autoridad de Dios que son transmitidos.

Veamos el testimonio de Jesús en el octavo capítulo de Juan, versículo 12. Este es su testimonio acerca de sí mismo.

Yo soy la luz del mundo; el que me sigue, no andará en tinieblas, sino que tendrá la luz de la vida.

Jesús da el nombre de Dios, YO SOY. Da testimonio de ese nombre y no teme declarar que este YO SOY EL QUE YO SOY donde yo estoy *es* la luz del mundo. No teme el desafío. No teme *demostrar* esa verdad porque está convencido de que Dios dará constancia y testimonio de la verdad de la que habla. Hace falta valor para hacerlo.

¿Alguna vez han sentido en su corazón: «Cómo puedo ponerme a decirle a la gente que YO SOY la luz del mundo? Se mofarán. Se burlarán. Se reirán. Me despreciarán. Me perseguirán. ¿Qué haré? No tengo el logro de llevar a cabo lo que digo. Y cuando me desafíen, verán que en realidad Dios no vive en mí».

Si tienen ese temor, yo les digo que comulguen con Dios. Pero deberá llegar el momento, el lugar y el día en que puedan ponerse con Cristo y saber que él los apoyará porque ustedes habrán cumplido los requisitos, habrán satisfecho las leyes de los pactos que constan en las escrituras, y habrán satisfecho la ley que está escrita en su corazón;* y tendrán la misma convicción. Darán testimonio de esto, no porque hayan sido perfeccionados en la carne y la sangre, no porque tengan un logro cualquiera, sino por tener un talento especial o por haber saldado todo su karma. Pero dirán la Palabra porque creerán de forma absoluta en las promesas de Cristo: que cuando estén dispuestos a dar testimonio, él los apoyará y confirmará ese testimonio con su Palabra y con las señales que la siguen.

Y un día, poco a poco, verán que los ciclos de su expansión de conciencia y de su ministerio no avanzarán ni un paso más, porque acechando en alguna parte de su alma está la duda que aquellos discípulos albergaron justo antes de la ascensión de Jesús. La reprimenda a esas dudas es la reprimenda a los espectros de la noche que se burlan y nos dicen que no tenemos toda la confirmación de Dios.

Está bien que reconozcan su indignidad, su pecaminosidad, porque con eso se vuelven humildes, esperando, esperando a ser llenados, esperando la necesaria llegada de la Palabra que los llenará porque saben, con Jesús, que: «Yo por mí mismo no puedo hacer nada. El Padre en mí es quien hace las obras».†

La pregunta es esta: ¿Ustedes creen de verdad que el Padre va a hacer sus obras a través de ustedes; o creen que deben sostener el arca?‡ ¿Creen necesario hacer un poquito para ayudarle, porque él no es del todo capaz de hacer esa obra a través de ustedes?

Aquí está Jesús. Le dice a todo el mundo que está absolutamente indefenso, y lo dijo desde el principio de la misión.

Se levantó en la sinagoga y les dijo: «YO SOY el que ha venido sobre el que ha escrito Isaías. Hoy se ha cumplido la escritura delante

---

*Jeremías 31:33.
†Juan 5:19.
‡1 Crónicas 13:9; 2 Samuel 6:6.

de vosotros»*. Lo proclamó sin temor, sabiendo que Dios sellaría sus palabras. Nosotros debemos tener la misma intrepidez. De lo contrario, perderemos la oportunidad y la dispensación de ser la Iglesia y el pueblo de Dios.

«El que me sigue»: el que sigue a este Cristo al que yo levanto, que es el mismo Cristo al que Moisés levantó en el desierto. Jesús nos habló de ese Cristo, diciendo: «Y yo, si fuere levantado de la tierra, a todos atraeré a mí mismo»†. Si yo levanto al Cristo, todos los hombres seguirán a ese Cristo y serán atraídos hacia ese Cristo, y si no lo levanto, nadie me seguirá.

Si *ustedes* no levantan al Cristo, nadie se sentirá atraído hacia la luz, nadie se convertirá, sanará o purificará. Deben estar dispuestos a levantar a ese Cristo, la misma iniciación de Moisés. Tuvo que estar dispuesto a levantar la serpiente de bronce para que la gente pudiera curarse. Como ven, se necesita cierta acción, ciertas palabras, ciertas manifestaciones que están programadas. Y debemos tomar nota de ellas y no debemos estar sordos para el Espíritu o para el Señor que habla en nuestro corazón y dice: «Ve *ahora* y habla la Palabra en mi nombre».

> … el que me sigue, no andará en tinieblas, sino que tendrá la luz de la vida.
>
> Entonces los fariseos le dijeron: Tú das testimonio acerca de ti mismo; tu testimonio no es verdadero.
>
> Respondió Jesús y les dijo: Aunque yo doy testimonio acerca de mí mismo, mi testimonio es verdadero, … (Juan 8:12-14)

Uno puede escuchar cómo recibe el mismo desafío al declarar la presencia del Cristo vivo. «¿Quién te crees que eres, declarando que eres el Cristo? No dices la verdad, sino que mientes.» Esta es la tentación de los caídos que vendrán cuando ustedes tengan el valor que da la convicción para declarar al Cristo en ustedes mismos. Él los puso en su sitio de inmediato. «Mi testimonio es verdadero,

---

*Véase Lucas 4:16-21.
†Juan 12:32.

porque sé de dónde vengo y a dónde voy».

Cuando uno sabe quién es, de dónde viene y a dónde va, *nadie* puede desafiar su identidad, nadie puede desafiar su derecho a ser el Cristo. Nadie pudo desafiar el derecho del Buda Gautama cuando estaba sentado bajo el árbol Bo. Pero los ángeles caídos fueron con todas las hordas astrales, las mismas que se burlaron de Jesús, y desafiaron su derecho a hacer lo que hacía. Y él rechazó el desafío cuando Mara le dijo: «Estás sentado en mi sitio, bajo el árbol Bo. No te puedes sentar ahí. Ese sitio es mío».

Gautama ni siquiera habló, para no vincular su energía con Mara. Simplemente con su mano derecha y su dedo golpeó el suelo, confirmando por el Espíritu Santo en la tierra que se quedaba sentado bajo el árbol Bo hasta lograr la conciencia Búdica, la conciencia Crística, a fin de abrir la puerta en Oriente a la venida del Cristo a los niños de Dios.[1] Gautama defendió su derecho a hacer lo que hacía sobre la base de que sabía quién YO SOY. Sabía quién era, de dónde venía, a dónde iba, y tenía el derecho de declarar esa verdad.

Como ven, hay que conocer la Ley y ser como un abogado, que aboga, en defensa de su propia conciencia Crística. Jesús no retrocedía.

... porque sé de dónde he venido y a dónde voy; ...

«He salido del YO SOY EL QUE YO SOY y al YO SOY EL QUE YO SOY regresaré.»

... pero vosotros no sabéis de dónde vengo, ni a dónde voy.

(Juan 8:14)

«No habéis visto el YO SOY EL QUE YO SOY. No podéis saber si he salido de ahí y si ahí es a dónde me dirijo.»

Vosotros juzgáis según la carne; yo no juzgo a nadie.

Y si yo juzgo, mi juicio es verdadero; porque no soy yo solo, sino yo y el que me envió, el Padre. (Juan 8:15-16)

«Y, por tanto, el juicio del Padre *en mí* es el verdadero juicio.»

> Y en vuestra ley está escrito que el testimonio de dos hombres es verdadero. (Juan 8:17)

Jesús citaba continuamente la ley de los judíos y las escrituras del Antiguo Testamento para confundirlos, porque sabía que no tenían el verdadero espíritu de su propia ley y no cumplían su propia ley ni sus enseñanzas. Siempre les rebatía con la ley de ellos y les exigía que enseñaran los frutos del Espíritu, las obras, las manifestaciones de esa ley.

> Yo soy el que doy testimonio de mí mismo, y el Padre que me envió da testimonio de mí. (Juan 8:18)

Esto casi es gracioso, Jesús declarando que el Padre da testimonio de él cuando sabe muy bien que ellos ni han visto al Padre ni lo han oído.

> Ellos le dijeron: ¿Dónde está tu Padre? Respondió Jesús: Ni a mí me conocéis, ni a mi Padre; si a mí me conocieseis, también a mi Padre conoceríais. (Juan 8:19)

No se puede conocer al Cristo sin conocer al YO SOY EL QUE YO SOY. No se puede conocer al YO SOY EL QUE YO SOY sin conocer al Cristo.

> Estas palabras habló Jesús en el lugar de las ofrendas, enseñando en el templo; y nadie le prendió, porque aún no había llegado su hora. (Juan 8:20)

Aún no se había sellado el cumplimiento del ciclo de su manifestación de la conciencia Crística.

Ustedes deben tener la misma fe. Pablo tuvo la misma fe, y Pedro, y los primeros apóstoles. Se pusieron en medio del Sanedrín y predicaron. Predicaron a los judíos, predicaron a los griegos. Predicaron a toda la ciudad de Éfeso, donde la gente creía en la diosa Diana. Todos los mercaderes ganaban dinero haciendo estatuas de plata de Diana. Pablo se puso entre ellos y dijo que no había ningún otro Dios excepto el Dios vivo; que no había ningún otro Hijo excepto Cristo Jesús y que era ilícito adorar a otros dioses. Los apóstoles no temían porque tenían el mismo sello, el mismo conocimiento de que Dios daría testimonio de ellos hasta que se cumpliera su ciclo.*

Ustedes deben tener el mismo valor, esa *intrepidez* capaz de derrocar a los espectros.

> Otra vez les dijo Jesús: Yo me voy, ...

Se marcha hacia la luz, en la corriente de conciencia cósmica, en el sendero de iniciación.

> ... y me buscaréis, pero en vuestro pecado moriréis; a donde yo voy, vosotros no podéis venir. (Juan 8:21)

Le está hablando al Sanedrín, a los saduceos y fariseos, y les está diciendo: «Puesto que no habéis satisfecho el requisito de creer en el Hijo llegando a ser el Hijo, de creer en el YO SOY EL QUE YO SOY llegando a ser la Ley y el Legislador, no podréis ir en conciencia a ese punto en que uno se realiza en Cristo y en Dios. No podréis ir a donde yo voy, sino que moriréis en vuestro pecado. Seréis condenados por vuestra falta de fe».

El morir en vuestros pecados significa ser consumidos, ser consumidos por el sentimiento de separación de Dios. Jesús está diciendo: «Si, habiendo cualificado mal la luz, permitís que esa mala cualificación os separe de Dios y no buscáis el arrepentimiento y la remisión de pecados que enseña Juan el Bautista, si no decidís desafiar esa manifestación del velo de energía y volver a creer en Cristo, vuestra alma será consumida por vuestro pecado en vez de consumirse vuestro pecado por tener el valor de dar testimonio».

Este es el mensaje esencial que recibimos hoy día. Es un mensaje maravilloso. En verdad es la forma en que la Palabra se confirma en nosotros. Es una excelente manifestación de la comprensión de la continuidad de conciencia.

Muy despacio, hemos ido considerando qué ocurre en el libro de los Hechos: la repetición de la ascensión de Jesús, la repetición de los

---

*Véase Hechos 19.

requisitos para dar testimonio que constan en cada Evangelio. Y finalmente llegamos al segundo capítulo de este libro, el día de Pentecostés, cuando, habiendo cumplido todos los requisitos, se reunieron en un lugar para recibir el Espíritu Santo.

Me he ido acercando a este sermón despacio porque quiero que tengamos la experiencia de la venida del Espíritu Santo en nuestro templo. Quiero que conmemoremos el día de Pentecostés y quiero que lo hagamos una y otra vez. No se trata simplemente de pedirle a Dios y de recibir; se trata de pedir y recibir porque hemos sido diligentes a cada paso cumpliendo los requisitos y las promesas.

Espero que, al prepararnos para la conmemoración de Pentecostés esta semana, ustedes se tomen muy en serio estas palabras del testimonio, que comprendan aquello a lo que Jesús se refiere: que todo nuestro legado y todas las enseñanzas de los maestros ascendidos que nos han llegado no sirven para nada si nos negamos a ser el Cristo, si nos negamos a limpiar el templo para que sea la morada del Espíritu. Amarás al Señor tu Dios con todo tu corazón, y con toda tu alma, y con toda tu mente; esto es lo que el Señor tu Dios requiere de ti.*

El intenso amor debe llevarnos a una congruencia con el Espíritu, con la Ley, de modo que el amor y la obediencia se conviertan en un fuego omniconsumidor y no consideremos nada como un sacrificio. No consideramos nada como un *sacrificio* porque tenemos una meta, un deseo.

La lengua bífida de la serpiente indica un deseo doble, el deseo de poder en las cosas del Espíritu sin renunciar al deseo de poder en las cosas del mundo. Pero nosotros no queremos la lengua bífida de la serpiente. Queremos la maestría de la Palabra que aparece de la boca de Dios. Este concepto está representado en el libro del Apocalipsis, en la descripción del Fiel y Verdadero, que llega con sus ejércitos y de su boca sale una espada.† La espada que sale de la boca del Cristo es la transmutación de esa lengua bífida y partida de la serpiente.

Eso significa que la espada aparece para separar lo Real de lo

---

*Mateo 22:37; Marcos 12:30; Lucas 10:27.
†Apocalipsis 19:11-15.

Irreal. La aparición del Cristo siempre es la venida del juicio, el poner a un lado lo superfluo, los desechos, la transigencia indebida, la lucha, el sentimiento de lucha, la separación de la plenitud. Todo eso se nos elimina a medida que la grasa del interés por uno mismo es eliminada, y nos quedamos con lo magro de la plenitud, de la unión.

La visión del ojo único mirando al Cristo debe dar como resultado que la conciencia Crística vuelva a nosotros. La tenemos por ley. La tenemos por esas pruebas infalibles por las que se confirmó a los apóstoles cuando salieron. Debemos comprender simplemente que la clave para esta *auto*elevación llamada salvación consiste en aguantar hasta el final; salvación, autoelevación. Esto es la elevación del verdadero yo y el estar dispuestos a que el yo inferior sea autoconsumido.

Cuando pensamos en esto como concepto, a todos nos emociona que nuestro yo inferior se consuma a sí mismo. Pero cuando atravesamos el proceso que Dios nos exige (teniendo que mirar día a día a ese yo y comprendiendo que algunos de los elementos más queridos de ese yo también deben acabar en la llama), esto se convierte en un dolor, se convierte en una procrastinación y una persecución autoinfligida.

Por tanto, debemos ver que todo lo que hemos atesorado del yo inferior tiene un equivalente en la realidad, en el Yo Real, lo cual es la plenitud de la que el yo inferior es una falsificación. Debemos ver que al permitir que el yo inferior sea consumido, no podemos alterar de forma drástica nuestra vida, sino que alteraremos el *espíritu* de nuestra vida, el espíritu de alegría en nuestra vida y las cosas que tienen significado para nosotros, siempre volviendo al significado que sobre todo es la gloria de Dios, siempre sirviendo y viviendo por la gloria de Dios.

Por tanto, descubrimos que Dios no desea interrumpir la vida cotidiana normal que tenemos, sino que solo quiere interrumpir el motivo impuro, el ver impuro, la dualidad a la que nos aferramos porque tememos que Dios no vaya a dar testimonio en nosotros de la Realidad.

El testimonio es un círculo de unidad. Dios da testimonio del Hijo y él es el testimonio original. Dios nos ha traído a la existencia, dando testimonio de la imagen al poner el punto focal de la imagen en nosotros de modo que todos podamos ver al Cristo en nosotros mismos. Este es el don más grande que Dios ha concedido, el don más valioso, la comunión más valiosa, la imagen de Dios que es testimonio de que Dios vive en nosotros.

Por consiguiente, Dios es el testigo original, y eso es el impulso Alfa, la energía del principio que sale del punto de origen. Ahora se da el relevo. Y el regreso Omega, el fin, es nuestra manifestación en la que hacemos las obras de Dios en nosotros.

Por tanto, he aquí el testimonio: Dios envió a su Hijo, su Hijo unigénito. Envió su nombre YO SOY EL QUE YO SOY. Envió su fuego sagrado. El testimonio es claro. Solo tenemos que reunir el valor de confirmar el testimonio aquí, donde nos encontramos. Y si tenemos el valor de hablar la Palabra, Dios nos apoyará. Dios nos apoyará hasta el cumplimiento de la Ley.

Quisiera pedirles que se pongan de pie para dar testimonio de la Presencia YO SOY. Quisiera que dieran testimonio de las siguientes palabras que Jesús dijo, teniendo con el valor de decirlas. Se las voy a enseñar, tomadas del octavo capítulo de Juan, versículo 12.

Amado Yo Divino de toda la vida, amado YO SOY EL QUE YO SOY, deseamos confirmar el testimonio del Señor Jesucristo donde nos encontramos. Deseamos recibir el Espíritu Santo. Deseamos desafiar la duda, el temor y el egoísmo que deben convertirse en la señal de la victoria, la señal del Cristo, la señal de la abnegación en nosotros.

Daremos testimonio; confirmaremos tu Palabra; e invocamos la confirmación de esa Palabra como cumplimiento del pacto hoy.

[La audiencia repite las siguientes frases después de Elizabeth Clare Prophet].

YO SOY la luz del mundo.
El que me sigue, no andará en tinieblas,
sino que tendrá la luz de la vida.

Consideremos que cuando damos testimonio de esta Palabra, estamos haciendo una promesa. Una vez que hemos confirmado la luz del Cristo como luz del mundo donde nos encontramos, estamos prometiendo a Dios: «Señor, quienquiera que me siga no andará en tinieblas».

¿Cómo podemos estar seguros de que los que nos sigan no andarán en tinieblas? Dejando que Dios sea el discípulo, el instructor, el apóstol, el que muestra el camino, el ministro y el pastor; dejando que Dios sea el que haga las obras en nosotros. Y satisfaciendo diligentemente los requisitos de un verdadero testigo, de un verdadero evangelista, alguien que van delante de los ángeles para declarar su llegada.

Cada vez que damos testimonio, hacemos una promesa. Dios cumple su promesa; nosotros reconocemos nuestra promesa.

«No andará en tinieblas, sino que tendrá la luz de la vida»*. Un llamamiento muy serio. Esto significa que nuestro ejemplo, incluso el ejemplo de nuestros pensamientos, sentimientos y emanaciones que producimos, no será engañoso, no guiará a los niños pequeños hacia obstinación y el error en vez de a la justicia.

Digámoslo de nuevo, y digamos «en el nombre de Jesucristo» al principio.

En el nombre de Jesucristo,
YO SOY la luz del mundo.
El que me sigue, no andará en tinieblas,
sino que tendrá la luz de la vida.

Señor Jesús, ven pronto.

Les pediría que, con el corazón, con el alma y con los dedos de la mente, repasen los requisitos de la Ley que hemos visto hoy y la semana pasada:

---

*Juan 8:12.

Creer en el Cristo llegando a ser el Cristo.

Arrepentimiento y remisión del pecado.

Predicar la Palabra.

Dar testimonio.

Las señales que siguen y todas estas señales.

¿Pensarán en estos requisitos y en entregarse a Dios, para que Dios pueda, mediante su gracia, mediante su Hijo, cumplir estos requisitos en ustedes? Por favor, ofrezcan ahora oraciones personales, sabiendo que esas oraciones tienen el propósito de prepararlos para que su templo se llene del Espíritu Santo. [Los miembros de la audiencia hacen oraciones personales].

Ahora, recordemos el requisito del bautismo con agua y el bautismo con fuego, y que Jesús se sometió a este requisito porque significaba el lavado de los elementos, los átomos y las moléculas que formaban su templo, el lavado con las aguas del Espíritu y el lavado con los fuegos del Espíritu. Habiéndose sometido a este lavado, recibió el testimonio, la confirmación pública: «Este es mi Hijo amado, en quien tengo complacencia»*.

Amado Jesús, amado Dios, amado Padre, nos hemos sometido a este bautismo, algunos de nosotros muchas veces. Pedimos que el misterio interior del bautismo con el fuego sagrado, con la alquimia del agua de la Palabra, sea con nosotros. Pedimos que el lavado de las aguas del fuego sagrado de la Palabra sea ahora para nosotros ese bautismo de la mano de Juan el Bautista, del gran espíritu de Elías, la Presencia ascendida de este Hijo de Dios.

Amado Padre, amada Presencia de la vida, seamos lavados para poder dar el primer paso en el sendero de iniciación, que Jesús anduvo. Al producirse el lavado con las aguas de la Palabra viva, nos alegramos de confirmar esa Palabra al decir la oración, la oración del Padre al Hijo y del Hijo al Padre.

*Mateo 3:17.

Digamos el «Padre Nuestro YO SOY» del amado Jesús.

Padre nuestro que estás en el cielo, santificado sea tu nombre,
YO SOY.
YO SOY tu reino venido.
YO SOY tu Voluntad cumpliéndose.
YO SOY en la tierra como YO SOY en el cielo.
YO SOY quien da hoy el pan de cada día a todos.
YO SOY quien perdona a toda vida hoy, tal como
YO SOY también toda vida perdonándome.
YO SOY quien aparta a todo hombre de la tentación.
YO SOY quien libra a todo hombre de toda condición
perniciosa.
YO SOY el reino,
YO SOY el poder y
YO SOY la gloria de Dios en eterna e inmortal manifestación.
Todo esto YO SOY.

En las escrituras consta que a todos los que creyeron, a ellos Jesús dio potestad —vuelven las palabras *potestad* y *autoridad*— de ser hijos de Dios.* Este texto tiene mucha importancia en las escrituras porque muestra que el testigo del Cristo, aquel que da testimonio igual que Jesús lo dio, puede transmitir la llama del Espíritu Santo por la cual el que no está vivificado puede ser vivificado para ser partícipe de esa herencia conjunta con Cristo de la cual habló Juan: «Ahora somos hijos de Dios»†. El término *hijo* implica la participación en el cargo de Cristo como Jesús se lo declaró a los discípulos en los últimos días, cuando los llamó a que ya no fueran siervos, sino amigos.‡

Un amigo es un igual, y lo es no solo por gracia, sino por la transmisión de la llama de esa gracia. A todos los que creyeron y estuvieron dispuestos a ser el Cristo por el testimonio del Cristo, Jesús dio la autoridad de ser hijos de Dios. Sin embargo, escuchamos decir

*Juan 1:12.
† 1 Juan 3:2.
‡ Juan 15:15.

una mentira, incluso en las iglesias de hoy día, de que es blasfemia declarar que uno puede ser hijo de Dios porque solo hay un hijo de Dios. Esto es un error.

Jesús dijo: «Erráis, ignorando las Escrituras»*. Este es un error en la enseñanza basado en una falta de comprensión de la ley del Uno, la Persona de Dios en la Trinidad de Padre, Hijo y Espíritu Santo. Es una falta de comprensión de que somos uno solo y no muchos, que el Cristo único, el Hijo único encendido en nuestro corazón, puede dar testimonio de ese unigénito Hijo de Dios. *Todos* somos ese Hijo, ese Padre único, ese Espíritu único a través de la llama que vive en nuestro corazón.

Por consiguiente, no hay muchos Padres, muchos Hijos o muchos Espíritus Santos, sino solo Uno; y continuamente confirmamos esa Palabra. Y la idea del Espíritu Santo es que las partículas —las migas de la hogaza de la conciencia Crística—, esas partículas como almas o átomos, están llenas de ese mismo Espíritu, de esa misma unidad, de ese mismo Christos Eterno. No hay otra manera de entender esto que por el Espíritu. Y el Espíritu nos enseña la unión de la Persona de Dios, el Hijo de Dios puro.

Es necesario que seamos elevados en la llama del Espíritu para entenderlo. Pero Jesús confirió la autoridad de ser hijos de Dios a los que creyeron en el Cristo. Está claro, está escrito y está sellado. Está sellado en nuestro corazón. Esta es la verdad sobre la cual debemos dar testimonio. Esta es la verdad que ha sido perseguida y postergada siempre por los caídos, por la mente carnal, por la dualidad de esa lengua bífida que nos quiere mantener confundidos y separados por la ley de la multiplicidad, la ley de la separación. Toda esa ley de mortalidad desaparece en la ley del Uno.

Digamos la afirmación de la Presencia YO SOY al dar testimonio de esa Presencia en nosotros, en el hombre que Moisés recibió como revelación.

YO SOY EL QUE YO SOY (3x)

_____
*Mateo 22:29.

En el nombre de Jesús el Cristo, llamamos al corazón del Padre para el testimonio acerca de la Presencia del fuego sagrado del YO SOY EL QUE YO SOY. Dios nuestro, que ello consuma todo sentimiento de dualidad, todo sentimiento de procrastinación y persecución a la verdad única y a la ley del Uno. Que el gran Espíritu del Yo omniconsumidor, el Yo único y verdadero que es Dios, sea con nosotros como testigo de esta verdadera Luz y Palabra que tú nos has dado, que es el YO SOY EL QUE YO SOY.

Sé tú el testigo, Señor, estando nosotros dispuestos a ponernos en el lugar de ese testigo, declarando juntos:

¡YO SOY EL QUE YO SOY! (3x)
YO SOY la Luz del mundo.
El que me sigue, no andará en tinieblas,
sino que tendrá la luz de la vida.

En el nombre del Padre y de la Madre, del Hijo, y del Espíritu Santo, que la verdadera luz que ilumina a todo hijo de Dios y a toda hija de Dios venga ahora al mundo como Palabra hecha carne, viviendo y habitando entre nosotros. Por tanto, amado Señor Jesús el Cristo, ven en la Segunda Venida que es el encendido de la conciencia Crística en todos. Que esa conciencia Crística en la Iglesia que está a la espera sea el imán que atraiga la presencia viva y tangible de Jesús el Cristo y todos los que lo siguen como séquito de las huestes de luz, para que puedan manifestarse y volver a caminar en el huerto con el hombre y la mujer que no han perdido la visión de la presencia de las huestes del SEÑOR.

Por tanto, que el huerto sea la conciencia protegida, la energía protegida que es la manifestación a nuestro alrededor de las lenguas hendidas de fuego y el gran círculo de nuestra unión. Oh, SEÑOR Dios, queremos volver a entrar en el huerto donde podamos caminar y hablar contigo y conocer a tu Hijo y conocerte a Ti en las huestes ascendidas del SEÑOR, que están unidas en el

Espíritu de los Elohim, el Nosotros Divino, la manifestación del Dios Padre-Madre.

Señor, que tu Espíritu venga a nosotros y entre en nosotros, y que seamos la representación total de ese Cristo; no por nosotros mismos, sino por la bendita Trinidad que es el don de Dios, y no por el logro exterior o interior, sino por la unión interna.

Que la revelación sea en esta era la misma revelación que Jesús llevó de Dios a Juan, siendo Juan el Revelador el testigo por la presencia del ángel del Señor de todas estas profecías que ahora tienen lugar en nosotros, porque hemos querido que sea el cumplimiento de ese decreto por el cual somos la Iglesia que está a la espera, la Iglesia como cáliz para la entrega de la conciencia Crística a todas las naciones, razas y pueblos.

En tu nombre, y en el nombre de Jesús el Cristo, rezamos y te buscamos, Dios nuestro, día y noche.

El cuerpo místico de Dios es uno de los grandes misterios de la Iglesia. A veces hemos oído hablar de misterios. Se los convierte en misterios porque los que los proclaman no han penetrado en ellos con el Espíritu Santo, el Cristo verdadero. Y, por tanto, justifican su ignorancia declarando: «Son misterios». Sin embargo, hay misterios que son verdaderos misterios de la Iglesia. Y el desarrollo y la apertura de esos misterios siempre se produce por el Espíritu Santo.

Esto tiene que ver con la ley del Uno, de la que estábamos hablando, el cuerpo místico de Dios en la tierra y el cuerpo místico de Dios en el cielo. Es místico porque es un solo cuerpo a la vez que parece ser muchos. Es una persona a la vez que parece ser muchas, tanto en la tierra como en el cielo. A partir de la mala interpretación de este misterio surge el argumento doctrinal sobre si el Señor es uno o muchos, sobre si hay una persona o si es la Trinidad, sobre si el hinduismo es politeísta o monoteísta, donde el hinduismo reconoce los múltiples aspectos del cuerpo de Dios en el cielo, los muchos personajes que se combinan para manifestar a la Persona Única.

Por consiguiente, toda esta división sobre la revelación del Dios único y la Ley única se debe a la falta de una verdadera perspectiva sobre la verdad que provenga del Espíritu Santo. En el libro del Apocalipsis se hace referencia a ese cuerpo místico en el cielo. Oímos hablar de la multitud de voces que exclaman con regocijo, la proclamación del nombre de Dios, cuando se ató al caído o cuando se vertieron los viales de los arcángeles.

Una y otra vez Juan escribe que oye la voz de las multitudes cantando y alabando a Dios.* Tenemos a los santos vestidos de blanco que piden al SEÑOR Dios y que dicen: «¿Hasta cuándo, Señor?». ¿Hasta cuándo sus hermanos y hermanas en la Tierra seguirán en un estado de sufrimiento y tribulación? Y Dios les da una respuesta que es una clave de los ciclos.†

Así, vemos que existe un cuerpo de la Iglesia, el cuerpo místico de Dios en el cielo, compuesto de las almas que se han reunido con Cristo y que esperan esa asunción final hacia la Presencia YO SOY mediante el ritual de la ascensión. Después están las huestes ascendidas, que han recibido la autoridad de ser Hijos de Dios en el cielo.

En la tierra tenemos el cuerpo de la Iglesia, conocido como el cuerpo de creyentes, los que han creído en Cristo y, al creer en él, se han unido a él.

Por consiguiente, vemos que existe un equilibrio y el equilibrio de este misterio es el Espíritu Santo. Y así, cuando miramos las enseñanzas del Espíritu Santo (de la cual Jesús dijo: «Cuando el Consolador venga, os enseñará todas las cosas»), vemos que la enseñanza del Consolador, el Espíritu Santo, es que el cuerpo de Dios en el cielo y el cuerpo de Dios en la tierra deben unirse para el cumplimiento de las promesas en esta era.

Esto nos lleva a comprender por qué practicamos las Enseñanzas de los Maestros Ascendidos. Los Maestros Ascendidos son los que

---

*Apocalipsis 5:9-14, 9-12; 11-15; 14:1-3; 15:2-4; 19:1-7.
†Apocalipsis 6:10-11.

han llegado a ser Hijos de Dios a través del ritual de la ascensión. Ellos han creído en Jesús el Cristo y en todos los Seres Crísticos anteriores, hasta el punto de tener una disposición a abandonarlo todo para ser el Cristo. Por consiguiente, se han elevado hasta la misma posición, a la diestra de Dios, la posición de la Persona del Cristo, a donde ha ido Jesús, para que también nosotros podamos estar con él.

Por consiguiente, vemos que este cuerpo de las huestes del Señor está haciendo presión sobre nosotros para que podamos ser ese mismo cuerpo en la tierra. El cuerpo en el cielo es conocido como la Gran Hermandad Blanca, en referencia a los santos vestidos de blanco, al Fiel y Verdadero que es su líder, a los ángeles que están vestidos del mismo lino blanco y a la novia del Cordero, vestida de blanco. El blanco es tan solo un símbolo que indica que la túnica de muchos colores de José ahora es una vestidura sin costuras. Aquel que ha llegado a la maestría se define con esa vestidura sin costuras, la vestidura blanca que significa que ahora uno forma parte de la Iglesia en el cielo y forma parte de la conciencia del YO SOY EL QUE YO SOY.

Siguiendo esta tradición, siguiendo este conocimiento místico, la Iglesia cristiana creció, se fortaleció y se expandió. Muchas almas fueron convertidas por la presencia del Espíritu y la venida del Espíritu Santo.

¿Qué es el Espíritu Santo con relación al cuerpo de Dios en el cielo? El Espíritu es la combinación de toda la energía de Dios que esas almas han afianzado en su conciencia. Y todo ello es una sola cosa, un Señor, un Espíritu. Después de la resurrección, después de la ascensión, los devotos de Dios no solo son portadores de la Ley y el Legislador del Padre y el Cristo que aparecieron con Jesús, sino que se les añade el Espíritu Santo. Entonces ellos son la *expresión viva* de esa Trinidad.

Nosotros nos esforzamos por ser uno solo en la tierra. Miramos a la infinitud del Uno, del Padre, Hijo y Espíritu Santo, y vemos que para que se manifieste la plenitud de ese Espíritu en el tiempo y el espacio debe producirse la multiplicación del uno. Por consiguiente, Dios multiplica su expresión una por una por una por una, hasta que mil millones o diez mil millones de almas evolucionan en un planeta. Y vemos que mil millones de almas siguen siendo un Espíritu, un Señor, un Dios, una Trinidad con cada vehículo, conteniendo cada cáliz una parte.

Entonces, vemos que estamos incompletos a no ser que formemos parte de ese cuerpo de Dios, porque en la carne ninguno de nosotros puede contener la plenitud de la Trinidad en expresión. La contenemos en potencia como una llama en nuestro corazón. En expresión, cada uno de nosotros manifiesta una de las partes del cuerpo, las partes de la verdadera Iglesia de la que Pablo dijo que la cabeza es Cristo y él es la principal piedra del ángulo.*

El significado de todo esto converge en una aplicación práctica del fuego sagrado y de la Palabra hablada. Buscamos el intercambio, la concesión de lo que está arriba a lo que está abajo. Entonces, en el nombre de Dios y en el nombre del Cristo, llamamos a todos los que han llegado a ser ese Cristo para que nos entreguen su impulso acumulado del Espíritu. Y a este Espíritu, que en efecto es el Espíritu Santo, lo llamamos «todo el Espíritu de la Gran Hermandad Blanca».

«Todo el Espíritu» se refiere a todas las energías del Espíritu Santo, de la Trinidad, que han sido realizadas en conciencia por el cuerpo de Dios en el cielo. Estamos invocando esa energía sobre el cuerpo de Dios en la tierra para que la Iglesia de arriba y la de abajo puedan ser una sola, unidas como Iglesia Universal y Triunfante. Con este fin invocamos el fuego sagrado del Espíritu Santo.

Por tanto, quisiera ir a la sección del libro de decretos que comienza con el número 70, las páginas de color violeta. Porque esto es la gran apertura de este misterio en esta era, la entrega al Cuerpo de Dios de la llama violeta, las energías sagradas del Espíritu Santo que nos dan la capacidad de cumplir esos requisitos que dio Jesús.

Hemos hablado de los requisitos para llegar a ser el Cristo, pero

---

*Véase 1 Corintios 11:3; Efesios 2:20.

durante dos mil años muy pocos en el cuerpo de creyentes en efecto han llegado a ser el Cristo. Era necesario que el Espíritu Santo completara la visita que comenzó en Pentecostés y que nos entregara la clave del misterio. Cuando Jesús dio la clave a Pedro, le dio la autoridad de la Iglesia y le dio la llave del reino,* la llave de la conciencia de Dios. Por tanto, la venida de esta energía sagrada es el medio por el cual podemos cumplir todas esas promesas en esta era.

La ciencia de la Palabra hablada tiene precedentes a lo largo de las escrituras. (En poco tiempo vamos a publicar un álbum de conferencias y enseñanzas en formato audio que los maestros dieron a través de nosotros precisamente sobre este tema)†. Las escrituras de Oriente y Occidente hacen referencia a la ciencia de la Palabra hablada, pero sobre todo hacen referencia a ella las escrituras que tienen en el corazón. Y la demostración de estas escrituras solo puede hacerse mediante la acción de la Palabra.

En el decreto 70.11 verán una lista de seres a los que invocamos. Estos seres forman parte del Espíritu de la Iglesia viva en el cielo. A ellos les pedimos que nos entreguen las energías del Espíritu, de forma muy parecida a como hacía la Iglesia primitiva mediante invocaciones a los santos, a los emisarios de Dios, a los profetas; y la Iglesia católica aún lleva a cabo esta práctica en la actualidad. En el nombre de Jesucristo, llamamos a los distintos santos para que nos den su bendición, para que derramen su virtud particular, su energía particular del Espíritu Santo, que nosotros deseamos atraer y en la que deseamos convertirnos.

Estoy segura de que se darán cuenta de que el cielo está lleno de huestes de luz y que existen incontables cantidades de seres angélicos e hijos e hijas de Dios que han confirmado, todos ellos, un testimonio vivo. Por consiguiente, si los nombres que vean en nuestras invocaciones no les son conocidos, comprendan que quizá existan muchos

---

*Mateo 16:19.

†Véase Mark y Elizabeth Prophet, *The Science of the Spoken Word: Why and How to Decree Effectively* (*La ciencia de la Palabra hablada: por qué y cómo decretar eficazmente*) (Gardiner, Mont.: The Summit Lighthouse, 2011), álbum audio.

nombres desconocidos para nosotros, que esos nombres han sido revelados por el Espíritu Santo y que son nombres de seres que han estado consagrados a la llama de la libertad, la llama del fuego sagrado del Espíritu Santo, para la Iglesia encarnada durante miles de años.

Si prueban a hacer esta clase de oración ritual, a utilizar la ciencia de la Palabra, verán sus efectos mediante la prueba y el testimonio del Espíritu Santo en ustedes. Pero deben tener el valor de probar y tener la convicción de esta revelación del Espíritu Santo. Los invitamos a que lo intenten, porque hoy buscamos una aceleración de conciencia para la venida de la Palabra del Señor a través del Maestro Ascendido Señor Lanto, un hijo de Dios que ascendió en Oriente tras recorrer el sendero de la llama de la sabiduría.

Al buscar la aceleración de conciencia para encontrarnos con nuestro Dios en el aire, para encontrarnos con la presencia viva del Cristo,* por haber sido exaltados al plano de la mente Crística, hacemos estas invocaciones que son para acelerar la conciencia por el Espíritu.

Por favor, prueben a hacer conmigo el decreto 70.11. Vamos a hacer esta sección de llama violeta y a hacer cada decreto una vez.

YO SOY la llama violeta

En el nombre de la amada, poderosa y victoriosa Presencia de Dios YO SOY en mí, y de mi amado Santo Ser Crístico, invoco a los amados Alfa y Omega en el corazón de Dios en nuestro Gran Sol Central, al amado Saint Germain, amada Porcia, amado Arcángel Zadkiel, amada Santa Amatista, amados Poderosos Arcturus y Victoria, amada Kuan Yin, Diosa de la Misericordia, amados Orómasis y Diana, amada Madre María, amado Jesús, amado Omri-Tas, regente del planeta violeta, amado gran Consejo Kármico, amados Gurú Ma y Lanello, todo el Espíritu de la Gran Hermandad Blanca y la Madre del Mundo, vida elemental: ¡fuego, aire, agua y tierra! Para que

---

*1 Tesalonicenses 4:17.

expandan la Llama Violeta dentro de mi corazón, purifiquen mis cuatro cuerpos inferiores, transmuten toda la energía mal cualificada que yo haya impuesto alguna vez sobre la vida y destellen el rayo curativo de la misericordia por toda la Tierra, los elementales y toda la humanidad, y respondan a este mi llamado infinitamente, de inmediato, y para siempre:

> YO SOY la Llama Violeta
> en acción en mí ahora.
> YO SOY la Llama Violeta
> solo ante la Luz me inclino.
> YO SOY la Llama Violeta
> en poderosa Fuerza Cósmica.
> YO SOY la Luz de Dios
> resplandeciendo a toda hora.
> YO SOY la Llama Violeta
> brillando como un sol.
> YO SOY el poder sagrado de Dios
> liberando a cada uno.

¡Y con plena Fe acepto conscientemente que esto se manifieste, se manifieste, se manifieste! (3x), ¡aquí y ahora mismo con pleno Poder, eternamente sostenido, omnipotentemente activo, siempre expandiéndose y abarcando el mundo hasta que todos hayan ascendido completamente en la Luz y sean libres!

¡Amado YO SOY! ¡Amado YO SOY! ¡Amado YO SOY!

6 de febrero de 1977

[Después, Elizabeth Clare Prophet dirigió a la audiencia en una recitación de los decretos 70.12 a 70.18, 72.00 y 72.01, que se encuentran en *Prayers, Meditations and Dynamic Decrees for Personal and World Transformation* (*Oraciones, meditaciones y decretos dinámicos para la transformación personal y del mundo*), publicado por The Summit Lighthouse].

3

A la espera del Espíritu Santo

Ten piedad de mí, oh, Dios, conforme a tu misericordia; conforme a la multitud de tus piedades borra mis rebeliones.

Lávame más y más de mi maldad, y límpiame de mi pecado.

Porque yo reconozco mis rebeliones, y mi pecado está siempre delante de mí...

He aquí, tú amas la verdad en lo íntimo, y en lo secreto me has hecho comprender sabiduría.

Purifícame con hisopo, y seré limpio; lávame, y seré más blanco que la nieve.

Hazme oír gozo y alegría, y se recrearán los huesos que has abatido.

Esconde tu rostro de mis pecados, y borra todas mis maldades.

Crea en mí, oh, Dios, un corazón limpio, y renueva un espíritu recto dentro de mí.

No me eches de delante de ti, y no quites de mí tu santo Espíritu.

Vuélveme el gozo de tu salvación, y espíritu noble me sustente.

Entonces enseñaré a los transgresores tus caminos, y los pecadores se convertirán a ti...

Señor, abre mis labios, y publicará mi boca tu alabanza.

(Salmos 51:1-3, 6-13, 15)

En el nombre del Padre y de la Madre, del Hijo y del Espíritu Santo. Amén.

Esta mañana nos hemos reunido para hablar de la espera al Espíritu Santo. Nuestro corazón tiene una gran alegría cuando, con expectación, damos la bienvenida a la llama del Espíritu Santo. Al meditar en el Espíritu Santo esta semana y al rezar también pidiendo la llama curativa del Espíritu Santo, he pensado, he sentido y he recibido la idea de lo que es necesario, así como aceptable, como base para recibir el Espíritu Santo.

En primer lugar, quisiera hacer una lectura de Mateo 25. Al estudiar en este texto un requisito triple de la ley, nos preparamos para recibir el Espíritu Santo de manera individual y, aún más importante, como comunidad.

El capítulo 25 de libro de Mateo está dividido en tres partes. Constan tres enseñanzas sobre el regreso del Señor, el regreso de Cristo Jesús y el regreso del Espíritu Santo que él prometió. En la primera parte del capítulo, nuestra declaración de la fe, nuestra confianza, se pone a prueba. En el segundo tercio del capítulo se pone a prueba nuestro servicio y cómo hacemos de nuestra fe y nuestra confianza una acción inteligente, una acción inteligente en la viña del Señor, que es nuestra labor sagrada mientras esperamos la venida del Espíritu. Y, finalmente, está la prueba del individuo y de las naciones en el juicio, que llega por la llama del Espíritu Santo, por la acción del amor.

En los primeros trece versículos tenemos la parábola de las diez vírgenes, que tomaron sus lámparas y se fueron al encuentro del esposo. Cinco eran prudentes y cinco insensatas. Las insensatas tomaron sus lámparas sin llevar consigo el aceite. Tomaron la conciencia del alma. Tomaron los recipientes que Dios les había dado, no solo en los centros de percepción Divina, sino en los vehículos, los cuatro cuerpos inferiores. Pero no llevaron aceite.

El aceite es símbolo de la energía de la Madre. Proviene de la tierra, de la Madre Tierra, y se eleva de la tierra, igual que las energías de la Madre en nosotros, las energías Kundalini, que se elevan desde el chakra de la base de la columna. Tomaron el recipiente, pero no la energía, el Espíritu, para llenar el recipiente.

Por tanto, el esposo se quedó. El Cristo, nuestro Salvador personal, se queda en el centro de la conciencia de Dios en el sol central del ser, allá donde esté ese ser. Sabemos dónde está cuando lo encontramos: en el centro del corazón, en el centro de un cosmos, ahí está el sitio de espera, el lugar donde se queda nuestro Señor.

Y así, se durmieron en los planos de maya e ilusión, en el tiempo y el espacio. No estaban vivificadas; no estaban despiertas. Pero a cierta hora, la hora de la medianoche —la hora del origen de los ciclos—, el esposo aparece desde el núcleo de fuego blanco para empezar el nuevo ciclo de conciencia. Y así, la se pronuncia la exclamación. Se la hace sonar:

> ¡Aquí viene el esposo; salid a recibirle! (Mateo 25:6)

Por consiguiente, las vírgenes se levantaron. Estaban las que tenían sus lámparas arregladas, llenas de luz y, por tanto, tenían el imán de la conciencia Crística para recibirlo. Y estaban las que no lo tenían por no haber reunido su energía durante el período de letargo y sueño, durante el período de transición en el tiempo y el espacio.

Y así, las vírgenes prudentes no desperdiciaron sus energías regalándolas a las insensatas. Les dijeron que fueran a comprar ellas mismas. Mientras fueron a hacer lo que debían haber hecho durante el ciclo señalado, el esposo vino. Las que estaban preparadas fueron a la fiesta de bodas, a la reunión del alma con la Presencia YO SOY, y la puerta de la conciencia Crística se cerró, se cerró durante un ciclo iniciático. Las que no estaban preparadas fueron a la puerta y llamaron una y otra vez.

¡Señor, señor, ábrenos!

Mas él, respondiendo, dijo: De cierto os digo, que no os conozco.

Velad, pues, porque no sabéis el día ni la hora en que el Hijo del Hombre ha de venir. (Mateo 25:11-13)

Esta es la parábola de la confianza, de la declaración de la fe y del guardar la fe, el guardar la buena voluntad y las energías de Dios. Porque debemos tener luz para recibir luz. No podemos recibir lo que no somos. Por eso el reunir esa luz, que es el YO SOY EL QUE YO SOY, es el prerrequisito para la venida del Señor y del Espíritu del Señor.

Después vemos la *prueba* de la declaración de nuestra fe. Mientras mantenemos nuestras lámparas arregladas, se espera de nosotros que seamos buenos siervos que guardan la energía de Dios, pero que *multipliquen* esa energía con la labor sagrada para la multiplicación de la conciencia Crística. Esta es la parábola de los talentos, que ustedes conocen bien: uno recibió cinco talentos, otro dos y así sucesivamente; algunos multiplicaron los talentos, uno los enterró. Y el que los enterró es reprendido. Jesús dice:

Porque al que tiene, le será dado, y tendrá más; y al que no tiene, aun lo que tiene le será quitado.

Y al siervo inútil echadle en las tinieblas de afuera; allí será el lloro y el crujir de dientes. (Mateo 25:29-30)

Esta es la acción inteligente de la mente Crística, que muestra que hay recompensa para las buenas obras y que los que no tienen buenas obras son separados.

Su señor le dijo: Bien, buen siervo y fiel; sobre poco has sido fiel, sobre mucho te pondré; entra en el gozo de tu señor.

(Mateo 25:23)

El gozo del Señor es la entrada en la conciencia de su venida, lo mismo que con las vírgenes.

El que enterró su talento sentía temor, temor del Señor, temor porque él era...

> ... hombre duro, que siegas donde no sembraste y recoges donde no esparciste; ... (Mateo 25:24)

Por tanto, por *temor* perdió su recompensa, perdió el reino o la conciencia de Dios. Llegó a ser conocido como el siervo malo y negligente.* Esta es una importante prueba para la acción de la Ley porque se trata del uso de la llama de la sabiduría. La sabiduría es el sabio dominio del Cristo en nosotros. Si no ejercemos ese sabio dominio, no tenemos parte en esa alegría del Señor, y no hay progreso.

Esta enseñanza nos muestra la ley de la jerarquía que dice que, al ser fieles sobre poco, sobre mucho nos pondrán. Lo mucho y lo poco son cantidades de energía que Dios confía a nuestro cuidado. Como planeta y como pueblo, no hemos sido prudentes en el uso de las energías confiadas a nuestro cuidado. Hemos abusado de nuestras energías y las hemos derrochado. Como país, debemos ponernos ante Dios, pidiendo el perdón de los pecados y el Espíritu Santo, que David pidió en el salmo que les he leído antes, el salmo 51.

Por consiguiente, vemos que al derrochar y utilizar mal la luz de la sabiduría y al no poseer un sabio dominio, se nos expulsa del centro de Cristo, de la boda del Cordero. Por tanto, vemos que esta prueba sobre lo que sembramos y lo que recogemos —la reunión de energía y el uso que hagamos de la energía— precede a la venida del Espíritu. Y durante ese período, al pasar por esta prueba, se produce una criba: la criba del Cristo de los que estarán preparados para recibir el Espíritu Santo el día de Pentecostés y los que no estará preparados por no mantener la fe cuando su Señor estuvo ausente.

La tercera parte del capítulo, la prueba del individuo, habla de la venida del Hijo del hombre.

> ... en su gloria, y todos los santos ángeles con él, entonces se sentará en su trono de gloria, ... (Mateo 25:31)

---

*Mateo 25:26.

Esta venida del Cristo siempre ha de interpretarse como la venida del trono al corazón, y Cristo sentado en ese trono, reinando en el «Tres en Uno» de la sagrada energía del fuego sagrado, que es la llama trina en nuestro corazón. Continúa,

> ... y serán reunidas delante de él todas las naciones [todos los pueblos, todas las tribus, los gentiles]; y apartará los unos de los otros, como aparta el pastor las ovejas de los cabritos.
>
> (Mateo 25:32)

Esta separación depende de los dos factores anteriores: la reunión de energía en el receptáculo y la realización de obras de Dios y multiplicación de la energía confiada a nuestro cuidado.

Entonces el Rey dirá a los de su derecha: Venid, benditos de mi Padre, heredad el reino preparado para vosotros desde la fundación del mundo.

Porque tuve hambre, y me disteis de comer; tuve sed, y me disteis de beber; fui forastero, y me recogisteis; estuve desnudo, y me cubristeis; enfermo, y me visitasteis; en la cárcel, y vinisteis a mí.

Entonces los justos le responderán diciendo: Señor, ¿cuándo te vimos hambriento, y te sustentamos, o sediento, y te dimos de beber?

¿Y cuándo te vimos forastero, y te recogimos, o desnudo, y te cubrimos?

¿O cuándo te vimos enfermo, o en la cárcel, y vinimos a ti?

Y respondiendo el Rey, les dirá: De cierto os digo que en cuanto lo hicisteis a uno de estos mis hermanos más pequeños, a mí lo hicisteis.

Entonces dirá también a los de la izquierda: Apartaos de mí, malditos, al fuego eterno preparado para el diablo y sus ángeles.

Porque tuve hambre, y no me disteis de comer; tuve sed, y no me disteis de beber; fui forastero, y no me recogisteis; estuve desnudo, y no me cubristeis; enfermo, y en la cárcel, y no me visitasteis.

Entonces también ellos le responderán diciendo: Señor,
¿cuándo te vimos hambriento, sediento, forastero, desnudo,
enfermo, o en la cárcel, y no te servimos?

Entonces les responderá diciendo: De cierto os digo que en
cuanto no lo hicisteis a uno de estos más pequeños, tampoco a
mí lo hicisteis.

E irán estos al castigo eterno, y los justos a la vida eterna.

(Mateo 25:34-46)

El «castigo eterno» y la «vida eterna» hacen referencia al juicio
en que las almas de Dios o bien son hechas permanentes en el ser de
Dios mediante el ritual de la ascensión o pasan por la Corte del
Fuego Sagrado, por la segunda muerte.* Esta segunda muerte significa la anulación de la individualidad que no ha confirmado la luz de
Dios. Es una misericordia absoluta del cosmos lo que hace que la
energía o conciencia que no se ha utilizado para glorificar a Dios sea
devuelta a la Gran Fuente, dejando de estar crucificado ese Cristo en
la carne y la sangre.

Día a día se nos da la oportunidad de mostrar si estamos preparados o no para recibir a Jesús el Cristo en la *persona* de Jesús el
Cristo. Los Maestros Ascendidos nos han dicho que ellos nos ponen
a prueba constantemente para ver cómo nos manejamos unos con
otros y con todas las partes de la vida. Ellos saben que cómo nos
tratemos unos a otros indica cómo trataríamos al Maestro. Esta es la
Ley, la ley absoluta del cosmos.

Y cuando nos recibamos unos a otros con el espíritu del Cristo y
tengamos esa dedicación al servicio —sin que importe quién nos esté
llamando, sin que importe quién esté llamando a la puerta—, llegare-
mos al punto, cuando los demás requisitos hayan sido satisfechos, en
que recibiremos al Salvador. Tal como María Magdalena reconoció a
su raboni, nosotros tenemos la capacidad de reconocer al Jesucristo
resucitado, a distinguirlo del jardinero, de saber que él es en verdad
el Señor, el Cristo vivo. No nos confundimos porque hemos reunido

---

*Apocalipsis 20:11-13.

nuestra luz y energía, hemos multiplicado nuestros talentos y, por tanto, tenemos la capacidad de percibir. Esta acción triple de la Ley debe realizarse en nosotros de forma individual *antes* de que podamos recibir el Espíritu Santo.

Esta semana estoy muy impresionada con la idea de la conversión. *Conversión* aparece como una traducción de la palabra griega *epistrepho*, que significa «regresar», «volver» o «darse la vuelta». La conversión ofrece una experiencia maravillosa. Es una oportunidad de que esas energías, esa conciencia, esa alma que se ha ido por el camino del pecador, se dé la vuelta, regrese y afronte la luz de Dios, la luz del YO SOY EL QUE YO SOY, y tenga el valor de obedecer el fíat de la voz que nos habla en el desierto, la misma voz que habló a Moisés.

¿Saben ustedes por qué la gente no se convierte?

La gente no se convierte porque conversión significa estar ante la Presencia de Dios y recibir el Espíritu. Y la consecuencia de estar ante la Presencia de Dios y recibir el Espíritu es exacta y precisamente esta: cuando las huestes del Señor nos hagan frente, deberemos estar preparados a seguirlas. Deberemos estar dispuestos a obedecer el mandato del Señor. Y si no estamos preparados a obedecer, si hemos manifestado dureza de corazón, perversidad y rebelión, el Señor no nos dará un peso kármico mayor y más pecado apareciéndosenos para que rechacemos su luz y su gran Presencia. Por tanto, antes de la aparición de la Presencia YO SOY a cada uno de nosotros, debe producirse la conversión, el regreso, el darse la vuelta, el darle la vuelta a la energía de la muerte a la vida.

«Hay que despojarse del hombre viejo y revestirse del nuevo»*. Esta es una experiencia interior verdadera. Si no les ha ocurrido, deberían rezar a diario para que el Espíritu Santo les dé la vuelta, los ponga boca abajo y los vuelva del revés, hasta que sientan esa presencia del Espíritu Santo *moverlos* constantemente en su vida, moviendo su conciencia, moviendo su trabajo, moviendo su vida.

---

*Colosenses 3:9.

Es una presencia que mueve, es un poder. Uno puede estar sentado con sus compañeros y hablando con ellos y darse cuenta de que a algunos les falta el Espíritu Santo, y otros que tienen el Espíritu Santo están teniendo una experiencia distinta y están entendiendo las cosas de otra forma.

El salmo que les he leído, el salmo 51, tiene que ver con esta poderosa conversión, y en ella se produce el reconocimiento de la trasgresión, lo cual significa ir contra la Ley, transgredir la Ley. Es un reconocimiento de que nos hemos hecho inaceptables ante los ojos de Dios. Debemos lograr que se nos haga aceptables ante sus ojos. Como rezó David en el salmo 19:

> La ley del Señor es perfecta, que convierte el alma; ...

Es la Ley lo que convierte al alma, la Ley y el cumplimiento de la Ley en el Padre, el Hijo y el Espíritu Santo.

> ... El testimonio del Señor es fiel, que hace sabio al sencillo.
>
> (Salmos 19:7)

David siguió rezando:

> Preserva también a tu siervo de las soberbias; que no se enseñoreen de mí; entonces seré íntegro, y estaré limpio de gran rebelión. (Salmos 19:13)

¿Cuál es la gran transgresión que David temía le sobreviniera?

La gran transgresión es el pecado contra el Espíritu Santo que no puede perdonarse hasta que es abandonado.* ¿Y qué es ese pecado? Es la negación del Dios interior, la negación del templo sagrado del Espíritu vivo, la negación de esa llama. Es vivir contrariamente a la integridad de esa llama que es la *integración* de la llama, el cuerpo, el alma y la mente en plenitud. La gran transgresión es estar sin Dios, que la luz del templo se apague y que el templo de uno se llene de lo que es sucio e inmundo, los desencarnados, los demonios de la

---

*Marcos 3:29.

posesión. El gran pecado, la gran transgresión, es ir contra esa ley del SEÑOR.

David rezó:

> Sean gratos los dichos de mi boca y la meditación de mi corazón delante de ti, oh, SEÑOR, roca mía, y redentor mío.
>
> (Salmos 19:14)

«Que mi corazón se purifique como un altar. Que mi boca se purifique para pronunciar la Palabra hablada, para que yo pueda dar esa Palabra».

Isaías, el gran profeta, tenían una gran preocupación por no estar preparado para recibir el Espíritu del SEÑOR. En el sexto capítulo de su libro escribe:

> En el año que murió el rey Uzías vi yo al Señor sentado sobre un trono alto y sublime, y sus faldas llenaban el templo.
>
> (Isaías 6:1)

Aquí el profeta tiene la visión de Dios en el templo.

> Por encima de él había serafines; cada uno tenía seis alas; con dos cubrían sus rostros, con dos cubrían sus pies, y con dos volaban.
>
> Y el uno al otro daba voces, diciendo: Santo, santo, santo, SEÑOR de los ejércitos; toda la tierra está llena de su gloria.
>
> (Isaías 2:3)

«Santo, santo, santo es el SEÑOR de los ejércitos; toda la tierra está llena de su gloria». Digámoslo juntos.

> ### *Santo, santo, santo es el SEÑOR de los ejércitos;*
> ### *toda la tierra está llena de su gloria.*

Esta es la afirmación de los serafines ante el SEÑOR Dios. Los serafines son los ángeles de la conversión, de la aceleración de la energía, del cambio de la energía, de la exaltación de la conciencia.

Los serafines son ángeles de la conciencia de Dios, *ángulos* de la conciencia de Dios. Son ángulos de energía transferidos de Dios al hombre gracias a los cuales podemos acelerar en conciencia. Dios no abandona su trono, sino que envía a sus ángeles a que nos entreguen las energías de su trono, su «Tres en Uno», para que nos convirtamos y nuestras energías se puedan devolver al Sanctasanctórum.

Y los quiciales de las puertas se estremecieron con la voz del que clamaba, y la casa se llenó de humo.

Entonces dije: ¡Ay de mí! que soy muerto; porque siendo hombre inmundo de labios, y habitando en medio de pueblo que tiene labios inmundos, han visto mis ojos al Rey, Señor de los ejércitos. (Isaías 6:4-5)

Isaías sabía que era impuro. Él sabía que sus centros de energía Divina necesitaban la acción purificadora del Espíritu Santo.

Y voló hacia mí uno de los serafines, teniendo en su mano un carbón encendido, tomado del altar con unas tenazas; ...

(Isaías 6:6)

El carbón encendido: un cubo de fuego sagrado, un fuego consumidor. ¿Y qué hizo el serafín con el carbón encendido?

... y tocando con él sobre mi boca, dijo: He aquí que esto tocó tus labios, y es quitada tu culpa, y limpio tu pecado.

(Isaías 6:7)

Piensen en la gran alegría de Isaías. Piensen en la alegría que tienen ustedes hoy en el corazón, que en respuesta a su llamado un serafín pueda entregarles esa parte de fuego sagrado para limpiar sus chakras y su templo y renovar en ustedes la mente Crística para que puedan recibir el Espíritu Santo. Este es el perdón del pecado, el perdón del pecado que viene del Señor Dios.

Inmediatamente después de la curación, el perdón del pecado y la conversión dice:

Después oí la voz del Señor, que decía: ¿A quién enviaré, y quién irá por nosotros? Entonces respondí yo:...

«¿A quién enviaré, y quién irá por nosotros?» ¿Y qué dice Isaías? Acababa de lamentarse de su pecado, «¡Ay de mí!». Pero se convirtió. Se curó. Sus pecados le fueron perdonados. De inmediato responde a la exclamación:

... Heme aquí, envíame a mí. (Isaías 6:8)

«Heme aquí, envíame a mí.» Esa es la respuesta del que se ha convertido. Sin conversión esa respuesta no se da, porque el alma no se ha dado la vuelta, no está de regreso. La energía que aún permanece en la conciencia de muerte no puede responder a la vida, no puede tener la visión de esa misión.

«Heme aquí, envíame a mí». Aquí estoy. Estoy sano. Estoy liberado. Me he convertido. Me ha llenado el Espíritu Santo. Envíame. Se lo contaré a las naciones; se lo contaré a la gente. Impartiré la llama porque estoy lleno del Espíritu Santo y ese Espíritu es infinito e inmortal. Y cuanto más doy de él, más me llena. «Heme aquí, envíame a mí».

Y así, Isaías recibe su comisión. Y esto es lo que Dios le dice que diga a la gente:

Y dijo: Anda, y di a este pueblo: Oíd bien, y no entendáis; ved por cierto, mas no comprendáis.

Engruesa el corazón de este pueblo, y agrava sus oídos, y ciega sus ojos, para que no vea con sus ojos, ni oiga con sus oídos, ni su corazón entienda, ni se convierta, y haya para él sanidad. (Isaías 6:9-10)

¿No es extraño que el SEÑOR, la Presencia YO SOY, diga eso a Isaías? No le dice que los cure. Le dice que vaya y les diga: «Oíd bien, y no entendáis; ved por cierto, mas no comprendáis».

El Espíritu del SEÑOR y la Presencia del SEÑOR sobre los pecaminosos y desobedientes crea una energía de fuego sagrado que extrae el pecado, extrae la oscuridad. Pero debido a que no hay arrepentimiento ni conversión, esa energía no se puede ser eliminar; sus pecados no son perdonados. Y, por tanto, ¿qué les ocurre a ellos? No comprenden. Su corazón se engruesa. Sus oídos se agravan. Sus ojos se ciegan. Todos sus sentidos, las aperturas del alma en esta octava, se han vuelto densos por la conciencia humana, su propia obstinación y carnalidad humana.

Dios está diciendo que los que no se arrepienten deben recibir el pecado en su cuerpo. Hoy día lo vemos en la contaminación de la corriente, la corriente cristalina. Vemos la contaminación en los cuatro cuerpos inferiores. Vemos que la contaminación en la mente y los sentimientos se convierte en la contaminación del cuerpo físico, hasta que la gente está tan contaminada que ya no puede recibir el Espíritu Santo, ya no puede recibir la energía de Dios. Pero ese es el juicio. Si quieren convertirse, si quieren confesar su pecado, pedir el arrepentimiento, pedir la conversión, se convertirían. Y en su conversión serían sanados.

El SEÑOR está dando a Isaías el gran misterio: «Los que se ven frente a frente con mi Presencia en medio de Israel, en medio de la Ciudad Santa, deben recibir el fuego sagrado. Y el fuego sagrado es para la conversión o para la densificación de la oscuridad, según el libre albedrío del individuo». Isaías está turbado. Dice al Señor: «¿Hasta cuándo, hasta cuándo Señor?». Y el Señor le contesta:

> … Hasta que las ciudades estén asoladas y sin morador, y no haya hombre en las casas, y la tierra esté hecha un desierto; hasta que el SEÑOR haya echado lejos a los hombres, y multiplicado los lugares abandonados en medio de la tierra. (Isaías 6:11-12)

Primero, desolación; todas las naciones reciben la desolación cuando el Espíritu es abandonado. Cuando la vida no recibe la infusión del Espíritu, entonces llega el desmoronamiento de la materia. Así es que el desmoronamiento llegó, el desmoronamiento del templo, y la dispersión.

Después dice que «el SEÑOR haya echado lejos a los hombres». Por tanto, el pueblo de Israel es dispersado por toda la Tierra. Y después de ese lugar distante, el SEÑOR multiplicará «los lugares abandonados en medio de la tierra», a los que son dispersados. Esa tierra que se convierte en la Nueva Jerusalén, la Ciudad Cuadrangular, es el sitio preparado para los hijos de Israel. Ahí, en medio de la tierra, multiplicará los lugares abandonados.

El SEÑOR está diciendo: «Todo esto debe acaecer, Isaías, antes de que puedan recibir la verdadera conversión, porque habrán abandonado su densidad y su oscuridad». Sin embargo, en esta tierra, en este lugar, en este tiempo futuro, quedará «una décima parte», una décima parte del pueblo de Israel, y «esta *volverá...*»; el volver, el regreso. Este pueblo se convertirá. Este pueblo se dará la vuelta y encarará al YO SOY EL QUE YO SOY «y volverá a destruirse». Será consumido por el fuego vivo del Espíritu Santo, «pero como el roble y la encina, que al cortarse aún queda el tronco», la sustancia, el corazón de la vida en la naturaleza está en este pueblo.

> ... que al ser cortados aún queda el tronco, así será el tronco, la simiente santa. (Isaías 6:13)

Esta es la semilla santa de Abraham. Es la semilla santa del Cristo. Es la semilla de quienes, ante la flamígera Presencia de Dios, aceptan este cambio.

Jesús dijo:

> De cierto os digo, que si no os volvéis y os hacéis como niños, no entraréis en el reino de los cielos. (Mateo 18:3)

Reino significa conciencia; *cielos* significa Espíritu. No entraréis en la conciencia del Espíritu a menos que os convirtáis tan fácil, tan inocentemente como un niño que vuelve la cabeza hacia el sol. Si no nos convertimos, si no permitimos que se eleven nuestras energías y que regresen a Dios, no tendremos la conciencia del Espíritu. Y sin la conciencia del Espíritu, no recibiremos al esposo cuando venga.

No seremos juzgados como siervos buenos y fieles, sino como malos y negligentes, derrochadores de las energías de Dios.

«Si no os volvéis». Nos hemos de detener aquí. Sabemos que no daremos un solo paso más hacia la conciencia del Espíritu a menos que tengamos una verdadera experiencia de conversión del Señor y del Espíritu Santo.

Ahora bien, el amado Jesús se refiere a este pasaje de Isaías tres veces en los Evangelios. Mateo 13:15:

> Porque el corazón de este pueblo se ha engrosado, y con los oídos oyen pesadamente, y han cerrado sus ojos; para que no vean con los ojos, y oigan con los oídos, y con el corazón entiendan, y se conviertan, y yo los sane.

Jesús está hablando a sus discípulos sobre los fariseos y los saduceos. En ellos se cumple la profecía de Isaías 6 que acabamos de leer.

Uno de los productos de la conversión es la sanación. Si miramos con la misma referencia Marcos 4:12, ahí el resultado de la conversión es que sus pecados debieran ser perdonados.

> … para que viendo, vean y no perciban; y oyendo, oigan y no entiendan; para que no se conviertan, …

«Para que no» implica temor a la conversión por parte de quienes aún se rebelan contra la ley interior del ser. La ley interior del ser nos obligaría hacia la plenitud del Espíritu Santo.

Por tanto, si podemos realizar esa conversión —no nosotros mismos, sino mediante el llamado, implorando, extrayendo de Dios, mediante el imán de nuestro amor—, si podemos recibir esa conversión, podremos obtener el perdón del pecado del que hablaron David e Isaías. Podremos obtener la sanación de nuestros miembros, de nuestro templo corporal, de nuestro cuerpo físico. De manera especial debemos obtener la sanación de nuestro cuerpo físico; la energía debe fluir en nosotros. Por tanto, obtenemos el perdón del pecado y la sanación, esas dos cosas.

Ahora Jesús habla a Pedro en Lucas 22, versículo 31. Jesús advierte a Simón Pedro de que Satanás ha deseado zarandearlo como a trigo. Lo está reprendiendo. Y después dice:

> ... pero yo he rogado por ti, que tu fe no falte; y tú, una vez vuelto [convertido], confirma [fortalece] a tus hermanos.
>
> (Lucas 22:32)

Aquí está Pedro. Ha andado con Jesús. Ha andado con él y ha sido enseñado por él como uno de sus discípulos, y es el que se ha escogido como Vicario de Cristo y cabeza de la Iglesia. Sin embargo, Jesús dice «una vez vuelto». La conversión aún no ha ocurrido, aunque Pedro ha estado ante la presencia de Jesucristo. Esto es sorprendente, realmente sorprendente.

Todos pensamos que, si Jesús estuviera ante nosotros esta mañana, en la carne, de repente seríamos transformados y no nos reconoceríamos a nosotros mismos. Pues bien, Jesús *está* ante nosotros. Jesús esta entre nosotros y cumple su promesa: donde están dos o tres congregados en mi nombre, allí estoy yo en medio de ellos.* Jesús está aquí. ¿Hemos cambiado? ¿Nos hemos convertido? Algunos, sí; otros, no. ¿Por qué? Porque no aportamos los ingredientes necesarios: la entrega, la obediencia, la disponibilidad a deshacernos de la densidad y la oscuridad, de echarlas al fuego sagrado en vez de permitir que nos pesen en los oídos y en el corazón con su densidad. Y así, no necesitamos esperar a que Jesús esté entre nosotros. Él *está* entre nosotros. Nos está esperando. Está esperando a que demos un paso al frente. Está esperando a que nos convirtamos. Está esperando ese flujo, esa luz y esa energía.

Pedro le dice a Jesús que está preparado para ir con él hasta el fin, y Jesús profetiza su traición. Pero lo importante es que el resultado de la conversión es fortaleza; es perdón, es curación y es fortaleza.

«Una vez vuelto», Pedro, «confirma a tus hermanos».

En el Espíritu Santo hay un enorme poder, que viene y nos llena.

---

*Mateo 18:20.

Nos da una energía ilimitada, y esa energía se puede transferir desde nosotros como una llama saltarina y como el fuego del Espíritu Santo. Por tanto, la conversión es para el fortalecimiento de los hermanos.

¿Cuándo se convirtió Pedro? Esto no consta en ninguna parte. Probablemente después de la resurrección y después de la ascensión, cuando recibió el Espíritu Santo el día de Pentecostés, cuando recibió esa energía que lo dotó de poder para realizar las sanaciones en la Iglesia.

Al mirar las escrituras y meditar en los requisitos de la conversión, miro la vida de Jesús y el Nuevo Testamento, y también debo mirar todo lo anterior a eso en lo que concierne a los hijos de Israel, las dispensaciones del Antiguo Testamento. Nos retrotraemos hasta Adán y Eva —que simbolizan las llamas gemelas—, que están en el Jardín del Edén, que tienen la conciencia del Espíritu, que están ahí para recibir las iniciaciones del Cristo Universal. Al desobedecer, abandonan esas iniciaciones y establecen el patrón arquetípico para que el hombre y la mujer caídos atraviesen las pruebas y tentaciones que llevan al Espíritu de Jesús a un punto en el que este se convierte en el núcleo, el fuego sagrado, la llama viva en el centro de la Iglesia, para que la Iglesia pueda recibir el Espíritu Santo.

Vemos que para que nosotros podamos recibir el Espíritu Santo, el Cristo, el Ungido, el Salvador debe estar entre nosotros como requisito. Existe el requisito de que ese mensajero de Dios ascienda; el Cristo debe ascender para que el Espíritu Santo descienda.

Por tanto, el establecimiento de la jerarquía es necesario. Esto lo hemos leído en Mateo 16, donde Pedro es nombrado cabeza de la Iglesia en base a su percepción del Cristo.* En Mateo 18:18 vemos que la Iglesia también recibe poderes. He aquí a Jesús hablando a sus apóstoles:

> De cierto os digo que todo lo que atéis en la tierra, será atado en el cielo; y todo lo que desatéis en la tierra, será desatado en el cielo.

---

*Mateo 16:15-18.

Jesús está hablando de la autoridad de dar órdenes en su nombre, de ordenar en el nombre de Jesucristo lo siguiente: que los caídos y los espíritus oscuros sean atados; que los hijos de la luz puedan ser libres; que el velo de energía, el mal, sea atado para que la luz pueda brillar y el corazón de los hombres pueda tener la oportunidad de vivir.

Esta autoridad, transferida a los apóstoles, se transfiere a todos los que siguen la sucesión apostólica, no según el linaje de la Iglesia necesariamente, sino de forma absoluta según la transferencia del Espíritu de corazón a corazón, de instructor a instructor, de alma a alma. Transmitido de Dios al hombre, ese Espíritu es recibido, y con él llega esta autoridad:

> Otra vez os digo, que, si dos de vosotros se pusieren de acuerdo en la tierra acerca de cualquiera cosa que pidieren, les será hecho por mi Padre que está en los cielos.
>
> Porque donde están dos o tres congregados en mi nombre, allí estoy yo en medio de ellos. (Mateo 18:19-20)

Ahora bien, esta promesa que recibe la Iglesia es muy importante porque sin ella no podría sobrevivir como Iglesia. Y cualquier Iglesia que no ejerza esta promesa no sobrevivirá.

Allá donde nos pongamos de acuerdo en armonía, sobre cualquier cosa, acordando que la voluntad de Dios se manifieste, acordando que venga a nosotros su reino, «les será hecho por mi Padre que está en los cielos». Esta es la promesa a la Iglesia que está a la espera, la Iglesia que espera la venida del Espíritu Santo. Se nos han conferido estos poderes para que sobrevivamos en medio de la confusión de la oscuridad exterior.

Entonces, Jesús estableció su Iglesia, a la que dio una dispensación. Él la «adquirió», si se quiere, con su crucifixión, al pasar por la iniciación de la cruz —la maestría de la vida sobre la muerte—, su resurrección, su regreso al Aposento Alto. Demostró las leyes necesarias para que experimentáramos ese mismo matrimonio del alma con el Espíritu.

Había, como está escrito en el libro de Hechos, unos ciento veinte reunidos después de la ascensión de Jesús. Ahora bien, había un grupo más pequeño de almas que se reunían en el Aposento Alto, los cuarenta días, para recibir la enseñanza del Maestro. Esa enseñanza, esa transferencia de luz, fue la preparación para la conversión. Incremento a incremento, línea a línea, precepto a precepto, Jesús les transfirió la energía de la resurrección y, al mismo tiempo, los reprendió por su dureza de corazón y sus dudas. Los reprendió por sus densidades, las toxinas y los venenos de los cuatro cuerpos inferiores, expulsados de la conciencia de ellos por la luz de él, la luz del Cristo.

En esta escena vemos la necesidad de la Iglesia, la necesidad del discipulado, de la iniciación, del grupo de quienes desean reunirse para atrapar el Espíritu. Es como atrapar el ramo de flores de la novia. La novia se marcha para estar con el Señor. La novia arroja el ramo y nosotros debemos ser la Iglesia que está a la espera, esperando recibir esa ofrenda floral. Debemos ser el alma adornada de luz blanca, con los cuatro cuerpos inferiores alineados, con la llama trina equilibrada, con el templo preparado para recibir el Espíritu del Señor.

¿Cómo sabemos cuándo hemos hecho lo suficiente para recibir el Espíritu? Es sencillo. Cuando hagamos lo suficiente recibiremos el Espíritu. Si no hemos recibido el Espíritu, debemos llamar a los poderosos serafines que están ante el trono de Dios para que nos den ese carbón encendido, para que nos purifiquen. Ahí vemos si tenemos el valor, el valor de abandonar la oscuridad de la vida, la muerte y la conciencia de muerte. ¿Tenemos el valor de hacer esa invocación?

Ahora veamos el libro de los Hechos, primer capítulo, versículo 12:

> Entonces volvieron a Jerusalén desde el monte que se llama del Olivar, el cual está cerca de Jerusalén, camino de un día de reposo.

Jesús ha ascendido. Ahora han de ser la Iglesia que está a la espera, esperando el Espíritu Santo:

Y entrados, subieron al aposento alto, donde moraban Pedro y Jacobo, Juan, Andrés, Felipe, Tomás, Bartolomé, Mateo, Jacobo hijo de Alfeo, Simón el Zelote y Judas, hermano de Jacobo.

Todos estos perseveraban unánimes en oración y ruego, con las mujeres, y con María la madre de Jesús, y con sus hermanos.

En aquellos días Pedro se levantó en medio de los hermanos (y los reunidos eran como ciento veinte en número), y dijo:

Varones hermanos, era necesario que se cumpliese la Escritura en que el Espíritu Santo habló antes por boca de David acerca de Judas, que fue guía de los que prendieron a Jesús, y era contado con nosotros, y tenía parte en este ministerio. Es necesario, pues, que de estos hombres que han estado juntos con nosotros todo el tiempo que el Señor Jesús entraba y salía entre nosotros, comenzando desde el bautismo de Juan hasta el día en que de entre nosotros fue recibido arriba, uno sea hecho testigo con nosotros, de su resurrección. (Hechos 1:13-17, 21-22)

Esta es la Ley del cumplimiento de la jerarquía. Uno de los doce ha pecado, transgredido y traicionado al Cristo. Antes de que puedan recibir el Espíritu Santo, el círculo de discípulos debe sanarse, debe estar pleno, debe estar completo. Por tanto, apostarán. Echarán a suertes quién de entre ellos sustituirá a Judas.

El requisito es que esa persona debe haber estado con Jesús desde el principio, desde el momento en que Juan bautizó a Jesús y la paloma del Espíritu se posó sobre él, y una voz desde el cielo dijo: «Este es mi Hijo amado, en quien tengo complacencia»*. En ese momento Jesús ya había comenzado la conversión de sus discípulos. Día a día, un poquito de fuego, un poquito más de fuego. Ellos absorbieron su llama de una forma tan imperceptible que solo en Pentecostés, con la venida del Espíritu Santo, supieron de verdad que se habían convertido.

---

*Mateo 3:17; Marcos 1:11; Lucas 3:22.

Habían sido cambiados por completo. Ya no estaban saliendo del Edén, ya no se iban como pecadores, sino que volvían al centro de Dios. Y la venida del Espíritu Santo es el momento en que saben que han cumplido la Ley y la gracia de Dios les ha llegado. Estos son los últimos momentos antes del descenso del Espíritu, por lo que apuestan para cumplir la ley del círculo.

Y señalaron a dos: a José, llamado Barsabás, que tenía por sobrenombre Justo, y a Matías.

Y orando, dijeron: Tú, Señor, que conoces los corazones de todos, muestra cuál de estos dos has escogido, para que tome la parte de este ministerio y apostolado, de que cayó Judas por transgresión, para irse a su propio lugar.

Y les echaron suertes, y la suerte cayó sobre Matías; y fue contado con los once apóstoles. (Hechos 1:23-26)

Esto es importante para nosotros porque, como he dicho, ello ilustra la ley de la plenitud en los devotos y en los discípulos. En la Iglesia, la Iglesia que está a la espera, debe haber unión. Como está escrito:

Todos estos perseveraban unánimes en oración y ruego.

(Hechos 1:14)

Unánimes significa una ley, una armonía y una llama. Si hay quien no está en armonía con esa llama, si ha traicionado al Cristo, ya no formará parte de esa Iglesia a no ser que se convierta, se le perdonen los pecados y sea sanado. Así, la oportunidad de la conversión y la sanación aún es válida para *todas* las almas que deseen formar parte de la Iglesia. Jesús no expulsó de la Iglesia a Pedro. Lo reprendió, le enseñó y le dijo que cuando se convirtiera, confirmaría a sus hermanos.

Por eso debemos esforzarnos en lo individual para ser cálices perfectos, esforzarnos por la perfección, porque Dios nos dijo:

Sed, pues, vosotros perfectos, como vuestro Padre que está en los cielos es perfecto. (Mateo 5:18)

El esfuerzo hacia la perfección no significa que veamos nuestra salvación en la perfección de la carne y la sangre. Significa que consideramos la salvación como una *autoelevación,* la elevación del Cristo a través de la perfección de la Ley y la perfección de la gracia. Hay una gran diferencia. El que se perfecciona a sí mismo en cuerpo y mente, pero no en el alma o el corazón, esa es una perfección de este mundo comparada con la perfección de Dios. Dios debe ser nuestra perfección, nuestra fortaleza, nuestra conversión, nuestra sanación, nuestra plenitud y el perdón de todo pecado. Y esto no debe ser mérito nuestro, para que nadie se gloríe.*

No debemos considerar el sendero del logro como el logro que conseguimos con algo que hagamos. El logro es el don que recibimos por haber preparado el templo. La preparación del templo, la llegada del Espíritu. La gente lo llama logro. Pero ¿de quién es el logro? Es el logro del Señor. Él ha logrado nuestra alma, él ha adquirido nuestra alma. Él ha llevado a nuestra alma hacia sí. Y así, si hubiera logro, si hubiera iniciación, si hubiera victoria, es la victoria del Señor en nosotros. Él nos ha quitado del camino incluso la obstrucción hacia ese logro. Ni siquiera podemos decir que nosotros hayamos quitado de en medio al yo inferior. Solo podemos decir que Dios ha obrado su milagro en nosotros. Y el cumplimiento de su ley siempre es un milagro.

Recordemos, por tanto, las palabras de la novia, la conciencia de la novia. Al prepararnos a recibir al Espíritu Santo, seamos como la novia. Que nuestra alma esté vestida con la luz blanca de la pureza, y sintamos la expectativa de esa unión con la Presencia YO SOY. Aquí lo tenemos, tal como lo describe Juan:

> Vi un cielo nuevo y una tierra nueva; porque el primer cielo y la primera tierra pasaron, ... (Apocalipsis 21:1)

Él tenía una conciencia nueva del Espíritu y la materia. Su primera conciencia de un universo físico y temporal había desaparecido.

---

*Efesios 2:9.

Tenía una conciencia nueva porque había recibido el Espíritu Santo. Ya no había mar. Ya no había plano astral.

> Y yo Juan vi la santa ciudad, la nueva Jerusalén, descender del cielo, de Dios, dispuesta como una esposa ataviada para su marido.
>
> Y oí una gran voz del cielo que decía: He aquí el tabernáculo de Dios con los hombres, y él morará con ellos; y ellos serán su pueblo, y Dios mismo estará con ellos como su Dios.
>
> (Apocalipsis 21:2-3)

Esto es lo que ocurre en la plenitud de la conversión del Espíritu.

> Enjugará Dios toda lágrima de los ojos de ellos; y ya no habrá muerte, ni habrá más llanto, ni clamor, ni dolor; porque las primeras cosas pasaron.
>
> Y el que estaba sentado en el trono dijo: He aquí, yo hago nuevas todas las cosas. (Apocalipsis 21:4-5)

Esta renovación, el nuevo nacimiento, la resurrección, esto es lo que llega con la conversión.

> Y me dijo: Hecho está. Yo soy el Alfa y la Omega, el principio y el fin. Al que tuviere sed, yo le daré gratuitamente de la fuente del agua de la vida.
>
> El que venciere heredará todas las cosas, y yo seré su Dios, y él será mi hijo. (Apocalipsis 21:6-7)

«El que venciere». ¿Qué vencemos? En el Espíritu y por gracia de Dios, vencemos todos los obstáculos para la entrada del Espíritu en nuestro templo. A cualquier cosa que impida en este templo el flujo de la luz de Dios hacia él, decimos: «¡Fuera! Fuera y al fuego sagrado, todos los deseos inapropiados, toda la suciedad, toda la falta de plenitud, toda la pereza y todo lo que no sea digno de permanecer ante la presencia de Cristo».

Isaías dijo: «No soy digno de estar ante tu presencia»*. David dijo: «Sean gratos los dichos de mi boca y la meditación de mi corazón delante de ti, oh, SEÑOR, roca mía, y redentor mío»†. Para poder permanecer ante la Presencia de Dios y sentir que podemos ser aceptados, eso significa que nos metemos en esa pelea como preparación para la conversión. Estamos decididos a no permitir que nada entre en el templo que no sea santo, que no sea sagrado, que no sea una reverencia hacia la vida. Debemos proteger el templo, debemos proteger la conciencia. Y cuando nos cueste trabajo, cuando nos afanemos y nos quejemos porque la carne es débil, *entonces* llamaremos Espíritu del Señor y diremos: «Oh SEÑOR, fortaléceme, conviérteme, cambia mis energías y dame esa energía dinámica como el apoyo que necesito para glorificar tu nombre. Dame las fuerzas, oh, Dios. Creo; ayuda mi incredulidad»‡.

Cuando uno sabe lo que está bien y quiere hacer lo que está bien, pero la carne es débil, hay que rezar al Espíritu Santo y al Señor Cristo, en el nombre del YO SOY EL QUE YO SOY, para recibir la energía dinámica, el poder del Espíritu Santo, para hacer las obras de Dios, para arreglar las lámparas y así que siempre se nos encuentre al servicio del Señor.

Entonces, cuando lleguemos al día de Pentecostés, no nos será una sorpresa repentina. No nos sorprenderá con la guardia baja, sino que será un desarrollo del siguiente ciclo. La venida de ese Espíritu será tan suave como el movimiento del viento, porque nos habremos preparado. Será la culminación de todo lo que ha antecedido: las meditaciones de David, todos los profetas que han aparecido, los hijos de Israel desencaminándose para después volver, el bautismo de Juan a Jesús. Y con la venida de ese momento de la tierra nueva, la gente nueva y la décima parte de la Casa de Israel que tendrá la verdadera semilla del Espíritu, en ese momento en que tiene lugar el cumplimiento, al leer el segundo capítulo del libro de los Hechos,

---

*Isaías 6:5.
†Salmos 19:14.
‡Marcos 9:24.

aunque ya lo hayan leído mil veces, lo leerán y *sabrán* que *ustedes* están en medio del templo.

> Cuando llegó el día de Pentecostés, estaban todos unánimes juntos.
>
> Y de repente vino del cielo un estruendo como de un viento recio que soplaba, el cual llenó toda la casa donde estaban sentados; y se les aparecieron lenguas repartidas, como de fuego, asentándose sobre cada uno de ellos.
>
> Y fueron todos llenos del Espíritu Santo, y comenzaron a hablar en otras lenguas, según el Espíritu les daba que hablasen.
>
> (Hechos 2:1-4)

Que el Señor *venga al templo de ustedes hoy. Que venga a su modo, con su oración y su gracia, con sus ángeles santos y sus poderosos serafines.*

Que el Señor *venga a su templo hoy. Que encienda el fuego de su corazón, y que ese fuego sea un fuego que lo consume todo.*

Que el Señor *venga a su templo hoy. Que el viento sople y se lleve lo que quede, para preparar ese lugar para que Cristo el Señor reine, para que el Espíritu sea la presencia de la Ley y el juicio, y de la prueba de fuego.*

Que el Señor *venga a su templo hoy. Que venga con paz y alegría. Que venga con su mandamiento, con su expectativa y con su llamado de enviarles con esa misión.*

Que el Señor *venga a su templo hoy, y que ustedes le digan: «Heme aquí, envíame. Heme aquí,* Señor*, envíame. Aquí estoy en tu plenitud. YO SOY EL QUE YO SOY. Soy tu hijo, oh, Dios. Estoy lleno de tu fortaleza, de tu plenitud curativa. Estoy lleno de la llama del perdón.*

Heme aquí, oh, Señor*, envíame. Envíame a las ovejas perdidas de la Casa de Israel. Envíame a los niños de Dios para vivificarlos y para convertirlos. Envíame a cambiar la energía de muerte a vida, para que el hombre viejo con sus obras pueda* *descartarse, para que el hombre nuevo venga al templo y reine con Cristo para siempre.*

Que el SEÑOR venga a su templo hoy. Que el SEÑOR venga a su templo hoy.

En el hombre de nuestro Padre y nuestra Madre, del Hijo y el Espíritu Santo. Amén.

13 de febrero de 1977

4

Sanar por el Espíritu de la Iglesia

¿Quién ha creído a nuestro anuncio? ¿y sobre quién se ha manifestado el brazo del Señor?

Subirá cual renuevo delante de él, y como raíz de tierra seca; no hay parecer en él, ni hermosura; le veremos, mas sin atractivo para que le deseemos.

Despreciado y desechado entre los hombres, varón de dolores, experimentado en quebranto; y como que escondimos de él el rostro, fue menospreciado, y no lo estimamos.

Ciertamente llevó él nuestras enfermedades, y sufrió nuestros dolores; y nosotros le tuvimos por azotado, por herido de Dios y abatido.

Mas él herido fue por nuestras rebeliones, molido por nuestros pecados; el castigo de nuestra paz fue sobre él, y por su llaga fuimos nosotros curados. (Isaías 53:1-5)

En el nombre de la luz única y verdadera que ilumina a todo hombre que viene al mundo, invocamos la luz del hombre de los dolores, experimentado en quebranto. Invocamos la luz de Jesús el Cristo, el vencedor, el ejemplo y guía de todos.

Invocamos la luz de los santos de la Iglesia en el cielo. Invocamos la luz de los seres ascendido que nos han precedido en el nombre del Cristo. Que esa llama del corazón haga el contacto, arriba y abajo. Que nuestro corazón se abra y sea el cáliz que se llena con la luz sanadora de aquel por cuya llaga somos sanados.

En el nombre del Padre y de la Madre, del Hijo y del Espíritu Santo. Amén.

Esta mañana, el tema de nuestro sermón es: «Sanar por el Espíritu de la Iglesia». No existe ninguna otra sanación que la del Espíritu. Y así, al haber comulgado juntos estas semanas, hemos meditado en la extracción de poder, la sabiduría y el amor del Espíritu Santo, y el Espíritu Santo como el medio, como la intervención de Dios para el restablecimiento de la plenitud en el alma.

Al estudiar la vida y la misión de Jesús y aquello, que transfirió a sus discípulos, queda claro que Jesús esperaba que los discípulos y los apóstoles sanaran, no solo que sanaran, sino que tuvieran poder sobre los espíritus inmundos, que los echaran fuera. A cada paso en el camino, su ejemplo quiso enseñar a los apóstoles y a los discípulos *cómo* sanar.

La técnica de sanación requiere un conocimiento, y existe una técnica que debe estar llena del poder de la sanación, que es el Espíritu Santo. Hoy debemos considerar cómo se espera que sanemos y qué sacrificios estamos dispuestos a hacer entre nuestros miembros a fin de dar continuidad a este propósito y principio original de Cristo y de todo Hijo de Dios que ha venido al mundo. El cimiento básico de la Iglesia, de la comunidad, es la luz y el poder sanador de Cristo presente en los miembros.

Entre las últimas palabras de Jesús están estas:

> Y estas señales seguirán a los que creen: En mi nombre echarán fuera demonios; hablarán nuevas lenguas; tomarán en las manos serpientes, y si bebieren cosa mortífera, no les hará daño; sobre los enfermos pondrán sus manos, y sanarán.

> (Marcos 16:17-18)

Las señales son para los que creen. ¿Creer en qué? Creer en la ley del Cristo, en la vida del Cristo y en el poder interior del Cristo. Creer es poner la atención en el Espíritu Santo, hacer un arco para conectar las energías con el Espíritu Santo y aceptar la plenitud del Espíritu Santo, el Espíritu vivo del Cristo resucitado. *Creer* es una palabra de muchos significados. Se puede creer solo con palabras o se puede creer con un cambio total de las tendencias de la conciencia en la conversión, el cambio de nuestras energías del que hablamos la semana pasada. Jesús prometió estas señales. Él estaba decidido a que se manifestaran y se las dijo a los discípulos incluso antes de ascender.

En Lucas 9 y 10 vemos esta dotación de poder. Es importante que sepamos esto, porque ello establece una tendencia, una promesa inequívoca, un propósito. Y ello nos da el valor de cumplir las promesas de Cristo.

> Habiendo reunido a sus doce discípulos, les dio poder y autoridad sobre todos los demonios, y para sanar enfermedades.
>
> Y los envió a predicar el reino de Dios, y a sanar a los enfermos. (Lucas 9:1-2)

Después de enviar a los doce primeros, Jesús envió al siguiente grupo, a los otros setenta. Su iniciación consistía en que primero tenían que ir y, mediante la fe, manifestar la victoria. Y después, cuando regresaron, él dijo:

> He aquí os doy potestad de hollar serpientes y escorpiones, y sobre toda fuerza del enemigo, y nada os dañará.
>
> Pero no os regocijéis de que los espíritus se os sujetan, sino regocijaos de que vuestros nombres están escritos en los cielos. (Lucas 10:19-20)

Aquí Jesús establece el propósito de la sanación. A veces, cuando la gente se inspira en la idea de la sanación, olvida que su propósito no es la manifestación exterior o el milagro físico, sino la glorificación de Dios. La sanación es el alinear al alma con Dios —el alma del sanador y la del sanado— mediante lo cual el nombre queda escrito en el cielo, en el Libro de la Vida. Por consiguiente, debemos procurar que el establecimiento de la sanación sea para una plenitud interior del Espíritu, el alineamiento del alma con la presencia YO SOY.

En segundo y último lugar, se trata de un ajuste físico. Pero esta es una parte muy importante, porque si el alma *está* alineada con la llama interior, la mente, el subconsciente e incluso el cuerpo físico deben alinearse. Pero esto se da de acuerdo con la ley de los ciclos.

En Mateo 10 tenemos a Jesús que vuelve a enviar a los apóstoles. Debemos considerar estas palabras como dirigidas a nosotros, al aceptar el manto en esta era.

> ... sino id antes a las ovejas perdidas de la casa de Israel.
>
> Y yendo, predicad, diciendo: El reino de los cielos se ha acercado.
>
> Sanad enfermos, limpiad leprosos, resucitad muertos, echad fuera demonios; de gracia recibisteis, dad de gracia.
>
> (Mateo 10:6-8)

Estamos escuchando la comisión. También estamos escuchando la clave de la técnica de la sanación, que es el recibir la energía de Dios, el Espíritu Santo, y el dar esa energía. Esto consiste en que nos llenen y nos vacíen, que nos llenen y nos vacíen. Si no nos llenan, no nos pueden vaciar. Sin embargo, si primero no nos vacían de nuestra conciencian inferior, de toda la sustancia que quiere habitar en el templo del Dios vivo, de lo que se pone en el sitio del Espíritu Santo, si no se nos vacía, no podemos recibir el Espíritu de Dios.

Cada vez que vemos la comisión y el mandamiento del Señor de sanar, también vemos junto con ello una manifestación de circunstancias, de requisitos, de sacrificios necesarios. Así, cuando buscamos la llama de la sanación en nosotros y en la Iglesia, debemos continuamente, día tras día, preguntarnos: «¿Qué estoy dispuesto a dar para que la gente, las ovejas del pasto, las ovejas perdidas de la Casa de Israel, puedan sanarse?».

Jesús ha demostrado a sus apóstoles muchas clases de sanación. En Mateo 17 dice:

> Cuando llegaron al gentío, vino a él un hombre que se arrodilló delante de él, diciendo:
>
> Señor, ten misericordia de mi hijo, que es lunático, y padece muchísimo; porque muchas veces cae en el fuego, y muchas en el agua.
>
> Y lo he traído a tus discípulos, pero no le han podido sanar.
>
> (Mateo 17:14-16)

Esto nos da un vislumbre sobre la vida de Jesús con los apóstoles, una vida llena de trabajo de ministerio a los enfermos, a los cojos y a los tullidos. Y se esperaba que los discípulos del Maestro pudieran sanar; se esperaba tanto, que este hombre les llevó a su hijo.

> Respondiendo Jesús, dijo: ¡Oh generación incrédula y perversa! ¿Hasta cuándo he de estar con vosotros? ¿Hasta cuándo os he de soportar? Traédmelo acá. (Mateo 17:17)

Se estaba dirigiendo a sus discípulos, que no habían tenido fe para sanar al niño. Él los llama generación perversa. «Generación» tiene que ver con el flujo de la energía en el cuerpo, en el alma y en los chakras. Jesús está reprendiendo a los apóstoles porque no han manifestado la plenitud en su conciencia, con lo cual no tuvieron el poder de transferir la energía sanadora de la llama del corazón al hijo de este hombre.

Jesús entonces reprendió al demonio. Es curioso que esto fue lo primero que hizo con el lunático: reprender al demonio. No constan las palabras que dijo como en otras curaciones y otros casos en los que echó fuera a los demonios. Pero sí habla de una represión, y ya hemos oído reprender a Jesús. Cuando lo hace, emite un poder enorme. Esto lo hemos leído en las escrituras, que una energía intensa sale del Señor para reprender al espíritu inmundo.

Así, podemos imaginarnos la transferencia de energía, como un rayo, para romper y zarandear el bastión de ese demonio que está poseyendo al niño.

> ... el cual salió del muchacho, y este quedó sano desde aquella hora.
> Viniendo entonces los discípulos a Jesús, aparte, dijeron: ¿Por qué nosotros no pudimos echarlo fuera?
> Jesús les dijo: Por vuestra poca fe; ... (Mateo 17:18-20)

Aquí, «poca fe» es la falta de alineamiento de la conciencia con la ley interior del Cristo, que es la plenitud. Si no tenemos plenitud en nuestro ser, no tenemos la capacidad de transferirla. Y la falta de plenitud es un estado de conciencia que Jesús condena; lo reprende como una generación perversa.

> ... porque de cierto os digo, que si tuviereis fe como un grano de mostaza, diréis a este monte: ...

Este monte de karma, este monte de pecado, este monte de problemas o de energía mal cualificada.

> ... Pásate de aquí allá, y se pasará; y nada os será imposible.
> Pero este género no sale sino con oración y ayuno.
>
> (Mateo 17:20-21)

Jesús quiso decir oración física y ayuno físico. Y quiso decir oración espiritual y ayuno espiritual.

La oración es la asimilación, el recibir a Dios. Con ella se establece el flujo de contacto, el contacto con el cosmos. Cuando la Biblia dice que Jesús marchó al desierto para orar, Jesús se elevó a una conciencia superior, fue al núcleo de fuego blanco del ser. Sin duda su entorno físico reflejaba ese estado de conciencia, y de hecho estaba en el desierto. Pero eso no tiene por qué ser así. Uno puede encontrar el desierto en medio de nuestras ciudades, interiorizándose. Rezar es establecer contacto con el núcleo de fuego blanco, que es el Sol Central de la conciencia Crística.

Ayunar es deshacerse de la conciencia humana en todos sus niveles: en la memoria, en la mente, en las emociones y finalmente en los registros que existen en el cuerpo físico. El *ayuno espiritual* es la eliminación de las cosas de este mundo, la conciencia de este mundo, la indulgencia en las cosas de este mundo.

Por consiguiente, esto es la descarga de la creación humana mediante el ayuno y la asimilación de la conciencia de Dios. Una vez que estamos establecidos en esa conciencia, podemos *dar* esa conciencia y continuar *recibiendo* más. El dar y el recibir de Dios se basa en el cimiento necesario del ayuno. En todas las escuelas de misterio y de misticismo de Oriente y Occidente siempre existe la tradición de una alimentación disciplinada, del ayuno y de no tocar ciertos alimentos, que atoran los poros de la mente y del cuerpo, impidiendo el flujo de luz en ese cuerpo.

Debemos hacernos la pregunta otra vez, ¿qué precio estamos dispuestos a pagar por la sanación de la Iglesia? Toda la humanidad se alimenta de cierta parte del cuerpo de los deseos de la Tierra. Es como cuando comen las gaviotas. Toda la humanidad entra en ese nivel de conciencia y asimila cierto grado de energía de esa corriente contaminada. Es una asimilación continua, y así la gente se vuelve parte de la conciencia de las masas, porque las personas no están dispuestas a hacer el sacrificio de ayunar y eliminar esa conciencia.

Por tanto, el día en que alguien nos traiga al hijo lunático, nos veremos incapaces de transferir la luz del Cristo por la incredulidad y por una falta de disponibilidad a hacer el sacrificio necesario de oración y ayuno. Creo que este fue un momento muy importante en la educación de los discípulos. En ese momento tuvieron que tomar una decisión. Tuvieron que decir: «Vamos a continuar siguiendo el mismo camino que hasta ahora y vamos a dejar que Jesús haga las sanaciones difíciles»; o tuvieron que decir: «Vamos a cambiar. Vamos a convertirnos. Vamos a hacer lo que dice el Maestro».

Otro punto importante que nos enseña Jesús sobre la sanación es el poder de perdonar el pecado. Esto se encuentra en Lucas 5:16.

Mas él se apartaba a lugares desiertos, y oraba.

Este es el primer paso en la sanación. Esto siempre es la preparación para la sanación, el almacenamiento de luz en el aura. Cuando nos encontramos en oración, la luz se recibe en el corazón. Desde el corazón, la luz va a todos los chakras. Desde los chakras, la luz llena el aura con los siete rayos, la luz de Dios, y el aura se vuelve brillante, cargada de energía.

Tocar el borde del manto de Jesús* es la transferencia instantánea de esa electricidad divina, que es una electricidad de Dios, y Jesús es un electrodo de energía. Jesús tiene un poder inmenso en su aura y todos los que lo tocan o se acercan a él son sanados. Esto sucede así: Jesús se retira, se marcha para cargarse en el desierto del centro del corazón.

> Aconteció un día, que él estaba enseñando, y estaban sentados los fariseos y doctores de la ley, los cuales habían venido de todas las aldeas de Galilea, de Judea y Jerusalén; y el poder del Señor estaba con él para sanar. (Lucas 5:17)

¿Por qué necesitaban ellos sanarse, estos fariseos y doctores de la ley, saliendo todos de sus pueblos para ver lo que era capaz de hacer este hombre llamado Jesús? Necesitaban sanarse porque no estaban plenos. No estaban plenos en el Espíritu Santo. Solo tenían la letra de la ley. Está escrito que el poder de la sanación estaba presente para sanarlos, pero no dice que fueran sanados.

¿Por qué no fueron sanados? Por su dureza de corazón y su incredulidad. No hicieron contacto, el arco de energía desde su corazón; su perversidad no les permitió entrar en contacto con el Cristo.

> Y sucedió que unos hombres que traían en un lecho a un hombre que estaba paralítico, procuraban llevarle adentro y ponerle delante de él.

Pero no hallando cómo hacerlo a causa de la multitud,

---

*Mateo 34:36; Marcos 6:56.

subieron encima de la casa, y por el tejado le bajaron con el lecho, poniéndole en medio, delante de Jesús.

Al ver él la fe de ellos, le dijo: Hombre, tus pecados te son perdonados.

Entonces los escribas y los fariseos comenzaron a cavilar, diciendo: ¿Quién es este que habla blasfemias? ¿Quién puede perdonar pecados sino solo Dios?

Jesús entonces, conociendo los pensamientos de ellos, respondiendo les dijo: ¿Qué caviláis en vuestros corazones?

¿Qué es más fácil, decir: Tus pecados te son perdonados, o decir: Levántate y anda?

Pues para que sepáis que el Hijo del Hombre tiene potestad en la tierra para perdonar pecados (dijo al paralítico): A ti te digo: Levántate, toma tu lecho, y vete a tu casa.

Al instante, levantándose en presencia de ellos, y tomando el lecho en que estaba acostado, se fue a su casa, glorificando a Dios.

Y todos, sobrecogidos de asombro, glorificaban a Dios; y llenos de temor, decían: Hoy hemos visto maravillas.

(Lucas 5:18-26)

Esto significa que el perdón siempre está presente junto con la sanación. No hay sanación sin perdón. No hay *sanación* sin *perdón*. Cuando Jesús curaba, tomaba sobre sí los pecados. Esto está escrito en Mateo 8, versículos 16 y 17.

Y cuando llegó la noche, trajeron a él muchos endemoniados; y con la palabra echó fuera a los demonios, y sanó a todos los enfermos; para que se cumpliese lo dicho por el profeta Isaías, cuando dijo: Él mismo tomó nuestras enfermedades, y llevó nuestras dolencias.

En la sanación se produce una transferencia de energía. La energía no puede crearse ni destruirse. ¿A dónde van los espíritus inmundos? ¿A dónde va la lepra? ¿A dónde va la falta de plenitud?

En la sanación tiene lugar un intercambio. La carga de energía que tiene el aura de Jesús es una sobrecarga. Es la energía de su Presencia YO SOY y su gran cuerpo causal que está de hecho afianzado en la llama de su corazón. Su aura es una esfera de luz de la Presencia del mismísimo Dios vivo. Jesús ha ayunado durante cuarenta días. Ha saldado su karma. Ha hecho a un lado toda la conciencia de pecado. Y, por consiguiente, su receptáculo y su templo han sido limpiados y él puede ser plenamente la Presencia del Dios vivo. La luz que hay en él ha desplazado la oscuridad, porque renunció a la oscuridad cuando afrontó las tentaciones en el desierto.*

Jesús tiene una sobrecarga de luz de Dios, y gracias al impulso acumulado giratorio de la presencia y la presión de ese sol en su aura, puede decir: «Tus pecados te son perdonados». Puede echar fuera demonios. Y esa energía de la luz de Dios irá a sustituir el pecado que causó la enfermedad o la falta de plenitud. Esa energía sustituirá el estado de conciencia desalineado del individuo y proveerá la plenitud. Y la sustancia oscura de ese pecado y de esa energía mal cualificada será transferida a Jesús y será consumida por la intensidad del sol resplandeciente de su Presencia.

Tanta es la luz que hay en Jesús y tal es la carga de luz de Dios, que ahora él puede dar y recibir, dar luz a la gente y recibir de ella su energía mal cualificada, que entonces será transferida a su centro del corazón y transmutada por el fuego sagrado, por el bautismo del Espíritu Santo siempre presente con el SEÑOR y con el Maestro.

La única forma en que el pecado se puede perdonar y la sanación puede tener lugar es que la energía mal cualificada en cuestión sea equilibrada. En la sanación, empezamos con nosotros mismos. Comenzamos llamando al Espíritu Santo y la energía del Espíritu Santo, que es la llama violeta. Invocamos la llama violeta en nuestro ser y manifestamos la focalización de la conciencia que sirve para la transmutación del karma y el pecado. Al buscar nuestra curación de forma individual, esta surge de manera gradual a medida que las energías de

*Mateo 4:1-11; Lucas 4:1-13.

la misericordia descienden día a día, gota a gota, e intercambiamos el hombre viejo por el hombre nuevo.*

Jesús alcanzó el nivel de logro en el que el hombre nuevo habitaba en él corporalmente. Y, por tanto, tenía un logro tal de la conciencia Crística —de naturaleza planetaria— que podía compensar la energía mal cualificada en aquellos que eran llamados, en aquellos que acudían a él, en aquellos que tenían ordenado sanarse. Las sanaciones que Jesús realizó respondían a una ley exacta y una precisión matemática.

Jesús fue a ciudades en las que no sanó a nadie. Y se enojaron con él porque se negó a sanar, tanto que cuando se negó a sanar en su pueblo natal fueron queriendo echarlo al despeñadero.† Él no los sanó porque percibió que no deseaban la plenitud de Dios ni glorificar a Dios, sino que querían la libertad en su cuerpo para ir y volver a pecar una y otra vez. Querían robar la luz del Cristo y tomarla para sí. Y él no quiso dar esa luz cuando iba a utilizarse de mala manera.

Pero hubo ciertas personas que, por su oración y devoción, habían alcanzado el punto de poder entrar en contacto con el Maestro y recibir la luz que tenía cargada en su aura.

Ahora bien, cuando Jesús fue al Aposento Alto después de resucitar, concedió ciertos poderes a los apóstoles y a los santos que estaban allí reunidos. Esto consta en el vigésimo capítulo del libro de Juan.

> Entonces Jesús les dijo otra vez: Paz a vosotros. Como me envió el Padre, así también yo os envío. (Juan 20:21)

Esto muestra el linaje de la transferencia de la luz del Cristo en la sucesión apostólica. Jesús había recibido de la Presencia YO SOY la comisión de Dios de ir y sanar. Tal como la Presencia YO SOY había enviado a Jesús —al haber cumplido Jesús la ley del Cristo y haber llegado a ser la Presencia YO SOY—, ahora estaba en posición de

---

*2 Corintios 5:17.
†Lucas 4:29.

transferir la comisión de sanar a sus apóstoles. Eso es lo que hizo después de resucitar.

Esa misma autoridad, el ser enviados en su nombre, hoy día pueden concedérnosla los que se han unido al Cristo como Jesús. Ellos son los Maestros Ascendidos, que forman el Espíritu del Señor, y la Palabra del Señor desciende sobre nosotros a través del Espíritu Santo. Esa autoridad también puede descender a través de quienes hayan recibido la luz, a través de la transferencia de instructor a discípulo, del discípulo al siguiente discípulo y así sucesivamente, hasta que nos encontremos recibiendo el manto del Cristo, como Eliseo recibió el manto de su maestro Elías.*

Por tanto, Jesús les está dando la comisión. Les está transfiriendo la autoridad de su manto. Pronto se marchará de la Tierra. Pronto ascenderá.

> Y habiendo dicho esto, sopló, y les dijo: Recibid el Espíritu Santo.
>
> A quienes remitiereis los pecados, les son remitidos; y a quienes se los retuviereis, les son retenidos. (Juan 20:11-23)

Los judíos se enojaron con Jesús cuando manifestó el poder de perdonar el pecado, cuando declaró ese poder y dijo: «Tus pecados te son perdonados». Ahora está transfiriendo esa autoridad y ese poder a sus apóstoles. Esto lo miramos con una perspectiva de sobrecogimiento, casi temiendo y temblando. No comprendemos el misterio por el que Dios puede transferirnos ese poder de remitir el pecado o de retenerlo. Tememos que afirmar un poder tal nos convierta en dioses, y tememos esa acusación de la mente carnal.

Pero ¿a quién está hablando Jesús? Está hablándole al Cristo en los apóstoles. Está hablándole a la autoridad de Dios, la misma autoridad por la que sanó y el mismo Dios del que habló: «Subo a mi Dios y a vuestro Dios»†, a vuestro Padre y a mi Padre. Les estaba

---

*2 Reyes 2:14.
†Juan 20:17.

enseñando que cada persona, cada alma, tiene el mismo Dios, el mismo Padre, la misma Fuente para vencer, la misma Fuente por la que perdonó los pecados y sanó a los enfermos.

Así, la remisión y el retenimiento del pecado debe ejercerse por el poder de Dios en nosotros y no por manos humanas o por la conciencia humana. Debe ejercerse por estar dispuestos a hacer el sacrificio de disolver el yo inferior para que el poder de Dios en nosotros transfiera espontáneamente —en su Presencia viva— la autoridad de decirle a alguien: «Debes retener ese pecado hasta que lo hayas saldado. Debes invocar la luz del Espíritu Santo hasta que tú mismo hayas extraído la energía, porque esa es la Ley y esto es lo que ha escrito el Espíritu Santo». Y a otro decir: «Ese pecado, ese karma puede hacerse a un lado, y la luz del Cristo puede llegarte en este momento».

Solo Dios puede decir eso a través de nosotros, porque solo Dios conoce esta ley y esta conciencia. Sin embargo, al acercarnos a esta manifestación con reverencia, debemos comprender que si no nos sentimos preparados para contener la bendición que tuvieron los que estaban en el Aposento Alto, podemos prepararnos siguiendo los requisitos de la Ley, que hemos visto en estas semanas en las que hemos estudiado cómo recibir el Espíritu Santo.

Debemos leer este pasaje con expectación, sabiendo que las promesas de Jesús son para hoy, sabiendo que debemos invocar el manto de los apóstoles, sabiendo que debemos permanecer en la tierra en lugar de los apóstoles, manifestando la continuidad jerárquica de la verdadera Iglesia de Jesús.

Por tanto, empezamos con nosotros mismos. Empezamos invocando el fuego sagrado que purifique y que transmute. Que nuestro hablar sea «sí, sí; no, no»; porque lo que es más de esto, de mal procede.* Esto significa decir «sí, sí» como afirmación de la Presencia YO SOY y «no, no» como negación del mal, del error o de todo lo que sea distinto al Cristo en nosotros.

---

*Mateo 5:37.

Para hacerlo bien, esto ha de hacerse orando sin cesar,* como una vigilia de veinticuatro horas al día en la que trazamos las líneas de la verdad y el error en nuestro templo. Ahí confirmamos el ser y la conciencia Divina como «sí, sí, tú eres Dios y eres real en mí, y no hay nada más que sea real». Y diremos: «No, no, no hay poder en el pecado. No hay poder en la oscuridad o en el mal, y no puede permanecer donde YO SOY, porque YO SOY la Presencia del Dios vivo». Esta confirmación del Dios vivo solo es una declaración y confirmación del fuego que ya existe en nuestro corazón.

Esta diligencia y esta vigilancia es el sacrificio hermoso y necesario que debemos hacer para cargarnos con esa luz sanadora, para que Jesús venga y nos encuentre en ese punto de gracia, en ese punto del Espíritu Santo donde él está ante nosotros, a nuestro lado, y pone su presencia viva sobre nosotros. Su campo energético, su campo energético y su aura, él los pone sobre nosotros. Entra en nosotros, en nuestro ser interior, y cena con nosotros.† Nos acerca a su corazón y al Padre y nos da esa presencia viva gracias a la cual, en su nombre —y solo en su nombre— echamos fuera el pecado y perdonamos el pecado.

Jesús pondrá su manto sobre cualquiera que sea sincero en el llamado. Pero hay pruebas. Incluso en el mundo material vemos pruebas. En nuestro sistema escolar vemos una intensa competitividad. En todos los niveles de aprendizaje hay competencia por lograr el premio, por lograr los puestos más altos y el salario más alto. La gente se pasa años y años estudiando para ser el mejor de la clase, el mejor, y la competencia es inmensa. Todo eso es por conseguir el premio terrenal.

¿Acaso se requerirá menos para conseguir el premio celestial, que no debamos también ser diligentes y disciplinados en nuestro templo corporal si deseamos que nos llamen maestros de los planos de la materia, si queremos hacer las obras que él dijo que haríamos porque él fue al Padre?

*1 Tesalonicenses 5:17.
†Apocalipsis 3:20.

El que en mí cree, las obras que yo hago, él las hará también;
y aún mayores hará, porque yo voy al Padre. (Juan 14:12)

Puesto que Jesús ha ascendido al sitio de la Presencia YO SOY,
puesto que él es uno con el Cristo Universal, nos puede transferir desde
ese plano de conciencia todo su impulso acumulado de gloria Crística.
Él puede emitirlo a través de nuestras manos, nuestro corazón y nuestra
cabeza para sanación de las naciones. Pero el requisito es *creer*, y creer
es un arco de energía, un arco de energía las veinticuatro horas al día.

Y es que tenemos trabajo que hacer para compensar. No hemos
hecho el trabajo que debíamos en clase. Hemos desperdiciado miles
de años cuando debíamos acumular luz en nuestro templo corporal.
Así es que hemos llegado al momento del examen final cuando se nos
pide que mostremos nuestras obras como prueba de nuestra fe,
como dijo Santiago,* pero no tenemos esas obras como prueba de
nuestra fe. Solo tenemos fe y más fe y más fe. Y eso es algo muy hermoso, pero *¿cuándo* va a convertirse nuestra fe en obras?

Ya es hora de que manifestemos la prueba de nuestras enseñanzas y de la ley interior. Por consiguiente, nuestro trabajo de compensación significa que en un día de veinticuatro horas debemos saldar
el viejo karma y el viejo pecado que hemos permitido que se acumule, así como debemos llenarnos de la luz necesaria para transferir la
sanación. Aunque hayamos pagado nuestras deudas tarde, aunque
no hayamos sido diligentes en el pasado, bueno, así elegimos hacerlo.
Y ahora vamos a aceptar nuestra responsabilidad y nos alegraremos
de tener la oportunidad de demostrar la ley.

El pasado puede cambiarse con el Espíritu Santo, así como el
presente, así como el futuro. Y, por tanto, no tenemos por qué permitirnos creer que estamos limitados o circunscritos por ninguna condición de la conciencia, incluyendo nuestro pecado, porque en el
nombre de Jesús el Cristo afirmamos que el pecado puede perdonarse,
que puede echarse el fuego sagrado. Pero esto debe hacerse de acuerdo con la ley del Espíritu Santo.

---

*Santiago 2:18.

Si desean repasar las sanaciones de Jesús, muchas constan en el capítulo octavo y noveno del libro de Mateo. Por supuesto, Jesús para nosotros es el gran Maestro por sus milagros de sanación y porque resucitó a las almas de los muertos, devolvió la llama trina al templo corporal con una orden, invocando el Espíritu Santo. No hay una sola condición en los planos de la materia que no estuviera sujeta a las órdenes del Señor Cristo.

Nosotros debemos creer que hoy el Señor Cristo ha vuelto a nacer en nosotros. Hoy aceptamos a Jesús el Cristo y con ello él enciende y vivifica la llama del Cristo en nuestro corazón. Y con ese contacto nos unimos a todos los que hayan establecido la luz del Cristo a través de su victoria triunfadora. Estamos unidos a la Hermandad de Luz; estamos unidos a las huestes del SEÑOR y a los seres ascendidos. Y, por tanto, la multiplicación de la conciencia de Cristo puede ser el manto que tengamos sobre nosotros para la sanación.

La base de nuestra sanación se establece a través de la venida del Espíritu Santo al templo para purificar, la venida del Señor Cristo al corazón y a través del alineamiento con la ley del principio del Padre. Y cuando miramos los capítulos del libro de los Hechos sobre el trabajo misionero de los apóstoles, vemos la continuidad de su misión.

Durante tres años, día y noche, observaron el ejemplo de Jesús. Oyeron la promesa. Sabían qué se esperaba de ellos. Y después de quedarse y esperar, llegó el día de Pentecostés en el que recibieron el Espíritu Santo. El milagro que se manifestó fue que hablaron en varias lenguas, y todos los reunidos que los oyeron escucharon la enseñanza en su propia lengua.*

En ese punto, Pedro se levanta en medio de la gente y confirma que este es el Espíritu Santo, que esos hombres no están ebrios, sino que han recibido el poder de Dios. Y entonces, en el sermón que da, relata la vida de Jesús: que vino de la Casa de David, que fue crucificado por los pecados de la gente, que por su sacrificio nos ha llegado este Espíritu y por su sacrificio somos bautizados.

*Hechos 2:4-12.

Y cuando hubo terminado su sermón, les dijo:

> Arrepentíos, y bautícese cada uno de vosotros en el nombre de Jesucristo para perdón de los pecados; y recibiréis el don del Espíritu Santo. (Hechos 2:38)

Pedro dice esto a las multitudes inmediatamente después de recibir el poder del Espíritu Santo. Está preparado para esa transferencia de energía. Ni siquiera espera. En el mismo momento en que recibe, está listo para dar.

Pero pone la condición: «Arrepentíos y sed bautizados». Arrepentíos de vuestros anteriores caminos; venid a la conversión, al cambio de vuestra energía. La conversión es un cambio total de conciencia, un cambio para encarar a Dios. Es como si nos hubiéramos alejado de Dios durante cien mil años en un pecado de conciencia, para después sentirnos penitentes y decir: «Cambiaré y encararé a Dios. Y al hacerlo, afrontaré la responsabilidad que tengo de lograr la plenitud. Y ahora, al encarar a Dios y al caminar hacia el sol, sé que debo cosechar lo sembrado y que ni una jota o tilde de la ley pasará, hasta que todo se haya cumplido,* hasta que haya cumplido la ley de la plenitud».

Así, la cosecha de ese karma o pecado forma parte del arrepentimiento. Ello significa que realizaremos nuestra acción de penitencia. Haremos nuestra expiación.† Nos arremangaremos e invocaremos el fuego sagrado para la transmutación de nuestro pecado por el Espíritu Santo. No lo dejaremos como basura en la carretera para que estropee la belleza de la Tierra o para que sea una carga para otras almas. Encararemos a Dios. Afrontaremos nuestra responsabilidad. No pediremos a otros que lleven ese peso por nosotros. Seremos bautizados, «lavados con el agua de la Palabra»‡. El bautismo es el ritual simbólico del lavado de los cuatro cuerpos inferiores. Y en este sacramento tiene lugar cierta transferencia de luz del Cristo, pero

---

*Mateo 5:18.
†*Expiación:* en desuso, denota unidad y reconciliación, en especial entre Dios y el hombre.
‡Efesios 5:26.

solo cierta transferencia, que el alma sea capaz de recibir y que se la haya ganado.

Entonces viene la *vida* del bautismo, cuando cada día es un bautismo; cada día es un lavado con el agua purificadora de la Palabra. Así, todos han de arrepentirse y bautizarse en el nombre de Jesús el Cristo, porque si aceptan al Hijo de Dios como el Cristo, el gran ejemplo y avatar de la era, mediante el arco de la atención establecerán el vínculo con su Ser Crístico e iniciarán el sendero de la maestría sobre sí mismos que conducirá a la transferencia de su propia Cristeidad, lo cual Jesús prometió.*

Por tanto, Pedro dice:

> Porque para vosotros es la promesa, y para vuestros hijos, y para todos los que están lejos; para cuantos el Señor nuestro Dios llamare. (Hechos 2:39)

La promesa de este arrepentimiento y del Espíritu Santo es para todos ustedes, para tantos como Dios llame, mostrando que hay un llamado, que hay una energía que ha salido. Y Jesús dijo: «No me elegisteis vosotros a mí, sino que yo os elegí a vosotros»†. Desde el mismísimo Sol Central del ser de Dios se envía un hilo conector, y ese hilo es una corriente de energía. Es el llamado, el llamado a esas almas cuya hora ha llegado para el arrepentimiento y la remisión del pecado.

Por tanto, Pablo los exhortó:

> Así que, los que recibieron su palabra fueron bautizados; y se añadieron aquel día como tres mil personas. (Hechos 2:41)

¿Cómo se añadieron? Se añadieron por el poder del Espíritu Santo.

> Y perseveraban en la doctrina de los apóstoles. (Hechos 2:42)

Continuidad, perseverancia, constancia de conciencia y del flujo de energía, siendo ellos perseverantes en la apertura de sus templos

---

*Juan 1:12.
†Juan 15:16.

a Dios, así Dios pudo fluir a través de ellos, y perseveraban en la doctrina de los apóstoles, en la comunión unos con otros. Estaban cerca de los apóstoles. Los apóstoles tenían el manto del Señor Cristo. A través de las emanaciones áuricas de los apóstoles había un continuo alimentar a la gente, así como al bendecir y al partir el pan —el compartir el Cuerpo y la Sangre de Cristo— y en las oraciones.

> Y sobrevino temor a toda persona; y muchas maravillas y señales eran hechas por los apóstoles.
> Todos los que habían creído estaban juntos, y tenían en común todas las cosas; ... (Hechos 2:43-44)

La Iglesia primitiva tenía una parte muy interesante, su unión en el Espíritu Santo le daba la capacidad de compartirlo todo.

> ... y vendían sus propiedades y sus bienes, y lo repartían a todos según la necesidad de cada uno. (Hechos 2:45)

No querían que las posesiones los ataran. Querían el Espíritu Santo, el espíritu del flujo entre ellos, querían ser el factor gobernante de la energía. Y así, por el espíritu del flujo, recibían pago por dar sus posesiones. Y el pago eran los milagros de sanación entre ellos y la unión de todos como cuerpo de Dios.

> Y perseverando unánimes cada día en el templo, y partiendo el pan en las casas, comían juntos con alegría y sencillez de corazón, alabando a Dios, y teniendo favor con todo el pueblo. Y el Señor añadía cada día a la iglesia los que habían de ser salvos. (Hechos 2:46-47)

Estos fueron los milagros de sanación en la Iglesia por el poder del Espíritu cuando el Espíritu vino. Tomemos el libro de Hechos, capítulo 3.

> Pedro y Juan subían juntos al templo a la hora novena, la de la oración.
> Y era traído un hombre cojo de nacimiento, a quien ponían

cada día a la puerta del templo que se llama la Hermosa, para que pidiese limosna de los que entraban en el templo.

Este, cuando vio a Pedro y a Juan que iban a entrar en el templo, les rogaba que le diesen limosna.

Pedro, con Juan, fijando en él los ojos, le dijo: Míranos.

(Hechos 3:1-4)

¿Qué hacía Pedro? Estaba estableciendo el arco de contacto. A través de los ojos de este individuo que los miró, quiso establecer el flujo de energía que sabía venía del Señor Cristo a través de él y tenía el poder de sanar. Y Pedro, cuando «él les estuvo atento», le devolvió la corriente. Entre Pedro y este hombre hay un flujo de energía.

Entonces él les estuvo atento, esperando recibir de ellos algo.

Mas Pedro dijo: No tengo plata ni oro, pero lo que tengo te doy; en el nombre de Jesucristo de Nazaret, levántate y anda.

Y tomándole por la mano derecha le levantó; y al momento se le afirmaron los pies y tobillos; ...   (Hechos 3:5-7)

«Tomándole por la mano derecha.» La energía fluía a través de la corriente del Cristo por su mano, y la transferencia fue recibida. El propio Pedro había recibido la corriente de Jesús que caminaba sobre las aguas. Cuando Jesús le transfirió a Pedro la luz de su aura, Pedro caminó sobre las aguas. Pero entonces temió. Entró en un vórtice de temor y empezó a hundirse. «¡Señor, sálvame!», gritó. Jesús lo tomó de la mano y restableció el arco y la corriente de energía.*

Pedro, yendo en nombre de su Maestro, hace lo mismo, sacando a este hombre del plano astral, del mar de conciencia humana, el plano subconsciente donde está escrito su pecado, su karma. Le transfiere la luz para el perdón de ese pecado y para su transmutación, y de inmediato sus pies y tobillos reciben la fuerza.

... y saltando, se puso en pie y anduvo; y entró con ellos en el templo, andando, y saltando, y alabando a Dios.

---

*Mateo 14:28-31.

Y todo el pueblo le vio andar y alabar a Dios.

Y le reconocían que era el que se sentaba a pedir limosna a la puerta del templo, la Hermosa; y se llenaron de asombro y espanto por lo que le había sucedido.

Y teniendo asidos a Pedro y a Juan el cojo que se había sanado, todo el pueblo, atónito, concurrió a ellos al pórtico que se llama de Salomón.

Viendo esto Pedro, respondió al pueblo: Varones israelitas, ¿por qué os maravilláis de esto?, ¿o por qué ponéis los ojos en nosotros, como si por nuestro poder o piedad hubiésemos hecho andar a este?

El Dios de Abraham, de Isaac y de Jacob, el Dios de nuestros padres, ha glorificado a su Hijo Jesús, a quien vosotros entregasteis y negasteis delante de Pilato, cuando este había resuelto ponerle en libertad.

Mas vosotros negasteis al Santo y al Justo, y pedisteis que se os diese un homicida, y matasteis al Autor de la vida, a quien Dios ha resucitado de los muertos, de lo cual nosotros somos testigos.

Y por la fe en su nombre, a este, que vosotros veis y conocéis, le ha confirmado su nombre; y la fe que es por él ha dado a este esta completa sanidad en presencia de todos vosotros.

(Hechos 3:8-16)

Esta es una prueba importante para los apóstoles en la escalera de la sanación. Y pasaron la prueba.

Y la pregunta es: ¿nosotros pasamos nuestra prueba? ¿Permitimos que la gente nos alabe cuando a través de nosotros suceden milagros de sanación, cuando nos llegan milagros? O decimos: «¿Por qué me miras a mí? El poder de Dios es lo que ha hecho esto. El poder de Dios es lo se te transfiere hoy, el conocimiento de las escrituras, el conocimiento de la Palabra y la elevación de tu conciencia». ¿O sonreímos y recibimos el cumplido como si nos correspondiera? No hace falta esperar los grandes milagros para dar gloria a Dios.

Sabemos que cada gracia, cada don, cada transferencia de energía viene de la Fuente, Dios. Y eso es lo que debemos imprimir en la gente, que no viene de nosotros, sino solo de Dios y del Señor Cristo.

Tan pronto como afirmamos que el poder es nuestro, Dios dice: «Bien, es tuyo, a ver qué puedes hacer sin mí». Y la fuente de poder se interrumpe. Nosotros vamos y hacemos algunos milagros más y ahí se acaba la cosa, porque habremos gastado lo que teníamos afianzado en nuestro templo de la fuente y la provisión que habíamos recibido. Ya no quedará más hasta que volvamos a restablecernos para dar la gloria a Dios.

Cuando he interrumpido una conversación para dar a Dios la gloria y señalarlo como el YO SOY EL QUE YO SOY, la gente ha dicho: «Por supuesto, sabemos que Dios es quien lo hace. Pero te estamos viendo a ti. Estamos mirando a una persona». Bien, no basta con decir: «Por supuesto, sabemos que Dios es quien lo hace». Es importante que, por cada milagro, por cada gracia, por cada progreso que hagamos en el sendero, nos detengamos, aunque solo sea un microsegundo, para decir: «Por gracia de Dios, por su gloria, me siento agradecido». A Dios la gloria, a él las alabanzas y a él el honor.

Al manifestar esa gratitud por los pequeños logros, por alguna pequeña labor bien hecha, vemos que a diario aumentamos nuestra reserva de poder, que podremos transferir a otras personas. Y ustedes descubrirán con sorpresa que este poder se amplifica cuando se alaba, cuando se dan gracias y cuando se da la gloria a Dios.

En el quinto capítulo de los Hechos, versículo 12, los apóstoles viven una experiencia de la que todos debemos ser conscientes, porque muestra el cumplimiento de la promesa del Sermón de la Montaña sobre las persecuciones, las injurias, el odio, el falso testimonio y toda clase de males que sufrían los que querían seguir a Jesús.

> Y por la mano de los apóstoles se hacían muchas señales y prodigios en el pueblo; y estaban todos unánimes en el pórtico de Salomón. (Hechos 5:12)

Todos estaban en armonía con el Espíritu Santo. Esto es un pre-rrequisito para que el Espíritu Santo fluya en la Iglesia: la unanimi-dad, la conciencia única, el Espíritu único. Esto se repite una y otra vez. Todos estaban unánimes, siempre unánimes, un acorde de con-ciencia cósmica.

> De los demás, ninguno se atrevía a juntarse con ellos; mas el pueblo los alababa grandemente.
>
> Y los que creían en el Señor aumentaban más, gran número así de hombres como de mujeres;... (Hechos 5:13-14)

Se añaden más creyentes a los que ya hay. Es una acción como la de un imán. Con nuestro creer atraemos al Señor. Con nuestra aura llena del Señor, extendemos ese arco de energía, que se enlaza con otros y canaliza la energía para que se establezca el creer.

> ... tanto que sacaban los enfermos a las calles, y los ponían en camas y lechos, para que al pasar Pedro, a lo menos su som-bra cayese sobre alguno de ellos.
>
> Y aun de las ciudades vecinas muchos venían a Jerusalén, trayendo enfermos y atormentados de espíritus inmundos; y todos eran sanados.
>
> Entonces levantándose el sumo sacerdote y todos los que es-taban con él, esto es, la secta de los saduceos, se llenaron de celos; y echaron mano a los apóstoles y los pusieron en la cárcel pública.
>
> Mas un ángel del Señor, abriendo de noche las puertas de la cárcel y sacándolos, dijo:
>
> Id, y puestos en pie en el templo, anunciad al pueblo todas las palabras de esta vida.
>
> Habiendo oído esto, entraron de mañana en el templo, y enseñaban.
>
> Entre tanto, vinieron el sumo sacerdote y los que estaban con él, y convocaron al concilio y a todos los ancianos de los hijos de Israel, y enviaron a la cárcel para que fuesen traídos.
>
> Pero cuando llegaron los alguaciles, no los hallaron en la

cárcel; entonces volvieron y dieron aviso, diciendo: Por cierto, la cárcel hemos hallado cerrada con toda seguridad, y los guardas afuera de pie ante las puertas; mas cuando abrimos, a nadie hallamos dentro.

Cuando oyeron estas palabras el sumo sacerdote y el jefe de la guardia del templo y los principales sacerdotes, dudaban en qué vendría a parar aquello.

Pero viniendo uno, les dio esta noticia: He aquí, los varones que pusisteis en la cárcel están en el templo, y enseñan al pueblo.

Entonces fue el jefe de la guardia con los alguaciles, y los trajo sin violencia, porque temían ser apedreados por el pueblo.

Cuando los trajeron, los presentaron en el concilio, y el sumo sacerdote les preguntó, diciendo: ¿No os mandamos estrictamente que no enseñaseis en ese nombre? Y ahora habéis llenado a Jerusalén de vuestra doctrina, y queréis echar sobre nosotros la sangre de ese hombre.

Respondiendo Pedro y los apóstoles, dijeron: Es necesario obedecer a Dios antes que a los hombres.

El Dios de nuestros padres levantó a Jesús, a quien vosotros matasteis colgándole en un madero.

A este, Dios ha exaltado con su diestra por Príncipe y Salvador, para dar a Israel arrepentimiento y perdón de pecados.

Y nosotros somos testigos suyos de estas cosas, y también el Espíritu Santo, el cual ha dado Dios a los que le obedecen.

(Hechos 5:15-32)

¿Se pueden ustedes imaginar el valor y la ferocidad de Pedro? Estando ante los mismos que crucificaron a Jesús, enunciando sus pecados como había hecho Juan el Bautista. Juan había perdido la cabeza por reprender a Herodes y al gobernador por sus pecados; sin embargo, ahí estaba Pedro, sin temer dar testimonio. Y recuerden, aprendimos cuál es el origen de la palabra *testimonio*, del griego *martys*, que significa aquel que da su vida por la verdad. Ese es el testimonio, el que da su vida para poder decir la verdad.

Esto es exactamente lo que hizo Pedro. No tenía miedo. Tenía el poder del Espíritu Santo sobre él. No quería traicionar a ese Espíritu. Sabía que solo podía retener a ese Espíritu mediante la obediencia a Dios. Sería obediente a Dios sin importar lo que le costara. Y en esa reunión plantó cara a todo el poder, a toda esa gente reunida. Y Pedro está ahí, sin defensa alguna contra ellos excepto el poder de Dios.

Ellos, oyendo esto, se enfurecían y querían matarlos.

Entonces levantándose en el concilio un fariseo llamado Gamaliel, doctor de la ley, venerado de todo el pueblo, mandó que sacasen fuera por un momento a los apóstoles, y luego dijo: Varones israelitas, mirad por vosotros lo que vais a hacer respecto a estos hombres.

Porque antes de estos días se levantó Teudas diciendo que era alguien. A este se unió un número como de cuatrocientos hombres; pero él fue muerto, y todos los que le obedecían fueron dispersados y reducidos a nada.

Después de este, se levantó Judas el galileo, en los días del censo, y llevó en pos de sí a mucho pueblo. Pereció también él, y todos los que le obedecían fueron dispersados.

Y ahora os digo: Apartaos de estos hombres, y dejadlos; porque si este consejo o esta obra es de los hombres, se desvanecerá; mas si es de Dios, no la podréis destruir; no seáis tal vez hallados luchando contra Dios.

Y convinieron con él; y llamando a los apóstoles, después de azotarlos, les intimaron que no hablasen en el nombre de Jesús, y los pusieron en libertad.

Y ellos salieron de la presencia del concilio, gozosos de haber sido tenidos por dignos de padecer afrenta por causa del Nombre.

Y todos los días, en el templo y por las casas, no cesaban de enseñar y predicar a Jesucristo. (Hechos 5:33-42)

Considerad la fe tan maravillosa que es la base de toda nuestra civilización occidental; *este es el quid* de todo lo que ha surgido de

Occidente. Es esto justamente: el valor de Jesús y el valor de sus apóstoles para defender a Dios y continuar haciéndolo, aun cuando eran amenazados. Aunque los amenazara el mundo entero, no hacían caso. Aunque los maltrataran por Cristo, se consideraban bendecidos por ser dignos de ser maltratados.

Así declaramos el nombre YO SOY EL QUE YO SOY. Declaramos el nombre de Jesús el Cristo. Y declaramos el nombre de todos los que se han unido al Cristo y pueden sanar. Declaramos el nombre de Saint Germain, de El Morya, de Lanello, de Kuthumi y de María la Madre. Declaramos los nombres de todos los santos por cuya conciencia y ser hemos sido sanados.

Hoy el mundo nos dice: «Pronuncia solo el nombre de Jesús el Cristo, y ningún otro. Y si pronuncias otro nombre, te llamaremos anticristo y diremos que eres de Satanás y del demonio». Pero según nuestro conocimiento del Espíritu Santo y la venida de las huestes del Señor, no tememos declarar a quienes se han unido al Hijo de Dios. No tememos decir los nombres de los Maestros Ascendidos o de todo el Espíritu de la Gran Hermandad Blanca. No tememos lo que pueda ocurrir porque sabemos que, al confirmar ese nombre de Dios, la Presencia YO SOY y el YO SOY EL QUE YO SOY, y al confirmar a nuestros hermanos y hermanas, que son emisarios de Cristo, los Maestros Ascendidos, nosotros también *recibimos ese manto*. Y sabemos que eso será el cimiento de la era de Acuario, igual que el valor de Cristo y sus apóstoles fue el cimiento de la era de Piscis.

Nosotros no tememos ampliar la dispensación y ampliar la conciencia de la gente a través del fluir del río cristalino del agua de Vida.* No tememos ser la apertura para esa agua y ese Río de Vida. Y no tememos el precio que haya que pagarse, porque miramos a esas almas que nos han precedido y decimos: «¿Dónde estaríamos si ellos no hubieran tenido el valor de defender la justicia?». Y dos mil años a partir de hoy, la gente dirá: «¿Dónde estaríamos si las almas que vieron la gloria y tuvieron la visión de la Segunda Venida de

---

*Apocalipsis 22:1.

Cristo no hubieran tenido el valor de proclamar su venida y su verdadera enseñanza, que fue puesta en peligro por Satanás y los caídos?».

Así, cantaremos nuestras alabanzas con el Señor. Cantaremos los cantos que los primeros cristianos cantaron cuando estuvieron en las guaridas de los leones. Comprenderemos que nuestra vida es la vida del Espíritu. Y cuando tenemos ese Espíritu, vivimos en un nuevo plano de conciencia. Parece que estamos en la Tierra. Andamos por la Tierra, pero no somos de la Tierra.* Vivimos en una vibración y una conciencia que es el Espíritu Santo. Y no hay otra forma de explicarlo. Es el gran misterio de nuestra devoción. Es el gran misterio de nuestra determinación de vencer todo enemigo de la conciencia.

Es nuestro valor de defender al Cristo contra las dudas, los temores, las tentaciones, la lástima por uno mismo, la condenación y todas las cosas que nos sobrevienen como intento para que creamos que no tenemos el Espíritu Santo y que este no es real y que no está presente entre nosotros. El valor, por tanto, no solo es el de ponernos ante los saduceos, los fariseos y los escribas del mundo, sino el de ponernos ante los enemigos de nuestra casa, de nuestro templo, de nuestro ser; los enemigos del egoísmo y la oscuridad, la mente carnal, el mismísimo asesino interior que quiere llevarnos a la sensualidad y la lujuria para asesinar al Cristo en nosotros.

Estos son los enemigos de los que Jesús habló que son de nuestra casa.† Él habló de los miembros de nuestro ser. Nos habló a nosotros, y nos dio esa enseñanza con la que pudiéramos defender la ciudadela del ser Crístico para todos los que vinieran después de nosotros.

Veamos Hechos 28 y leamos acerca de Pablo y el poder que él tiene ante la presencia de los paganos en la isla que se llamaba Melita.‡

> Y los naturales nos trataron con no poca humanidad; porque encendiendo un fuego, nos recibieron a todos, a causa de la lluvia que caía, y del frío. (Hechos 28:2)

---

*Juan 17:16.
†Mateo 10:36.
‡La isla de Melita es conocida en tiempos modernos como Malta.

Pablo se encuentra entre los bárbaros de esa isla de Melita y, sin embargo, ellos le son amables. Le encienden un fuego, se reúnen alrededor. En su interior son buena, pero aún no se han convertido a Cristo. No han tenido la vivificación y, por tanto, esa vivificación está a punto de llegar.

> Entonces, habiendo recogido Pablo algunas ramas secas, las echó al fuego; y una víbora, huyendo del calor, ...

Sin duda salió de las ramas que habían recogido.

> ... se le prendió en la mano.
>
> Cuando los naturales vieron la víbora colgando de su mano, se decían unos a otros: Ciertamente este hombre es homicida, a quien, escapado del mar, la justicia no deja vivir. (Hechos 28:3-4)

Pablo había llegado por mar debido a una tormenta.[1] Sin embargo, por superstición, esa gente se basaba en la naturaleza y sus actos para decidir sobre el bien y el mal. Puesto que Pablo tenía una víbora, ellos pensaron que debía ser un malvado.

> Pero él, sacudiendo la víbora en el fuego, ningún daño padeció.
>
> Ellos estaban esperando que él se hinchase, o cayese muerto de repente; mas habiendo esperado mucho, y viendo que ningún mal le venía, cambiaron de parecer y dijeron que era un dios.
>
> En aquellos lugares había propiedades del hombre principal de la isla, llamado Publio, quien nos recibió y hospedó solícitamente tres días.
>
> Y aconteció que el padre de Publio estaba en cama, enfermo de fiebre y de disentería; y entró Pablo a verle, y después de haber orado, le impuso las manos, y le sanó.
>
> Hecho esto, también los otros que en la isla tenían enfermedades, venían, y eran sanados; los cuales también nos honraron con muchas atenciones; y cuando zarpamos, nos cargaron de las cosas necesarias. (Hechos 28:5-10)

Y así, esa gente sencilla atribuía la cualidad de demonio o de dios sin darse cuenta de que el mismo Dios que estaba presente en Pablo, estaba presente en ellos. Pero esa es la transferencia y la vivificación que produce la sanación.

El Espíritu Santo estaba con Pablo, el mismo Espíritu Santo que recibió en su conversión. Saulo tuvo una verdadera conversión de camino a Damasco.* Se le cambiaron las energías completamente y al hacerlo se produjo una liberación repentina tal, que su karma hizo que se quedara ciego. Y estuvo ciego hasta que esa energía fue transmutada por el Cristo y él pudo ver de nuevo. Y cuando volvió a ver, vio una nueva vida, vio una nueva energía. Vio desde un plano de conciencia nuevo, el plano de su mente Crística.

La gente, pues, buscaba un guía en Pablo. La conciencia bárbara, carente del Cristo, debe convertirse, debe bautizarse, debe tener la vivificación en la llama del corazón. Debe tenerla por creencia. Debe tener esa transferencia de energía.

Ahora veamos Hechos 14, versículo 8.

> Y cierto hombre de Listra estaba sentado, imposibilitado de los pies, cojo de nacimiento, que jamás había andado. Este oyó hablar a Pablo, el cual, fijando en él sus ojos, y viendo que tenía fe para ser sanado, dijo a gran voz:…

Observen la preparación de Pablo. Pablo está hablando y transfiriendo la energía del Espíritu Santo. Después está mirando al hombre fijamente. Ya está suavizándole el aura y los cuatro cuerpos inferiores para la sanación. Está transfiriendo energía mediante el arco y la corriente de su ojo, el ojo que está unido al ojo de Dios a través del Espíritu Santo. Después de hablar, lo mira; está empezando el proceso. Después dice con una gran voz, la ciencia de la Palabra hablada, el poder de la transferencia de energía en la Palabra:

> … Levántate derecho sobre tus pies. Y él saltó, y anduvo.
>
> (Hechos 14:10)

---

*Hechos 22:6-14.

Ese salto es a causa de una carga, como el relámpago. Es como cuándo uno salta por una sacudida eléctrica. Bien, él saltó por la transferencia de la luz de Dios.

> Entonces la gente, visto lo que Pablo había hecho, alzó la voz, diciendo en lengua licaónica: Dioses bajo la semejanza de hombres han descendido a nosotros.
>
> Y a Bernabé llamaban Júpiter, y a Pablo, Mercurio, porque este era el que llevaba la palabra.
>
> Y el sacerdote de Júpiter, cuyo templo estaba frente a la ciudad, trajo toros y guirnaldas delante de las puertas, y juntamente con la muchedumbre quería ofrecer sacrificios.
>
> Cuando lo oyeron los apóstoles Bernabé y Pablo, rasgaron sus ropas, y se lanzaron entre la multitud, dando voces y diciendo: Varones, ¿por qué hacéis esto? Nosotros también somos hombres semejantes a vosotros, que os anunciamos que de estas vanidades os convirtáis al Dios vivo, que hizo el cielo y la tierra, el mar, y todo lo que en ellos hay.
>
> En las edades pasadas él ha dejado a todas las gentes andar en sus propios caminos; si bien no se dejó a sí mismo sin testimonio, haciendo bien, dándonos lluvias del cielo y tiempos fructíferos, llenando de sustento y de alegría nuestros corazones.
>
> Y diciendo estas cosas, difícilmente lograron impedir que la multitud les ofreciese sacrificio. (Hechos 14:11-18)

Apenas pudieron refrenar a la gente de su idolatría. Y esa es la conciencia idólatra que ni siquiera sabemos que tenemos hasta que estamos en presencia de los seres Crísticos, el Señor Cristo o los Maestros Ascendidos. No nos damos cuenta de que lo que nos impide recibir la sanación de Dios es nuestra *propensión a la idolatría*. Dios desea que le demos gloria a él y que no adoremos a los hombres, que no adoremos las personalidades y que no adoremos a Jesús para no permitir sea él quien haga la labor.

Dios ha venido a nosotros en esta era de sanación con la misma alquimia que Jesús realizó en su primer milagro en Caná de Galilea, la transformación del agua en vino.* Jesús quiere que hagamos este milagro. Quiere que lo realicemos en nosotros. No quiere que nos sentemos a esperar que algo, como una varita mágica, de repente nos venga a curar milagrosamente para que nos sanemos. Él quiere que atravesemos el proceso que él atravesó, dominando la energía y mandando sobre las energías de la materia.

Jesús realizó ese milagro por un motivo: para que ustedes puedan realizar el mismo milagro. La dispensación que tenemos en esta Iglesia no es la de una sanación repentina, aunque todo es posible con Dios y el Espíritu Santo, y debemos esperar la sanación repentina. Pero debemos comprender que la sanación repentina no existe. Una sanación repentina debe ir precedida de una preparación de la conciencia de la persona. En el caso de muchos milagros, es una preparación del sanador. Pero en este caso, el SEÑOR Dios desea que la preparación sea en la conciencia del que ha de ser sanado.

Nosotros debemos resolver la fórmula del ser. *Nosotros* debemos forjar nuestra identidad Divina. *Nosotros* debemos demostrar la ley, para que no se pierda otra generación de portadores de luz. No puede ser que solo uno entre nosotros se levante para dar la luz sanadora. Debe ser que todos nos levantemos de forma universal y unánime. Debemos sentir las corrientes de sanación porque individualmente hemos hechos los sacrificios y hemos obtenido la maestría.

Cuando era muy joven solía rezar por la sanación de las almas. Durante varios años dediqué mi vida a la oración por la sanación de los enfermos. Y al hacer esas oraciones vi que cada vez más gente acudía a mí; y más y más gente se curaba debido a esas oraciones. Pero llegó un punto en mi vida en el que me dije: «¿Qué está pasando con esta gente? ¿Cómo la estoy ayudando? Van y se divierten. Van de fiesta, se divierten, se lo pasan bien. Y yo me siento en casa y rezo por ellos, y ellos se curan». Y en mi mente vi con mucha claridad que no estaban progresando en el sendero. No tenían que sacrificarse, no tenían que entregarse.

---

*Juan 2:1-11.

Así es que me dije: «Debe haber otra respuesta. Debe haber otro camino. Este no es el camino para la conversión de las almas. Este no es el camino para llevar a la gente a Cristo. Solo se apoyan en mí como una muleta». Y decidí que debía andar el sendero de las Enseñanzas de los Maestros Ascendidos. Debía entender la llama violeta. Debía ver qué se necesita para la manifestación de la plenitud, el Espíritu Santo en el cuerpo de la persona. Esta es la enseñanza que exige al individuo la entrega de su yo inferior y de la causa y el núcleo de su enfermedad, su muerte y su conciencia moribunda. Entonces está la verdadera sanación y plenitud porque la persona se ha sanado a sí misma. La única plenitud que puedo buscar es la plenitud con la que el alma regresa a la Presencia del Dios vivo mediante el ritual de la ascensión.

La comprensión que Dios me dio es que la transferencia sanadora es algo glorioso. Y Jesús lo hizo para establecer una ley y un precedente, de modo que pudiéramos seguir sus pasos, no como los sanados, sino como *los sanadores*. *Estamos aquí para seguir su ejemplo*, no para sentarnos pasivamente. Para convertirnos en sanadores y no en sanados debemos estar dispuestos a tomar y comer el librito que es dulce en la boca y amargo en el vientre.*

Esta es la enseñanza de la Ley que nos obliga a revestirnos de toda la conciencia de Dios, a cambiar nuestra vida, a salir y ser un pueblo aparte. Nos obliga a comprender que no podemos permitirnos la conciencia de las masas ni las espirales de energía del mundo y, simultáneamente, poseer una reserva de luz y poder en nuestra vestidura sin costuras, lista para que se transfiera a las naciones cuando estas necesiten sanación.

Por consiguiente, nuestro ministerio se ha convertido en un ministerio de enseñanza y de impartir el conocimiento de la Ley y de cómo conseguir los fuegos sagrados del Espíritu Santo, para que cada individuo que esté patrocinado por los maestros de la Gran Hermandad Blanca pueda concentrar su maestría vencedora y demostrar la Ley

---

*Apocalipsis 10:10.

día a día. Con la enseñanza como un don de oportunidad en sus manos, este individuo puede tomar esa enseñanza y demostrar —como alquimista del fuego sagrado, como devoto de Cristo y de Buda— que puede convertirse en la Ley y dar la orden, primero a su propio microcosmos: «¡Sé sano!», y después al macrocosmos: «¡Sé sano!».

Esta es nuestra ofrenda, que hoy ponemos sobre el altar del Señor. Es nuestra ofrenda sobre el altar del mundo.

Pedimos que toda la humanidad, y en especial los niños de Dios que están buscando la luz, puedan ser inspirados de manera individual por el Espíritu Santo en esta ocasión. Pedimos que Jesús el Cristo y todo maestro ascendido pueda venir al templo de quienes buscan con sinceridad al SEÑOR. Pedimos la inspiración de todos los miembros de todas las Iglesias y de los que no tienen iglesia y todos los que están buscando el sendero para volver a Dios en Oriente y Occidente. Pedimos que hoy puedan recibir una porción de esa Divinidad, de su propia Individualidad, de su propia realidad. Pedimos, con las palabras de Jesús, que todos puedan tener vida y la tengan con más abundancia.

En el nombre del Padre y de la Madre, del Hijo y del Espíritu Santo. Amén.

20 de febrero de 1977

5

El cumplimiento de los pactos de la ley de Cristo

Saldrá una vara del tronco de Isaí, y un vástago retoñará de sus raíces.

Y reposará sobre él el Espíritu del Señor; espíritu de sabiduría y de inteligencia, espíritu de consejo y de poder, espíritu de conocimiento y de temor del Señor.

Y le hará entender diligente en el temor del Señor. No juzgará según la vista de sus ojos, ni argüirá por lo que oigan sus oídos; sino que juzgará con justicia a los pobres, y argüirá con equidad por los mansos de la tierra; y herirá la tierra con la vara de su boca, y con el espíritu de sus labios matará al impío.

Y será la justicia cinto de sus lomos, y la fidelidad ceñidor de su cintura.

Morará el lobo con el cordero, y el leopardo con el cabrito se acostará; el becerro y el león y la bestia doméstica andarán juntos, y un niño los pastoreará.

No harán mal ni dañarán en todo mi santo monte; porque la tierra será llena del conocimiento del Señor, como las aguas cubren el mar.

Acontecerá en aquel tiempo que la raíz de Isaí, la cual estará puesta por pendón a los pueblos, será buscada por las gentes; y su habitación será gloriosa.

Asimismo, acontecerá en aquel tiempo, que el Señor alzará otra vez su mano para recobrar el remanente de su pueblo que aún quede en Asiria, Egipto, Patros, Etiopía, Elam, Sinar y Hamat, y en las costas del mar.

Y levantará pendón a las naciones, y juntará los desterrados de Israel, y reunirá los esparcidos de Judá de los cuatro confines de la tierra. (Isaías 11:1-6, 9-12)

En el nombre de Jesús el Cristo, llamamos a las huestes del Señor. Llamamos al Señor Dios y su Espíritu para que venga entre nosotros y su profecía pueda cumplirse hoy en nosotros. Llamamos al Señor Cristo, el cumplimiento en gracia de la ley de los profetas. Ven a nosotros y entra en nosotros. Abrimos la puerta del corazón. Te invitamos a entrar.

Entra, Señor Cristo, y cena con nosotros, para que podamos contemplarte en gloria. Invocamos la Luz de Dios, la Luz que ilumina a cada hombre que viene al mundo. Invocamos esa Palabra para que encienda el fuego sagrado en nuestro corazón, para que se expanda por nuestros miembros, para que llene el templo y llene toda esta casa y podamos se hallados en unanimidad en un lugar, dando testimonio como testigos de la Palabra.

En el nombre del Padre, del Hijo y del Espíritu Santo. Amén.

Me alegro mucho de darles la bienvenida esta hermosa mañana de primavera, que nos habla de la resurrección venidera y el nuevo nacimiento que anticipamos en nuestra celebración de la Pasión de Pascua. Nos estamos preparando con diligencia, por gracia del Señor Cristo, para vivir con él la crucifixión, para recibir la resurrección, para contemplar la ascensión y estar aquí el día de Pentecostés para conocer el descenso de su Espíritu Santo.

Hoy vamos a hablar del cumplimiento de los pactos de la Ley del Cristo. Si estamos preparados para cumplir la Ley, entonces estamos preparados para recibir al Cristo. La Ley y el Cristo son inseparables. Cristo viene como cumplimiento de la Ley; no solo la ley de los profetas hebreos y las promesas que nos dieron sobre la llegada del Mesías, sino Cristo como cumplimiento de la ley de nuestro ser. La venida de Jesús el Cristo *es* el cumplimiento de esa Ley mediante la cual todos entramos en unión y en la identidad del Cristo.

En esta era se exponen los misterios de la Iglesia, los misterios del Espíritu y de las enseñanzas de Cristo y sus apóstoles. Estos misterios se revelan a medida que las personas, una a una, entran en la presencia del Espíritu y se llenan de ese Espíritu.

Estas semanas hemos hablado de recibir el Espíritu Santo como ingrediente necesario para comprender la Ley y la gracia. Hemos hablado de los ingredientes necesarios para recibir el Espíritu. Hoy hablaremos de las palabras de los apóstoles a aquellos a quienes llamaban judíos y el Sanedrín sobre el cumplimiento de la ley del Cristo de acuerdo con sus instructores.

Debemos comprender que esta prédica de la Palabra por parte de Pedro y los apóstoles, en ese momento en particular del tiempo y el espacio y en ese ciclo en concreto, también fue el testimonio a nuestra conciencia y sus componentes en esta hora de nuestra redención. Nuestra redención en esta hora es proclamada y enseñada por ese mismo Espíritu de verdad viva que tenían los apóstoles.

Gracias a nuestra comprensión de la ley de Dios (a la que llamamos ley cósmica, porque gobierna todo el cosmos) y su inevitabilidad, su matemática, su ciencia, entendemos que si podemos establecer la Ley en nuestro corazón —a través de las escrituras, a través de la revelación, a través de la profecía—, tendremos una fórmula de Dios, una espiral de energía en el núcleo de cada átomo del ser, en el mismísimo núcleo del corazón, que infaliblemente aparecerá y se manifestará en el momento señalado. Este es el significado de la Palabra hecha carne que habitó entre nosotros,* el significado de su venida en el momento y la estación adecuada.

---

*Juan 1:14.

Moisés profetizó la venida de Cristo. Él estableció el eslabón en la cadena jerárquica. Esto está escrito en el décimo octavo capítulo del Deuteronomio.

> Profeta de en medio de ti, de tus hermanos, como yo, te levantará el Señor tu Dios; a él oiréis; conforme a todo lo que pediste al Señor tu Dios en Horeb el día de la asamblea, diciendo: No vuelva yo a oír la voz del Señor mi Dios, ni vea yo más este gran fuego, para que no muera. (Deuteronomio 18:15-16)

En medio del pueblo de Israel, el Señor Dios se había aparecido a Moisés y al pueblo. El pueblo tenía miedo de ese fuego, ese fuego sagrado omniconsumidor, esa apariencia del YO SOY EL QUE YO SOY. Y exclamaba diciendo: «No vuelva yo a oír la voz del Señor mi Dios, ni vea yo más este gran fuego, para que no muera».

El temor a la muerte de la conciencia humana —el temor a la muerte de lo mortal con sus leyes de mortalidad— estaba sobre el pueblo de Israel cuando recibió a su profeta y cuando su profeta recibió al Señor Dios para todos.

> Y el Señor me dijo: Han hablado bien en lo que han dicho.
> Profeta les levantaré de en medio de sus hermanos, como tú; y pondré mis palabras en su boca, y él les hablará todo lo que yo le mandare.
> Mas a cualquiera que no oyere mis palabras que él hablare en mi nombre, yo le pediré cuenta. (Deuteronomio 18:17-19)

Esta es una frase muy severa de la Ley; y debemos entender la dispensación que recibió Israel como dispensación de iniciación fuera del Jardín del Edén.

Cuando los primeros iniciados tuvieron la oportunidad de estar presentes con el Iniciador llamado el Señor Dios, representante del Cristo Universal, tuvieron la Presencia del Santo de Israel entre ellos. Pero después de ser expulsados del jardín por desobediencia, en lugar de tener a la Persona de Dios tuvieron la presencia de la Ley través de los profetas. Estos profetas eran exaltados y ciertamente estaban por encima del pueblo en logro, pero no tenían todo el manto y toda la autoridad del Cristo Universal que estuvo presente en el jardín, en ese lugar de consagración e iniciación.

Así, con Moisés y los profetas llegó la Ley, así como la profecía sobre la venida del que volvería con el poder y la presencia del Cristo, el Señor Jesús. Adán y Eva recibieron esta promesa fuera del jardín, después de marcharse. En su anhelo por volver a estar presentes con el SEÑOR, Dios les prometió que después de que cumplieran los ciclos de la ley del pacto volverían a estar ante la presencia del Cristo, y a través de él hallarían redención.*

Este es el ejemplo de la Ley: tener la oportunidad de estar presente con Dios, rechazar esa oportunidad y, por consiguiente, tener que atravesar un tiempo, una estación y un ciclo de ausencia de la presencia y la persona de ese miembro de la jerarquía que representa al Cristo ante la gente.

Así, todo el Antiguo Testamento es un período de vagar por el desierto, desde el diluvio de Noé, la maldad de la gente y su apartamiento de los pactos, al sometimiento en Egipto y la salida de esa esclavitud egipcia. Todo el período, desde el abandono de la escuela de iniciación hasta el regreso de Jesucristo, es una prueba para las almas del pueblo para ver si serán o no fieles al cumplimiento de los pactos. Porque el precio que ahora hay que pagar por la asociación íntima con el Ser Crístico, el Ungido, el avatar de la era, es obediencia a la Ley, el cumplimiento del pacto.

Cuando la Ley se cumple, el Cristo aparece. El Cristo no viene antes de que el individuo haya cumplido la ley de su ser interior, que es la misma ley del cosmos que Moisés estableció. Lo que Moisés recibió en la codificación de la Ley, además de los Diez Mandamientos, fue la aplicación de la ley cósmica para un pueblo en particular y un período en particular de su historia, una dispensación en concreto.

---

*Primer libro de Adán y Eva 3:1; 14:2-5; 24:4-6; en *Los libros perdidos de la Biblia y los libros olvidados del Edén* (New York: New American Library, 1974).

Ahora llegamos al momento en que el pacto que Dios hizo con Adán y Eva se cumple. Jesús ha venido. Él ha expuesto la plena manifestación del Cristo, el Ser Crístico, la conciencia Crística, la Persona de la Divinidad en la Palabra hecha carne.

Él ha ilustrado esto con el ejemplo. Ha regresado a la unión con el Padre, cumpliendo todas las cosas que se le dieron que hacer.* Él ha puesto su vida como un emblema, como la señal de la venida del Cristo en todos nosotros. Es la señal de que la obra que él ha hecho nosotros también podemos hacerla, y mayores obras, porque ha vuelto al núcleo de fuego blanco del ser, el centro de la Divinidad.†

Ha enseñado a sus apóstoles durante los días posteriores a su resurrección. Su ascensión ha tenido lugar. Pentecostés ha tenido lugar. Ahora los apóstoles son dejados en medio del pueblo con un mensaje sobre el cumplimiento de los pactos.

De este modo, nos vamos a Hechos 2, versículo 14, donde encontramos a Pedro levantándose con los once, alzando la voz y diciéndoles:

> Entonces Pedro, poniéndose en pie con los once, alzó la voz y les habló diciendo: Varones judíos, y todos los que habitáis en Jerusalén, esto os sea notorio, y oíd mis palabras.
>
> Porque estos no están ebrios, como vosotros suponéis, puesto que es la hora tercera del día.
>
> Mas esto es lo dicho por el profeta Joel: … (Hechos 2:14-16)

Les está hablando a los judíos que no han recibido al Señor Cristo, que han rechazado el pacto y su cumplimiento. También le está hablando al estado de conciencia en toda la gente que ha rechazado la venida de la Palabra hecha carne, no solo en el Señor Cristo, sino en sí mismos. Está reprendiendo a la mente carnal y obligándola a que dé paso a la venida del Cristo. Les está hablando de esta manifestación milagrosa del descenso del Espíritu Santo, que ha producido el que hablaran en lenguas.

---

*Juan 17:4.
†Juan 14:12.

Ahora toma sus propias escrituras para demostrar que esto es el cumplimiento de la Ley y los profetas, exactamente en el punto adecuado del tiempo y el espacio. Citando al profeta Joel:

> Y en los postreros días, dice Dios,…

Estos postreros días son la conclusión de la dispensación de la era ariana,* la venida de Jesús. Los días postreros se producen en un punto determinado de todos los ciclos de las eras, las dispensaciones de dos mil años según las que vivimos, y los manvantaras,† los ciclos mayores que gobiernan el cosmos.

La venida del Espíritu Santo tiene su tiempo y su espacio. El momento para la venida de ese Espíritu hace dos mil años fue precisamente después de la ascensión de Jesús el Cristo. Dos mil años después, en la actualidad, vuelve a darse el momento de la venida de ese mismo Espíritu. Podemos ver que la aplicación de la profecía de Joel se interpreta tal como nosotros entendemos los tiempos y los ciclos.

> … Derramaré de mi Espíritu sobre toda carne, y vuestros hijos y vuestras hijas profetizarán; vuestros jóvenes verán visiones, y vuestros ancianos soñarán sueños; y de cierto sobre mis siervos y sobre mis siervas en aquellos días derramaré de mi Espíritu, y profetizarán.
>
> Y daré prodigios arriba en el cielo, y señales abajo en la tierra, sangre y fuego y vapor de humo; el sol se convertirá en tinieblas, y la luna en sangre, antes que venga el día del Señor, grande y manifiesto; y todo aquel que invocare el nombre del Señor, será salvo. (Hechos 2:17.21)

Esta profecía en particular sale de los rayos secretos del núcleo de fuego blanco. Es uno de los grandes misterios, porque no puede

---

*La era de dos mil años de Aries, en que Dios se reveló a Abraham, Moisés y los patriarcas de Israel en la Persona del Padre. Jesús reveló a Dios en la Persona del Hijo en la era de Piscis. (Por lo cual los cristianos primitivos asumieron el pez como símbolo). Ahora estamos entrando en el ciclo de dos mil años de Acuario, la era del Espíritu Santo.

†*Manvantara:* término utilizado en Oriente para describir los largos ciclos de evolución espiritual y material en la Tierra.

interpretarse de forma literal. Sin embargo, bien puede cumplirse de manera literal. Tenemos que ir más allá de lo literal por el poder de la interpretación del Espíritu.

Estas señales y milagros en el cielo y la tierra se refieren a las señales y milagros que se producen justamente en el microcosmos de nuestro ser, en los centros de luz que Dios ha puesto en nosotros, que se llaman chakras y que Juan el Revelador llamó las siete iglesias.* Estos chakras son siete templos en los siete planos del ser: el corazón, la garganta, el tercer ojo y la coronilla, el plexo solar, la sede del alma y la base de la columna.

En los postreros días, los días del cumplimiento de los ciclos, se produce una emisión de luz en estos centros. La energía que surge en el microcosmos, la venida de la luz al templo del ser, produce un cataclismo, produce el vuelco de la energía mal cualificada de dos mil años de abusos de la Ley y de la energía de Dios. En esos postreros días, en ese momento en particular, es la hora para que el pueblo de Israel encuentre a Cristo, encuentre la Ley, se una a él y, así, no vea la muerte debido al fuego sagrado, sino que ascienda a la Presencia del Dios vivo.

En la hora en que el pueblo de Israel encuentre la venida de esa energía, esto es lo que vivirá: una conversión completa y un vuelco de los ciclos dentro del templo. Este vuelco causa una manifestación clara de incomodidad durante el ajuste de la conciencia y la vida.

Finalmente, este versículo da la revelación sagradísima de este pueblo que viene en los postreros días, que invoca el nombre del SEÑOR, y es salvado. El nombre del SEÑOR con el que somos salvados es YO SOY EL QUE YO SOY, el nombre que Dios reveló a Moisés diciendo: «Este es mi nombre para siempre»†. Este nombre es tan importante que vamos a dedicar el sermón del domingo que viene a hablar del nombre del SEÑOR por el que somos salvados.

Pero en los postreros días ocurre que los que tienen el entendi-

---

*Apocalipsis 1:4.
†Éxodo 3:15.

miento del Cristo y el contacto con las energías del Cristo reciben ese nombre, entienden ese nombre y lo ven como clave para la salvación. La salvación siempre es la elevación del yo hacia el plano del Ser Crístico. Es una autoelevación. Es el alma elevándose por los chakras hasta el plano del corazón, donde se la encuentra unida al Cristo y al Señor.

David habló de su Señor que estaba a su diestra.* Esto se debe a que su alma se elevó al nivel del chakra del corazón, que es la sede del Cristo y la autoridad del Cristo. Ahí, a su diestra, sentado en meditación en el corazón, contempló a su Señor, su Ser Crístico.

Pedro continúa explicando este pacto:

> Varones israelitas, oíd estas palabras: Jesús nazareno, varón aprobado por Dios entre vosotros con las maravillas, prodigios y señales que Dios hizo entre vosotros por medio de él, como vosotros mismos sabéis; a este, entregado por el determinado consejo y anticipado conocimiento de Dios, prendisteis y matasteis por manos de inicuos, crucificándole; al cual Dios levantó, sueltos los dolores de la muerte, por cuanto era imposible que fuese retenido por ella.
>
> Porque David dice de él: Veía al Señor siempre delante de mí; porque está a mi diestra, no seré conmovido. (Hechos 2:22-25)

La frase tomada del Antiguo Testamento, que cita las palabras de David, muestra que este aceptó su redentor personal, su Salvador personal. Su alma se elevó y desafió lo anti-Cristo, la mente carnal en el templo. Su alma ascendió al plano del corazón donde conoció a su redentor y donde tuvo la convicción absoluta: «En mi carne he de ver a Dios»†.

David sabía que vería el día en que el pacto se cumpliría en su ser y él se llenaría de la presencia Crística.

> Por lo cual mi corazón se alegró, ...

---

*Salmos 110:1.
†Job 19:26.

En verdad su corazón rebosaba con la alegre energía del Cristo, porque Cristo le soltó el corazón.

Estos pasajes nos muestran la oportunidad de salvación a través de Cristo incluso para quienes vivieron antes de la venida de Jesús. Jesús lo dijo con sus propias palabras: «Antes que Abraham fuera, YO SOY»*. Jesús estaba sellado en el YO SOY EL QUE YO SOY, salió del YO SOY EL QUE YO SOY y estuvo presente con los exaltados de Israel que fueron capaces de identificarse con el Mesías en su época.

> ... y se gozó mi lengua, y aun mi carne descansará en esperanza; ... (Hechos 2:26)

La elevación del alma al plano del Cristo libera los chakras superiores del Espíritu o del plano del cielo. Cuando esto ocurre, se produce un cataclismo en los centros superiores que es el día del Señor, la venida del Espíritu Santo en los últimos días.

La carne descansa con la esperanza de la luz que David siente fluir a través de su corazón, a través del poder de la Palabra hablada, a través de la mente y a través de sus meditaciones y el uso de sus chakras, para escribir los salmos. Pedro continúa citando a David:

> Porque no dejarás mi alma en el Hades, ni permitirás que tu Santo vea corrupción.
>
> Me hiciste conocer los caminos de la vida; me llenarás de gozo con tu presencia. (Hechos 2:27-28)

David vio al Señor Dios cara a cara. Él era uno de los redimidos de Israel que habían obtenido la redención aún antes de la venida de Jesús, en preparación para su venida. Así, cuando Juan el Bautista vino a proclamar al Mesías, a proclamar la venida de Cristo, algunos en Israel eran descendientes de la Casa de David, es decir, María y José y la comunidad de los esenios, que habían vivido esa redención y eran portadores de la dispensación de la vara y la raíz de Isaí —Isaí,

---

*Juan 8:58.

padre de David; Obed, padre de Isaí—*, el linaje de estos hijos e hijas de Dios que mantuvieron la pureza de la ley de Israel bajo los pactos que se retrotraen a la escuela de misterios conocida como Jardín del Edén.

Existió un círculo determinado de portadores de luz entre los israelitas que nunca abandonó la integridad y la armonía del Espíritu Santo desde la época de esa escuela de misterios hasta la venida de Jesús. Esos mismos israelitas, que han encarnado en todos los países y en todas las razas, han vuelto a guardar esa llama y ese pacto hasta el presente, los últimos días. Este cuerpo de israelitas ha vuelto a reunirse en los Estados Unidos y en toda la Tierra para recibir el cumplimiento de la ley de los pactos.

Pedro está hablando a algunos de esos israelitas que han olvidado su origen. Está hablando a otros que no solo han olvidado, sino que han abandonado su origen y sus pactos al poner en peligro la ley de los profetas, al entrar en matrimonio con los adoradores de Baal y los dioses falsos de los pueblos semitas. Estos son los judíos que no pudieron aceptar a Jesús cuando vino porque habían puesto en peligro los pactos y las profecías originales.

Por consiguiente, hay dos tipos de judíos, dos tipos de gente reunida para oír hablar a Pedro. Están los que escuchan atentamente al oír sus palabras y se convierten.[†] Saben que ese día Dios les es restaurado. La Iglesia se expande —tres mil y después cinco mil— al llamar a esas ovejas perdidas de la Casa de Israel. Y están lo que no responden.

Y entonces, claro está, los apóstoles cumplen ese gran mandamiento que salió de la boca de Jesús en la hora de su ascensión de ir a *todas* las naciones del mundo y bautizarlas por el Espíritu Santo,[‡] extendiendo la dispensación de la venida del Cristo no solo a los Israelitas, sino también a los gentiles y a las naciones que lo reciban como el Cristo en su corazón.

---

*1 Crónicas 2:12.
†Hechos 2:37.
‡Hechos 13:47-48.

Varones hermanos, se os puede decir libremente del patriarca David, que murió y fue sepultado, y su sepulcro está con nosotros hasta el día de hoy. (Hechos 2:29)

El sepulcro de David aún se encuentra en la ciudad de Jerusalén. Está permitido acercarse a él y rendir culto. Y en la misma casa, una planta más arriba, está el Aposento Alto donde Jesús se reunió con sus discípulos en las últimas horas. En esa misma casa está el encuentro de las dos dispensaciones, la dispensación de Aries y la de Piscis, porque está presente la misma corriente de vida del Señor Cristo que se manifestó a través de David y a través de Jesús. La unión de esa llama sigue presente hoy día.

Pero siendo profeta, y sabiendo que con juramento Dios le había jurado que, de su descendencia, en cuanto a la carne, levantaría al Cristo para que se sentase en su trono, viéndolo antes, habló de la resurrección de Cristo, que su alma no fue dejada en el Hades, ni su carne vio corrupción.

A este Jesús resucitó Dios, de lo cual todos nosotros somos testigos.

Así que, exaltado por la diestra de Dios, y habiendo recibido del Padre la promesa del Espíritu Santo, ha derramado esto que vosotros veis y oís.

Porque David no subió a los cielos; pero él mismo dice: Dijo el Señor a mi Señor: Siéntate a mi diestra,... (Hechos 2:30-34)

«El Señor (Jesucristo) dijo a mi Señor (mi Ser Crístico): "Siéntate a mi diestra"». Esta frase muestra esa hermosa manifestación de la comunicación entre Jesús el Cristo y el Ser Crístico individual, no solo en David, sino en todos nosotros que creemos en la Segunda Venida del Cristo a nuestro ser. La primera venida es la Persona original de la Palabra que Dios nos ha dado con el Ser Crístico individual. La Segunda Venida es la venida del Señor Jesucristo, que vivifica esa llama que descansa como potencial, sellada en el corazón tal como Jesús estuvo sellado en la tumba.

He aquí, tres días estuvo sellado. Por tanto, nuestro Ser Crístico y nuestra conciencia Crística están sellados hasta que invoquemos la voluntad de Dios, el Espíritu Santo y el Gran Mediador Jesucristo para la vivificación. Por eso la Ley requiere que aceptemos al Cristo en Jesús a fin de obtener la salvación. El Cristo en Jesús es la clave para la apertura de nuestra conciencia Crística. Esta es la Ley y el pacto que debe cumplirse. Así, David dijo:

> ... Dijo el Señor a mi Señor: Siéntate a mi diestra, hasta que ponga a tus enemigos por estrado de tus pies. Sepa, pues, ciertísimamente toda la casa de Israel, que a este Jesús a quien vosotros crucificasteis, Dios le ha hecho Señor y Cristo.
>
> (Hechos 2:34-36)

Esta interpretación de la Ley que dio Pedro es magnífica, ya que muestra el profundo conocimiento de los misterios sagrados que recibió en el Aposento Alto con los apóstoles, un conocimiento más profundo que el que nosotros consideramos a partir de los escritos de la historia cristiana que tenemos.

Tal como continúa el relato en Hechos, vemos que los propios apóstoles, dotados del poder del Espíritu Santo, produjeron conversiones, sanaciones, señales y milagros. Por todo ello dieron gloria a Dios y a la presencia de su maestro vivo, Jesús el Cristo.

En el tercer capítulo de Hechos, empezando con el versículo 12, vemos que se ha realizado un milagro de sanación, del que hablamos la semana pasada en nuestro sermón. Todo el mundo se apresura hacia el pórtico de Salomón, con gran maravilla. La gente va a proclamar a Pedro y Juan como el origen de la sanación. Entonces Pedro da a la gente su segundo sermón. El tema de este sermón es que los pactos se cumplirán.

Quisiera que ustedes sintieran la absoluta convicción de esos apóstoles. Un pacto es una ley. Un pacto es un acuerdo entre Dios y el hombre. Es como un contrato entre dos partes: «Si tú haces esto, yo haré esto otro. Si desobedeces, tendrás que sufrir por tu desobediencia».

Y vemos que estos pactos se repiten una y otra vez desde las instrucciones que recibieron los primeros iniciados en la escuela de misterios del Edén.

Pedro nos asegura que los pactos se cumplirán. Él tiene una absoluta convicción sobre la Ley, porque sabe que la Ley es una matemática escrita en el corazón. Está sellada por la energía del Logos, el mismísimo poder del Gran Sol Central. Según los ciclos y las eras de la aparición del Cristo, esta Ley se irá desarrollando. Nuestro único interés es cumplir nuestra parte del pacto, el acuerdo que hicimos con Dios, el voto que hicimos de cumplir sus promesas, de ser instrumentos para el cumplimiento de su pacto.

Dios cumple su parte del pacto con la entrega de luz y energía para las dispensaciones de expansión de conciencia. Cuando el hombre rompe su parte del pacto no se encuentra en el estado adecuado para recibirlas. El hombre no está en el jardín cuando Dios lo busca. «Adán, ¿dónde estás tú?»*. ¿Dónde está tu conciencia, Adán? Adán ya no se encuentra en el plano de armonía donde puede recibir las dispensaciones del SEÑOR. Por consiguiente, las dispensaciones llegan y la luz se entrega. Pero el hombre, por desobediencia, ha roto el cáliz, la copa de su conciencia.

Por tanto, la luz desciende; y debido a que no hay nadie para recibirla, la luz causa un cataclismo, cambia las condiciones climáticas, produce hambruna, sequía y todas las señales que Jesús profetizó que llegarían en los últimos días. Esas son señales de los trastornos de la oscuridad ante la presencia de la luz.

Los que invocan el nombre del SEÑOR en esos días se salvan porque el nombre del SEÑOR se convierte en el cáliz de su ser y su conciencia al que esta luz puede descender. Por consiguiente, esta luz puede manifestarse y obrar en el cuerpo de Dios sin destruir ese cuerpo.

Esta profecía sobre la destrucción de los que no reciben al Cristo es sorprendente. Esto es lo que consta en el Deuteronomio. Esto es

---
*Génesis 3:9.

lo que Pedro va a citar otra vez en su sermón: Los que no reciban al profeta al que Dios envía se destruirán.

El motivo para recibir al Cristo es que el templo se acelere, que se alinee y sintonice con el YO SOY EL QUE YO SOY, para que cuando Dios entregue el fuego sagrado este no nos destruya, no nos mate.

Hay dos alternativas: seguir a los hijos de Israel, que temían esa luz y ese fuego en el monte Horeb y dijeron: «No queremos ver más a Dios. No queremos ver más ese fuego sagrado, para que no nos mate, para que no muramos»*; o aceptar la venida del Cristo en Jesús, en todos los profetas que lo recibieron, en uno mismo: pasado, presente y futuro, aceptar la posibilidad y la probabilidad de la venida del Cristo al corazón, siendo así capaces de recibir el fuego sagrado sin ser consumidos por él, sin ser destruidos por él.

Los pactos se cumplieron. Dios entregará su luz en esta era. La cuestión es: ¿Será para que se cumpla nuestra crucifixión, resurrección y ascensión o será para nuestra destrucción por no haber preparado el templo?

Por eso Pedro habla. Esta es la gran preocupación de los apóstoles. Esta era la preocupación de Juan el Bautista y la preocupación suprema de Jesús. Sabiendo que el SEÑOR Dios cumplirá sus pactos, ¿dónde estarán ustedes cuando se cumplan? ¿Estarán preparados? ¿Estará abierto su instrumento de la conciencia para que pasen a través de ustedes esas energías sobrecargadas del Espíritu? Esta es la cuestión.

Pedro ahora se dirige a quienes quieren atribuirle a él la sanación.

> Varones israelitas, ¿por qué os maravilláis de esto?, ¿o por qué ponéis los ojos en nosotros, como si por nuestro poder o piedad hubiésemos hecho andar a este? (Hechos 3:12)

Esta es la gran prueba: comprender que la Fuente y la corriente del YO SOY EL QUE YO SOY es el poder sanador. Esa es la prueba para cada uno de nosotros en el momento del cumplimiento de los pactos.

---

* Éxodo 20:19.

El Dios de Abraham, de Isaac y de Jacob, el Dios de nuestros padres, ha glorificado a su Hijo Jesús, a quien vosotros
entregasteis y negasteis delante de Pilato, cuando este había
resuelto ponerle en libertad. (Hechos 3:13)

Observen que se menciona al «Dios» de Abraham, de Isaac y de
Jacob. Esta es la Presencia YO SOY de los profetas, transferida de
padre a hijo, de generación en generación. Desde la venida del Cristo
Universal entre nosotros en la primera escuela de misterios, se nos ha
transferido al Dios de nuestros padres de acuerdo con la ley de la
jerarquía. Ahora esa transferencia de la jerarquía está presente en la
persona de *este* profeta.

Pedro está hablándole a la gente. Pero sobre todo está hablando
a la mente carnal, al anti-Cristo de todos los tiempos y de todos los
ciclos. La mente carnal en todos y cada uno de nosotros entrega al
Cristo a Pilato, el juez de este mundo, para que sea crucificado, aun
cuando el juez de este mundo no le encuentre delito.*

Debemos interpretar este sermón como si estuviera dirigido a
nosotros de una manera personal. Debemos ver que es una repren-
sión a la mente carnal en nosotros. ¿Quién permite a la mente carnal
que crezca en nosotros como malas hierbas o como la mala semilla?
Aquello que no se eleva, que no desafía y derroca, que no invoca el
juicio a esa mente carnal, es el potencial del alma.

Mas vosotros negasteis al Santo y al Justo, y pedisteis que se
os diese un homicida, ... (Hechos 3:14)

Esta es la conciencia perezosa que dice: «Hoy no voy a vencer.
Hoy no voy a desafiar a la mente carnal. Voy a dejar que domine una
ronda más; y voy a dejar que el Cristo, el Cordero inmolado desde el
principio del mundo,[†] reciba el abuso, sea juzgado y crucificado
porque hoy no soy capaz de levantarme en el templo y exigir la liberación de mis energías y exigir que el asesino, el idólatra, la mente
carnal en mí sea derrocada».

*Lucas 23:4.
[†]Apocalipsis 13:8.

Tenemos que estar extremadamente atentos para ver cómo la mente carnal en nosotros intenta a diario destruir al Cristo y el pleno florecimiento de su potencial en nosotros. Si hubiéramos liberado a ese Cristo, permitiendo que aparezca, dándole la libertad de vivir en nuestro templo, nos veríamos libres de muchas de nuestras circunstancias a escala individual y mundial en la actualidad.

El problema que tiene la lectura de las escrituras cuando se las relega al pasado es que no obtenemos la lección para el presente. Eso es obra de la mente carnal que continuamente menosprecia al Cristo.

> ... y matasteis al Autor de la vida, a quien Dios ha resucitado de los muertos, de lo cual nosotros somos testigos.
>
> Y por la fe en su nombre, a este, que vosotros veis y conocéis, le ha confirmado su nombre; y la fe que es por él ha dado a este esta completa sanidad en presencia de todos vosotros.
>
> Mas ahora, hermanos, sé que por ignorancia lo habéis hecho, como también vuestros gobernantes.
>
> Pero Dios ha cumplido así lo que había antes anunciado por boca de todos sus profetas, que su Cristo había de padecer.
>
> Así que, arrepentíos y convertíos, ... (Hechos 3:15-19)

La conversión es el cambio de la energía para que los pecados puedan borrarse, para que las energías mal cualificadas puedan transmutarse con el fuego sagrado del Espíritu Santo.

> ... para que sean borrados vuestros pecados; para que vengan de la presencia del Señor tiempos de refrigerio, ...
>
> (Hechos 3:19)

Los tiempos de refrigerio son los tiempos del descenso de los fuegos renacientes de la resurrección. La resurrección llega a quienes han estado dispuestos a pasar por el arrepentimiento y la conversión. Los fuegos de la resurrección son como la corriente burbujeante, efervescente y cargada de agua mineral que encontramos en el plano físico. Los fuegos y las energías de la resurrección rejuvenecen, hacen renacer, reavivan. Entran en nuestro ser solo cuando hemos atravesado el proceso de arrepentimiento, conversión y transmutación de la energía mal cualificada.

> ... y él envíe a Jesucristo, que os fue antes anunciado; a quien de cierto es necesario que el cielo reciba hasta los tiempos de la restauración de todas las cosas, de que habló Dios por boca de sus santos profetas que han sido desde tiempo antiguo.
>
> (Hechos 3:20-21)

El término *restauración* viene del nombre griego que significa «restauración a un estado anterior». El décimo primer versículo tiene gran importancia, porque «tiempos de la restauración» se refiere a la restauración al anterior estado de perfección del alma que conocimos en las eras de oro, justamente hasta la hora de la expulsión de la escuela de misterios. La desobediencia al jerarca de esa era de oro provocó que aquellos individuos se perdieran una existencia en la conciencia de la era de oro. Esto dio inicio al descenso de la civilización hasta su estado actual.

La palabra *tiempo* o *ciclo* que se utiliza al final de este versículo puede significar un período de dos mil años o un manvantara. También puede significar el ciclo al que de hecho se refiere aquí: el ciclo de la degeneración de la energía del hombre, el descenso de su conciencia a los chakras y los planos inferiores de la materia y la Tierra, el descenso a la carnalidad. De todo esto ya se ha hablado.

> Porque Moisés dijo a los padres:...

Esta es una cita exacta del libro de Deuteronomio que ya hemos leído. Pedro está citando a Moisés.

> ... El Señor vuestro Dios os levantará profeta de entre vuestros hermanos, como a mí; a él oiréis en todas las cosas que os hable; y toda alma que no oiga a aquel profeta, será desarraigada del pueblo. (Hechos 3:22-23)

Ahora, las palabras «será desarraigada del pueblo» son distintas a la traducción en Deuteronomio, que dice: «El Señor le pedirá cuentas», lo cual significa que el Señor no le exculpará. Sin embargo, el principio es el mismo: el Señor permitirá que toda la energía de la Ley caiga sobre quienes rechacen la venida del profeta. Esto no es un castigo. No es favoritismo hacia un Hijo de Dios, Jesús. Si no aceptamos la venida de la dispensación del Cristo, la luz más grande que sigue, la energía del Espíritu Santo, nos destruirá.

El Espíritu Santo es paralelo a la Tercera Persona de la Trinidad hindú: Brahma, Vishnú y Shiva. A Shiva se lo conoce como el destructor. El Espíritu Santo es el fuego que viene a probar la obra de cada uno,* y ese destructor es el poder muy concentrado del amor divino. Todo aquello que no esté unido a la conciencia Crística en el momento de la venida del Espíritu Santo es destruido.

Por eso la gente no recibe el Espíritu Santo cuando exclama pidiéndolo, porque aún no ha realizado completamente al Cristo ni ha aceptado su venida. Y si no se la encuentra con la presencia del Cristo en su templo, Dios no entregará la energía del Espíritu Santo, porque esta actuaría sobre la gente como un agente destructor.

Si atacan el cielo queriendo tomarlo con violencia† y queriendo arrancarle el Espíritu Santo, pidiendo constantemente sin haberse sometido a la ley del pacto del Cristo, al nombre de Jesús y al nombre del YO SOY EL QUE YO SOY, lo que ocurrirá es que no recibirán el Espíritu Santo, sino al impostor del Espíritu Santo: los instructores falsos, los profetas falsos y especialmente las entidades desencarnadas, los mismos a quienes quieren evitar y contra los que Moisés advirtió a la gente.

Esa advertencia que dio Moisés se encuentra en el décimo octavo capítulo del Deuteronomio, inmediatamente anterior a nuestra lectura sobre el profeta enviado.

> Cuando entres a la tierra que el Señor tu Dios te da, no aprenderás a hacer según las abominaciones de aquellas naciones.

---

*1 Corintios 3:13.
†Mateo 11:12.

No sea hallado en ti quien haga pasar a su hijo o a su hija por el fuego, ni quien practique adivinación, ni agorero, ni sortílego, ni hechicero, ... (Deuteronomio 18:9-10)

La adivinación es cualquier forma de magia, astrología,* lectura de manos, lectura de hojas de té, etcétera. Todas las formas de adivinación están prohibidas por la ley de los pactos porque ponen al individuo en contacto con el plano astral y con las entidades desencarnadas, que son impostoras del Espíritu Santo. Esta es la violación del primer mandamiento, que dice: «No tendrás dioses ajenos delante de mí».

El pacto sagrado se confía al pueblo de Israel, y el pacto lo decreta el Mediador, el Señor Cristo. A través del Señor Cristo podemos ir directamente a Dios, al YO SOY EL QUE YO SOY. No nos hacen falta medios de adivinación. Eso está prohibido porque pone en lugar de Dios a otra manifestación, porque sustituye al Cristo con alguna farsa. El Ser Crístico puede comunicarnos todo lo que nos haga falta saber sobre la revelación, la profecía, el pasado, el presente y el futuro.

... ni agorero,[†] ni sortílego, ni hechicero, ni encantador, ni adivino,[‡] ni mago, ni quien consulte a los muertos.[§]

Porque es abominación para con el SEÑOR cualquiera que hace estas cosas, y por estas abominaciones el SEÑOR tu Dios echa estas naciones de delante de ti. (Deuteronomio 18:10-12)

---

*La astrología como forma de adivinación o clarividencia; distinta a la ciencia superior sobre la Ley de los Ciclos que enseñan los maestros ascendidos y que estudiaron los "magos de Oriente", que leyeron en los cielos las señales del nacimiento del Salvador, habiendo "visto su estrella en el oriente". (Mateo 2:1-2)

[†]*Agorero:* también traducido al inglés como "intérprete de augurios" en la versión bíblica New International Version.

[‡]*Adivino:* también traducido al inglés como "el que consulta a espíritus familiares" en la versión bíblica del Rey Jacobo. Un espíritu familiar puede ser o bien un espíritu o demonio que sirve a un practicante de magia negra o brujería o bien el espíritu de una persona muerta. El término general "entidad desencarnada" o "desencarnado" también se utiliza para describir a cualquiera de estos espíritus desencarnados.

[§]*Quien consulte a los muertos:* aquel que invoca a los muertos o habla con ellos.

La disposición a sacrificar y renunciar a los dioses falsos forma parte del pacto para recibir al Cristo, para recibir al profeta.

> Perfecto serás delante del Señor tu Dios. (Deuteronomio 18:13)

Esa frase tan sencilla nos dice que podemos tener una relación perfecta con nuestra conciencia superior, con nuestro Ser interior, con todo lo relacionado con nuestra vida, «con el Señor tu Dios». No necesitamos ninguna de esas desviaciones.

> Porque estas naciones que vas a heredar, a agoreros y a adivinos oyen; mas a ti no te ha permitido esto el Señor tu Dios. (Deuteronomio 18:14)

Esto muestra el distinto nivel de iniciación que tenía el pueblo de Israel. Esa gente tenía una iniciación superior a la de la gente de su alrededor, en las naciones del Creciente fértil, que rendían culto a otros dioses e ídolos. Tenía un código de conducta más estricto. No tenía permitido dedicar sus energías a ese tipo de manifestación.

> Y toda alma que no oiga a aquel profeta, será desarraigada del pueblo.
> Y todos los profetas desde Samuel en adelante, cuantos han hablado, también han anunciado estos días. (Hechos 3:23-24)

Pedro debe recordarle a la gente su origen perdido y sus pactos olvidados. Ha estado apartada de la dispensación original durante tanto tiempo, miles de años, que ha olvidado quién es.

¿No es esto cierto sobre los verdaderos israelitas de la actualidad? Las personas de Dios que tienen el nombre YO SOY EL QUE YO SOY y que han aceptado la venida del Mesías son los verdaderos israelitas. Ellas son los de la Casa de David. Ellas están en todas las religiones y en todos los países, no solo entre los judíos.

Sin embargo, han olvidado que esta dispensación se les concedió en la época de Moisés. Han olvidado quién son. Han permitido a quienes han afirmado su divinidad, pero no han confesado al Cristo

ni aceptado el nombre de Dios que usurpen la autoridad de los israelitas. Ellos son los que se autodenominan judíos, pero no acepan al
Cristo, de los que Jesús dijo: «Sois la sinagoga de Satanás»*; los que
se han llamado a sí mismos prometidos o pueblo escogido en todas
las Iglesias, protestantes, católicos, judíos, musulmanes.

Ahora, en esta época, vemos que, de acuerdo con la dispensación de
Jesús a los apóstoles, los que acepten a Cristo por conversión, los que no
formaban parte del linaje original de esta Casa de David pero cumplieron
los pactos, también pueden recibir la dispensación.† Esto abre la dispensación para todos, sin excluir a nadie. Sin embargo, el requisito de la Ley
nunca se reduce, no se reduce para nadie en la Tierra. El requisito de
la Ley es sencillo. Cuando lo cumplimos, tenemos toda la alegría.

Por tanto, *ustedes* son los hijos de los profetas a los que Pedro está
hablando.

> A vosotros, primeramente, Dios, al haber levantado a su
> Hijo, lo envió para que os bendijese, a fin de que cada uno se
> convierta de su maldad. (Hechos 3:26)

La conversión es el regreso de la energía a la fuente, el regreso de
esa energía que ha descendido del corazón a los chakras inferiores.
Ahora regresa, sustituyendo la muerte con la vida, la degeneración
con regeneración y el descenso con el ascenso.

> Hablando ellos al pueblo, vinieron sobre ellos los sa-
> cerdotes con el jefe de la guardia del templo, y los saduceos,
> resentidos de que enseñasen al pueblo, y anunciasen en Jesús
> la resurrección de entre los muertos. Y les echaron mano, y los
> pusieron en la cárcel hasta el día siguiente, porque era ya tarde.
> Pero muchos de los que habían oído la palabra, creyeron; y el
> número de los varones era como cinco mil. (Hechos 4:1-4)

Creyeron la palabra porque la palabra estaba respaldada plenamente por la Trinidad. Los apóstoles estaban dotados de poder con

---

*Apocalipsis 2:9; 3.9.
†Véase Hechos 10:1-11:18.

la ley del Padre, el testimonio del Cristo y el descenso del Espíritu Santo. Nosotros debemos buscar la misma Trinidad en nuestro templo, si tenemos la expectativa de ser testigos de él.

> Aconteció al día siguiente, que se reunieron en Jerusalén los gobernantes, los ancianos y los escribas, y el sumo sacerdote Anás, y Caifás y Juan y Alejandro, y todos los que eran de la familia de los sumos sacerdotes;... (Hechos 4:5-6)

Estas personas que estaban ahí en el momento de la crucifixión de Jesús, que la organizaron (incluyendo a Caifás, quien dijo que debía hacerse un sacrificio por el pueblo*), estos eran la personificación anti-Cristo de su época. En la nuestra, tenemos la misma personificación anti-Cristo en quienes no permiten los misterios de la dispensación del Cristo en su templo y no permiten que nadie más acepte esa dispensación en sí mismo.

> ... y poniéndoles en medio, les preguntaron: ¿Con qué potestad, o en qué nombre, habéis hecho vosotros esto? (Hechos 4:7)

Es muy curioso que, incluso desde su experiencia con las artes negras, exista la necesidad de una fuente de poder. Su fuente de poder es Satanás. Ellos también saben que el nombre es clave para acceder a esa fuente. Quieren saber si los apóstoles echan fuera demonios por Belcebú, como ellos ya habían acusado a Jesús de hacerlo. No hacen una pregunta normal. Preguntan como los que conocen las artes negras. Saben qué ingredientes son necesarios para el cambio de energía y conciencia.

> Entonces Pedro, lleno del Espíritu Santo, les dijo: Gobernantes del pueblo, y ancianos de Israel:
> Puesto que hoy se nos interroga acerca del beneficio hecho a un hombre enfermo, de qué manera este haya sido sanado, sea notorio a todos vosotros, y a todo el pueblo de Israel, que en el nombre de Jesucristo de Nazaret, a quien vosotros crucificasteis

---

*Juan 11:50.

y a quien Dios resucitó de los muertos, por él este hombre está en vuestra presencia sano.

Este Jesús es la piedra reprobada por vosotros los edificadores, la cual ha venido a ser cabeza del ángulo.

Y en ningún otro hay salvación; porque no hay otro nombre bajo el cielo, dado a los hombres, en que podamos ser salvos.

(Hechos 4:8-12)

Así, el Sanedrín prohibió que se predicara más el nombre de Jesús. El único motivo por el que lo prohibieron es que lo temían. Ellos temen el poder que tiene el Cristo de derrocar su oscuridad.

Entonces viendo el denuedo de Pedro y de Juan, ...

(Hechos 4:13)

La palabra *denuedo* se asocia una y otra vez con el Espíritu Santo. Se asocia con los apóstoles. El *denuedo* de ese Espíritu. Con frecuencia, cuando nos encontramos con ese Espíritu, somos acusados de ser ególatras y se nos dice que deberíamos ser humildes y mansos. Esto sucede porque no existe un verdadero entendimiento de la humildad y la mansedumbre.

Nuestra humildad y mansedumbre viene de estar ante la Presencia de Dios. Estamos tan asombrados por esa Presencia que nos hacemos humildes y mansos. Pero cuando se trata de pronunciarnos contra lo que es contrario a Dios, a Cristo, a la Madre y al Espíritu, somos *valientes* en la emisión de la energía de la Palabra. Eso es lo que deben adquirir los verdaderos discípulos, ese Espíritu por el que se hacen valientes sin orgullo ni ambición, sin altivez ni ego, pero audaces en una realización completa de la humildad y la mansedumbre que tenemos ante ese Espíritu.

... y sabiendo que eran hombres sin letras y del vulgo, se maravillaban; y les reconocían que habían estado con Jesús.

Y viendo al hombre que había sido sanado, que estaba en pie con ellos, no podían decir nada en contra.

Entonces les ordenaron que saliesen del concilio; y conferenciaban entre sí, diciendo: ¿Qué haremos con estos hombres? Porque de cierto, señal manifiesta ha sido hecha por ellos, notoria a todos los que moran en Jerusalén, y no lo podemos negar.

(Hechos 4:13-16)

El testimonio del Espíritu Santo nunca puede negarse. Para intentar hacerlo, deben crucificar al que sea Cristo en cualquier época. No hay otra forma de negar las obras manifiestas del Espíritu Santo más que matar al individuo a través del que vienen las obras, ponerle bozal al buey,* hacer que el profeta deje de hablar, detener la enseñanza, la prédica y la sanación.

Vemos que esto no se puede negar. Pero debemos considerarlo como el desafío de la era. Nuestro desafío no es quedarnos contentos con el conocimiento de la Ley o con el Salvador personal, sino comprender que hacer las obras del Espíritu Santo es la confirmación de nuestra misión, nuestra fe, nuestra verdad y nuestro testimonio.

Y a menos que tengamos el Espíritu Santo con *obras,* no podremos estar ante los ancianos del pueblo y en el templo, tener las obras manifiestas y que ellos declaren que no pueden negarlas.

Sin embargo, para que no se divulgue más entre el pueblo, amenacémosles para que no hablen de aquí en adelante a hombre alguno en este nombre.

Y llamándolos, les intimaron que en ninguna manera hablasen ni enseñasen en el nombre de Jesús.

Mas Pedro y Juan respondieron diciéndoles: Juzgad si es justo delante de Dios obedecer a vosotros antes que a Dios; porque no podemos dejar de decir lo que hemos visto y oído.

Ellos entonces les amenazaron y les soltaron, no hallando ningún modo de castigarles, por causa del pueblo; porque todos glorificaban a Dios por lo que se había hecho, … (Hechos 4:17-21)

Que la gente glorificara a Dios por la obra realizada y no la atribuyera a los apóstoles es un tributo a la abnegación de estos últimos

---

*1 Corintios 9:9.

y a su transparencia. Hagamos nuestra la meta de ser transparentes por el Señor Cristo, modestos instrumentos, para que el verdadero rostro del Señor pueda aparecer entre nosotros y ante las multitudes que necesitan esa presencia.

Pongámonos la meta de comprender la continuidad del pacto que tenemos hoy día. No hemos aparecido de repente sobre la faz de la Tierra como un pueblo sin orígenes. Nuestros orígenes se retrotraen a las eras de oro. Hemos venido a través de Israel y a través de los tiempos y lugares donde nuestros antepasados han caminado. Y a través de todo eso hemos llevado el testimonio y el conocimiento del pacto en nuestro corazón.

Ahora nos encontramos en los últimos días de esta dispensación. Llegamos a la hora en que todos estos pactos se cumplen en el Cristo al que recibimos, el pacto de hablar en lenguas, el pacto de la venida del Espíritu Santo y la salvación invocando el nombre de Dios, YO SOY. Nuestra oportunidad en este momento es el cumplimiento de todo eso. La oportunidad es la de pedirlo y hacer el llamado.

A todos les digo, como congregación de Israel y congregación de los justos: *¿Harán ustedes el llamado?* [La audiencia responde: «¡Sí!»].

Gracias.

> *En el nombre del Señor Cristo, en el nombre del YO SOY EL QUE YO SOY, hoy pronuncio el llamado al SEÑOR Dios. Pronuncio el llamado a los Elohim. En el nombre de Jesús el Cristo y todos los que se han unido al Cristo como huestes del SEÑOR, los Maestros Ascendidos, pronuncio el llamado para limpiar y purificar a estar almas en la mente, el corazón y el ser, en la conciencia, en la vida.*
>
> *Pido que la conciencia se limpie de las infestaciones de la mente y la mente subconsciente de todas las manifestaciones indebidas de la mentalidad carnal. Pronuncio el llamado del Espíritu Santo para limpiarlas y purificarlas, para que el fuego sagrado venga ahora y consuma, día a día, incremento a incremento, todo*

lo inferior a la perfección del Cristo, el SEÑOR, el Dios de Israel en nosotros.

Pronuncio el llamado para la preparación de cada templo para recibir al Espíritu Santo y que cuando venga el Señor Cristo entre nosotros y se nos encuentre constantes en la llama, él pueda mirarnos, soplar sobre nosotros el aliento sagrado del Espíritu Santo y hablarnos, y decir: «Recibid el Espíritu Santo».

27 de febrero de 1977

6

El nombre por el que debemos ser salvados

¡Oh, Luz del Ser Adorable! Envía un rayo. Envía hoy tu amor para que podamos conocer tu nombre y elevarlo como nuestro ser, conciencia y vida. Oh Ser Adorable, entra en contacto ahora con cada hijo e hija flamígera. Que ahora fluya el contacto desde el corazón del Gran Sol Central, el Ser manifiesto, la luz blanca del cosmos. Que el contacto ahora sea con la llama del corazón de todos y cada uno de aquellos a los que tú has creado. Y en ese contacto, escríbase tu nombre en cada corazón.

Que tu nombre aparezca y sea pronunciado. YO SOY QUIEN YO SOY. En el nombre del Dios vivo, en el nombre del Padre, la Madre, el Hijo y el Espíritu Santo, invocamos la luz del ser para el cumplimiento de tu nombre en el tiempo, en el espacio, en la eternidad. Para esta causa nací, con este fin vine al mundo, para dar testimonio de la Verdad.

Que tu verdad sea revelada en nosotros y a través de nosotros. Esto rogamos en el nombre de Jesús el Cristo, en el nombre del YO SOY EL QUE YO SOY, en el nombre del unigénito Hijo del Padre, lleno de gracia y verdad. Amén.

Esta mañana vamos a comulgar acerca de la Palabra y de nuestro sermón: «El nombre por el que debemos ser salvados». Salvación significa autoelevación, la salvación del alma por ese nombre. El nombre es la entonación de la Palabra. La clave para comprender el nombre por el que nos salvamos es la clave que aparece como el conocimiento del sonido, el sonido insonoro, el nombre sin nombre, la impartición que nos da esa energía por el «poder, sabiduría, amor» de los poderosos Elohim.

Los Elohim (constructores de la forma, el Nosotros Divino, los creadores junto con Dios) hacen sonar la entonación de la Palabra. Con ese sonido se crean los mundos.* Con ese sonido, con esa entonación del nombre de Dios en todas sus manifestaciones, vemos que se produce la forma. Y la forma se mantiene en un patrón armónico siempre que se mantenga el sonido o el nombre interno, la clave interna.

Cuando el nombre interno, el sonido interno o la clave interna se retira, la forma se desmorona; y el principio de ese desmoronamiento es la enfermedad, la desintegración, el decaimiento y, finalmente, la muerte. Retiremos el sonido, retiremos el nombre, y retiraremos el núcleo de la vida. En ese momento toda la energía que hay formada alrededor del núcleo, que es una extensión de la Fuente en el tiempo y el espacio, debe circular de vuelta a la Fuente de la que salió.

La fuente central o Gran Fuente Central, el Gran Sol Central, es el equivalente físico de un centro solar espiritual que se llama «Dios». En nuestro cosmos físico existe un centro así. En nuestro ser existe un centro así: el corazón. Eliminemos el corazón y el mismo proceso de desintegración comenzará.

Todos los profetas, los avatares de todas las épocas y los apóstoles que vinieron después comprendieron la clave contenida en el nombre. Y siempre ha existido el conocimiento de que *la vida depende* de la clave interna, del nombre interno, del sonido interno.

Nosotros no hemos oído el nombre interno o el sonido interno

---

*Génesis 1:26.

de Dios, el nombre sin nombre, el sonido insonoro. Sí hemos oído los nombres que Dios nos ha dado a través de los avatares, que son claves para que realicemos la luz, la ascensión, el destino del alma en este manvantara y específicamente en esta era, en este período de varios miles de años.

Hemos recibido ciertos conceptos junto con ciertos nombres. Nos han dicho una y otra vez en las escrituras y en nuestro corazón que esos son los nombres (que esa es la manifestación de la Palabra encarnada) gracias a los cuales nuestra alma atravesará el proceso de autoelevación, salvación, para llegar al punto de realización Divina que será la realización del diseño original interior en esta era, en este ciclo.

Cuando uno haya logrado esa realización de la Divinidad, puede que escuche «el nuevo nombre, que ningún hombre conoce excepto el Padre y aquel que lo recibe»*, el nuevo nombre que reciben los hijos y las hijas de Dios ascendidos. El nuevo nombre es una nueva clave interna, el cual se aplica a un campo energético mucho más intenso de lo que estamos capacitados para afrontar con nuestra conciencia finita, en nuestro estado impuro. Y así, ese nombre no se nos revela hasta que estemos preparados para afrontar la energía que el nombre emite.

Cada nombre que pronunciamos emite un ciclo de energía. El nombre que tenemos desde que nacimos es la clave para el desarrollo de la personalidad de nuestra alma en esta vida, la clave de nuestro karma. Cuando hayamos trascendido ese karma, cuando hayamos saldado el cincuenta y un por ciento o más, puede que oigamos un nombre nuevo. En la transfiguración puede que sintamos que hemos trascendido el viejo campo energético, desprendiéndonos de él como una serpiente se desprende de su piel.

Este nombre nuevo siempre nos lo dice un Maestro Ascendido. Los propios maestros han desaconsejado a sus discípulos a que asuman nuevos nombres o se cambien el nombre, para que no abortemos el ciclo de realización de la clave que hay en el nombre que hayamos

---

*Apocalipsis 2:17.

recibido al nacer. No podemos descartar ese nombre hasta haber saldado todo el karma, a veces cientos de miles de años de karma, relacionados con esa clave en particular.

El nombre con el que se nos debe salvar, pues, debe estudiarse, comprenderse y conocerse. Tenemos que afrontar esto a través de la ciencia de la Palabra hablada, la ciencia del mantra. Tenemos que entender que esta ciencia se basa en el cosmos, en los Elohim y en los usos de la energía. Toda la música cósmica que Dios nos ha dado a través de los grandes compositores de todos los tiempos ha tenido este propósito: *abrir* las claves energéticas que vienen de la Trinidad y la pronunciación de los nombres relacionados con la Trinidad.

Los grandes compositores han escrito obras musicales, y a veces hay sinfonías enteras que son para abrir la clave de cierto nombre. Puede tratarse del nombre de otra corriente de vida, un hijo o una hija de Dios que está elevándose al plano de la conciencia Crística. Pudiera ser la nota clave de esa corriente de vida, siendo la nota clave el campo electrónico de energía, el campo energético vibratorio de Dios que hay en el aura del hijo o la hija de Dios que se encuentra en el sendero hacia la ascensión.

Esa nota clave es la clave del nombre interno, y el nombre interno emite la sinfonía. Cuando escuchamos esas obras musicales vemos que algunas contienen la nota clave del nombre «Juan» o «Pablo» u otros apóstoles. Cuando decimos el nombre de los apóstoles, como cuando decimos otros nombres cristianos, los nombres de los profetas del Antiguo Testamento o los nombres de Oriente, sentimos sus distintas vibraciones. Los nombres orientales dan la clave de los rayos secretos con más frecuencia, los cinco rayos que rodean el núcleo de fuego blanco del ser antes de que empecemos a aplicar la ley en los siete rayos.

Por tanto, la música que nos llega de las esferas o cuerpos causales de los hijos y las hijas de Dios es para elevar la conciencia sobre ciertas líneas o frecuencias de energía para un aspecto específico de maestría Divina. Por tanto, ciertas piezas de música clásica serán para la evolución de la conciencia Divina a través de la meditación sobre uno de los Elohim, arcángeles o chohanes. También podemos emplear los grandes recursos del cuerpo de los santos en el cielo —las energías de su cuerpo causal— mediante la invocación, a través del nombre de Dios y con música.

La música es la circulación hacia la materia de las energías de estos cuerpos causales. El sonido de la música es como un hilo dorado al que seguimos de principio a fin. A lo largo de ese hilo enrollamos alrededor de nuestro ser una espiral de conciencia cósmica que proviene de la maestría Divina del patrón interno del alma de cierto individuo.

Al escuchar de principio a fin una pieza que tiene una armonía divina, nos revestimos de una espiral dorada de energía. Podremos acceder al uso de esa energía siempre que mantengamos la armonía de esa espiral. Existe una tasa de decaimiento porque estamos en la forma finita, por lo cual tendremos que volver a escuchar la música. La música mejora la meditación porque, al meditar en el núcleo de fuego blanco de la nota clave de la música, amplificaremos la energía que llega por este hilo dorado.

Esto es importante para nuestra comprensión. Algunos han preguntado: «¿Por qué meditas con música? ¿Por qué no meditas en silencio?». Bien, nosotros no meditamos en silencio. La meditación en silencio pone sobre el individuo la responsabilidad de ascender a otro plano del mundo celestial, entrar en contacto con un núcleo de fuego blanco de un ser ascendido, un ser cósmico o un arcángel, y después extraer esa energía solamente mediante la emisión y la exaltación de la energía desde el corazón.

Después de haber comulgado un rato en silencio, podemos decidir comulgar con música y dejar que esta sirva de amplificador y punto de afianzamiento en la materia para esas energías con las que hemos entrado en contacto. O bien, si hemos tenido un día pesado, muchas cosas de este mundo con las que lidiar y el cuerpo está cansado, podemos empezar nuestra meditación escuchando música hasta que sintamos que las espirales nos rodean con una carga de vibración superior. Con esa carga de energía podremos apagar la música y sentarnos en silencio. La música, por tanto, se estará usando como un ímpetu hacia nuestra elevación individual.

Esta mañana quisiera repasar con ustedes ciertos pasajes de las escrituras relacionadas con este nombre por el que se nos debe salvar. Quisiera recordarles que, aunque estamos dando mucha enseñanza de las sagradas escrituras de Occidente —el Antiguo y Nuevo Testamento en la mejor versión que tenemos, que es la versión bíblica del Rey Jacobo*—, somos plenamente conscientes de que la Biblia no está completa, de que todas las enseñanzas que Jesús dio no constan en la Biblia y que incluso por testimonio de los discípulos, ni en el mundo cabrían los libros que se han de escribir para dejar constancia de las obras y enseñanzas de Jesucristo.[†]

Comprendemos que existen lagunas en la transmisión de la información que nos ha llegado sobre la vida de los profetas y los instructores, tanto de Oriente como de Occidente. Por tanto, en nuestra Iglesia, la Iglesia Universal y Triunfante, dependemos de la revelación progresiva y el verdadero Espíritu de profecía, que viene a través del verdadero testimonio de Jesucristo, para llenar las lagunas allá donde no haya una continuidad para comprender lo que Jesús quiso que tengamos, sepamos y seamos.

Por tanto, consideramos lo que leemos no necesariamente como una prueba suprema, sino como un índice y como una indicación, porque ciertamente la Biblia la escribió Dios a través de su gente, pero muchas veces esa gente, especialmente en el Antiguo Testamento, no era totalmente consciente de todo lo que estaba teniendo lugar. Sin embargo, esa gente nos ha dado el máximo de lo que podía contener de las dispensaciones de Dios en el período en el que las escribió.

Del mismo modo, estoy segura de que los que expusieron la vida de Jesús escribieron los Evangelios con una gran inspiración proveniente

---

*En español se utiliza la versión bíblica de Reina-Valera de 1960. (N. del T.)
†Juan 21:25.

del cuerpo causal de Jesús. Estoy segura de que escribieron más de lo que tenemos.[1] Por consiguiente, debemos acudir al Espíritu Santo, que él nos prometió vendría como Consolador, para enseñarnos todas las cosas.* Debemos depender mucho de que este Consolador nos dé la completitud, la plenitud de la revelación de los profetas y de Jesucristo.

Ahora veamos lo que leímos la semana pasada, que hablaba de cómo los apóstoles daban testimonio en nombre de Jesús el Cristo y sanaban por su nombre. El cuarto capítulo del libro de Hechos:

> ... y poniéndoles[†] en medio, les preguntaron: ¿Con qué potestad, o en qué nombre, habéis hecho vosotros esto?
>
> Entonces Pedro, lleno del Espíritu Santo, les dijo: Gobernantes del pueblo, y ancianos de Israel:
>
> Puesto que hoy se nos interroga acerca del beneficio hecho a un hombre enfermo, de qué manera este haya sido sanado, sea notorio a todos vosotros, y a todo el pueblo de Israel, que en el nombre de Jesucristo de Nazaret, a quien vosotros crucificasteis y a quien Dios resucitó de los muertos, por él este hombre está en vuestra presencia sano.
>
> Este Jesús es la piedra reprobada por vosotros los edificadores, la cual ha venido a ser cabeza del ángulo.
>
> Y en ningún otro hay salvación; porque no hay otro nombre bajo el cielo, dado a los hombres, en que podamos ser salvos.
>
> (Hechos 4:7:12)

Observen que no dijo: «No hay otro nombre bajo el cielo en que podamos ser salvos». Pedro dijo: «No hay otro nombre bajo el cielo, *dado a los hombres*». Esto muestra la dispensación necesaria de Jesús el Cristo, siendo su nombre la puerta abierta porque su conciencia afianzó la dispensación por primera vez desde que las primeras razas de la Atlántida y Lemuria se apartaron de las escuelas de misterios, desde que se apartaron del Iniciador, el Cristo Cósmico.

---

*Juan 14:16; 15:26.
†Pedro y Pablo.

Desde ese momento hasta la época de Jesús, no hubo ningún avatar, ningún Hijo de Dios que demostrara la victoria sobre el pecado, la enfermedad y la muerte de forma abierta entre la gente, pasando por la crucifixión, la resurrección y la ascensión, saldando el cien por cien de su karma, todo ello ante testigos.

Jesús fue enviado a redimir y a restaurar esas evoluciones que se apartaron del Iniciador, el Cristo Cósmico, en Lemuria y la Atlántida. Fue enviado a abrir de nuevo el sendero de iniciación hacia la conciencia Crística. Los discípulos sabían bien que no existía ningún otro nombre dado bajo el cielo entre los hombres con el que salvarnos. Jesús transfirió ese poder a sus discípulos durante su ministerio, especialmente en las últimas horas.*

El nombre es la clave. Encerrado en el nombre de Jesucristo está el impulso totalmente acumulado de todo lo que él vivió en todas sus encarnaciones, hasta la victoria de su última encarnación. Cada obra, cada acto, cada sanación, cada hecho —y todo el impulso acumulado de su cuerpo causal de estos dos mil años en los que llevamos esperando su Segunda Venida—, todo esto está encerrado en su nombre.

Quisiera que ahora lo digamos juntos. Simplemente digan: «En el nombre de Jesucristo», y entonces digan una oración personal o un fíat. [La audiencia pronuncia oraciones y fíats].

Ahora, digan conmigo:

En el nombre de Jesucristo,
¿quieres ser sano?

Cuando hacemos el fíat, sentimos la corriente de ese impulso acumulado que nos regresa desde su corazón que es muy sagrado y fogoso. Quiero que lo repitan, con todo el poder y el impulso del logro que ustedes tienen en el Cristo. [La audiencia pronuncia oraciones y fíats].

En el nombre de Jesucristo,
¿quieres ser sano?

---

*Marcos 6:7, 12-13; 16:17-18; Lucas 24:49.

Al ejercer el nombre se genera una espiral de energía entre ustedes y Jesús. Cada devoto de Jesucristo que pronuncie ese nombre con fe plena en las promesas que están selladas, creará entre su corazón y el de Jesús un hilo dorado de contacto.

Los Maestros Ascendidos hablan a sus discípulos repetidamente sobre el hilo de contacto con la jerarquía ascendida. ¿Quién teje el hilo? Dios teje el hilo hasta el punto del contacto etérico. Nosotros tejemos el hilo para que debe encontrarse con el hilo que desciende. Debemos dar de nosotros para que el contacto se selle. Por tanto, ese hilo de contacto llega porque nosotros nos hemos conectado con el impulso acumulado de los Maestros Ascendidos, específicamente el de Jesucristo, puesto que él es la puerta abierta.

Si continuamos leyendo el libro de los Hechos veremos que el sumo sacerdote y los ancianos están muy preocupados acerca de qué hacer con Pedro y con Juan. Ellos, «sabiendo que eran hombres sin letras y del vulgo, se maravillaban; y les reconocían que habían estado con Jesús». Pero «que no se divulgue más entre el pueblo». Por consiguiente, conspiraron «para amenazarlos para que no hablen de aquí en adelante a hombre alguno en este nombre»*.

El motivo de esto es que sentían el poder de ese nombre. Su *alma* conocía el nombre. Hasta los demonios temen y tiemblan. Hasta los desencarnados conocen el nombre de Jesucristo.[†] A nivel subconsciente, tanto si se niega como si no, toda la humanidad conoce el nombre de Jesucristo, el poder, y sabe que el día de la salvación, la autoelevación, solo puede llegar cuando la gente decida atravesar esa puerta de la conciencia Crística que él nos abrió.

> Y llamándolos, les intimaron que en ninguna manera hablasen ni enseñasen en el nombre de Jesús.
>
> Mas Pedro y Juan respondieron diciéndoles: Juzgad si es justo delante de Dios obedecer a vosotros antes que a Dios; ...
>
> (Hechos 4:18-19)

---

*Hechos 4:13, 17.
†Marcos 1:34; 5:7-9; 9:20.

Pedro puso la responsabilidad sobre Caifás, Anás y los que estaban reunidos a su alrededor.

> ... porque no podemos dejar de decir lo que hemos visto y oído.
> Ellos entonces les amenazaron y les soltaron, no hallando ningún modo de castigarles, por causa del pueblo; ...
>
> (Hechos 4:20-21)

Porque el pueblo era testigo. Esto nos muestra que hasta en una dictadura, incluso en una sociedad totalitaria, cuando el pueblo está unido en la conciencia Crística contiene el poder del Espíritu Santo para detener la mano del opresor.

> ... porque todos glorificaban a Dios por lo que se había hecho, ...   (Hechos 4:21)

Hoy nos encontramos con esto en la persecución de los cristianos clandestinos. No todos estos cristianos mueren en campos de concentración. Algunos son liberados porque la jerarquía teme al pueblo, teme la opinión del mundo y las consecuencias de esa opinión. Por tanto, hay un testimonio que mantiene a raya hasta al enemigo más formidable.

Además del nombre de Jesús, tenemos la revelación que Dios nos dio del nombre YO SOY en la conversación que tuvo con el profeta Moisés. Deberíamos memorizar este pasaje del Éxodo 3, versículos 13 a 15:

> Dijo Moisés a Dios: He aquí que llego yo a los hijos de Israel, y les digo: El Dios de vuestros padres me ha enviado a vosotros. Si ellos me preguntaren: ¿Cuál es su nombre?, ¿qué les responderé? (Éxodo 3:13)

¿Por qué pensó Moisés que la gente le iba a preguntar: «Cuál es el nombre de Dios»? Porque en aquel entonces había nombres de todas las clases a los que los pueblos semitas del Creciente Fértil rendían culto: Baal, Astarot y una miríada de dioses más. La gente querría saber en nombre de cuál de esos dioses hablaba Moisés. La gente querría oír el nombre para poder determinar el origen de ese dios, quién era y si de hecho era el Omnipotente o si era un dios inferior, porque querría juzgar a Moisés por el dios que le enviaba. Así determinaría si debía o no seguir a Moisés, escuchando el nombre y juzgando por sí misma. Moisés se preocupa porque sabe que la gente sabe que el poder está en el nombre.

¿Quién es este dios que aparece en la zarza ardiente? ¿Quién es esta voz que le habla?

Y respondió Dios a Moisés: YO SOY EL QUE [YO] SOY.

Dios declara el ser puro, que ningún nombre ha cualificado. Simplemente declara el estado de su ser eterno: YO SOY EL QUE YO SOY. YO SOY ese ser que se manifiesta en el cielo y en la tierra. YO SOY *EL QUE* YO SOY. El nombre YO SOY se repite para mostrar la omnipotencia de este Dios, el poder transmitido por Jesús, la potestad en el cielo y en la tierra.* Cuando decimos YO SOY EL QUE YO SOY, con el primer «YO SOY» emitimos en nuestro ser todo el poder del Espíritu y con el segundo, todo el poder del principio de la materia. Este Dios ocupa todo el tiempo y el espacio *y* el infinito, todo este cosmos y el cosmos que hay más allá. A Moisés dijo:

[Elizabeth Clare Prophet recita con la audiencia]:

YO SOY EL QUE YO SOY

Y dijo: Así dirás a los hijos de Israel: YO SOY me envió a vosotros. (Éxodo 3:14)

Si alguna vez los desafían cuando den la Palabra de Dios, solo tienen que decir: «YO SOY me ha enviado a ustedes». Con ello tendrán todo el poder de su cuerpo causal de luz, su Presencia YO SOY, así como la Presencia de Moisés y el poder de su logro. «YO SOY me ha enviado a ustedes». Cuando comprendan que todo

---

*Mateo 28:18.

lo que hagan como testigos del Espíritu y de Jesucristo será porque son emisarios, evangelistas, misioneros o apóstoles (que no están ahí por ustedes mismos, sino que los envía la Fuente), eso les dará el apoyo, el viento en las velas. Eso les recordará constantemente que deben hacerse a un lado y dejar que hable la Fuente. Que hable el Rey que los envía. Que hable el Señor. Ustedes no son más que sus mensajeros. Díganlo conmigo:

> *YO SOY me ha enviado a ustedes.*

> Además, dijo Dios a Moisés: Así dirás a los hijos de Israel: el Señor, el Dios de vuestros padres, el Dios de Abraham, Dios de Isaac y Dios de Jacob, me ha enviado a vosotros.

¿Se dan cuenta de que la Presencia YO SOY es la Fuente de todos ellos, Abraham, Isaac, Jacob? Todos los que precedieron a Moisés —los patriarcas, los profetas, los fundadores de esta dispensación—, su impulso acumulado, su cuerpo causal, su Presencia YO SOY estaba unida al YO SOY EL QUE YO SOY que habló en el fuego. El motivo es que nuestro Dios es un solo Dios.

«Oye, Israel: el Señor nuestro Dios, el Señor uno es»*; un solo Dios. Podemos hablar de nuestra Presencia YO SOY individual, pero esa Presencia YO SOY es el mismo Dios único, el Dios universal individualizado para todos, sin jamás perder su unidad, sin separarse jamás en partículas, sino que las gotas de lluvia siempre forman parte de un gran océano.

La Presencia YO SOY de Moisés le está transmitiendo el impulso acumulado. Por tanto, el impulso totalmente acumulado de la conciencia y la percepción del YO SOY EL QUE YO SOY les llega a ustedes a través de una transferencia desde la jerarquía.

> Este es mi nombre para siempre; ...

«Este es mi nombre para siempre»: para siempre, para siempre y para siempre, todos los hijos y las hijas de Dios pueden reclamar su

---
*Deuteronomio 6:4.

propia Presencia Divina individual como el YO SOY EL QUE YO SOY. Y, finalmente:

> ... con él se me recordará por todos los siglos. (Éxodo 3:15)

«Con él se me recordará»: el nombre con el que recordarán su origen, su herencia, su conciencia, su linaje como hijos e hijas de Dios que han reencarnado una y otra y otra vez. Con este nombre, el YO SOY EL QUE YO SOY, llega el recuerdo de otras vidas y otros servicios prestados. En esta vida ustedes pueden extraer todo el impulso acumulado de su Presencia YO SOY tal como la hayan exteriorizado en todas las encarnaciones anteriores. Pueden invocar el impulso totalmente acumulado de su conciencia ascendida, sabiendo que la tienen en sí mismos ahora mismo, el YO SOY EL QUE YO SOY.

Ahora bien, esta promesa de que «este es mi nombre para siempre» y «con él se me recordará por todos los siglos» parece haber sido descuidada por todas las iglesias, sinagogas o mezquitas que he visitado en esta vida. Nunca he visto una compañía de discípulos de Cristo o de Moisés que usen ese nombre como *clave* de la encarnación de su propia conciencia Divina. Entonces me hago la pregunta: «¿Por qué? ¿Por qué se ha descuidado este nombre cuando es la confirmación del ser?».

La única respuesta que escucho es esta: Los gobernantes del pueblo y los sumos sacerdotes, los escribas y los fariseos que continúan reencarnando en todos los países y en todas las iglesias han querido *quitarle a la gente su poder,* la fuente inagotable de energía que pertenece al pueblo y que Dios dio a los hijos de Israel a través de Moisés.

No lo guardó para los levitas. No lo guardó para los sacerdotes. No lo guardó detrás del velo en el Sanctasanctórum. No se debía mantener en secreto. Dios concedió el don de su nombre. Y con ese nombre los hijos de Israel conquistaron.

Pero, con el tiempo, cuando Moisés y Josué abandonaron la

escena, el pueblo se encontró con sus sacerdotes como líderes. Viendo el poder, los sacerdotes lo tomaron y dieron a la gente otros nombres, sustitutos, diciendo que no se debía repetir el nombre de Dios porque era demasiado sagrado. Por tanto, la gente ahora no repite el nombre de Dios.

Esto es una gran tragedia, porque así perdemos el contacto con el Padre. Y si no tenemos contacto con el Padre, ¿cómo nos encontraremos con el Hijo cuando venga como encarnación de la Palabra?

Los discípulos plantean este dilema al conversar con Jesús, lo cual consta en Juan, capítulo 14. Jesús está estableciendo la verdadera naturaleza de la Trinidad, y la Trinidad encarnada en él. En el capítulo anterior ya ha predicho que lo van a traicionar, y también ha predicho que Pedro lo negará. Esta conversación forma parte de la última enseñanza antes de la pasión de Pascua. Con esta enseñanza Jesús da un consuelo:

> No se turbe vuestro corazón; creéis en Dios, creed también en mí. (Juan 14:1)

Jesús está enseñando exactamente los varios niveles de contacto: primero con Dios, el YO SOY EL QUE YO SOY revelado a los antepasados, después «creed también en mí», el Hijo. Ahora va a establecer esa relación:

> En la casa de mi Padre muchas moradas hay; ...

En nuestro estudio de la obra y palabra de Jesús por el Espíritu de profecía y por el Espíritu Santo, esta palabra *moradas* nos es clave. Jesús nos está dando la clave para acceder a la percepción de que, en la casa del Padre, en la conciencia de Dios, hay muchos «hijos del hombre» o muchos «iones del hombre».* Jesús nos está diciendo que existen muchas esferas de conciencia, muchos hijos y muchas hijas de Dios que han ascendido al plano de la casa del Padre, y, por tanto, no se turbe su corazón. No se preocupen de a dónde voy por-

---

*En el inglés original 'moradas' es mansions, palabra de cuya pronunciación se deriva *man's sons*, 'hijos del hombre' y *man's ions*, 'iones del hombre'. (N. del T.)

que muchos han ido antes que yo. Muchos han presenciado esta resurrección y la ascensión. Muchos han realizado esta unión.

«En la casa de mi Padre muchas moradas hay». Estas se refieren a lo que denominamos cuerpo causal, la esfera de toda la energía que ha sido cualificada de manera positiva por el hijo o la hija de Dios a lo largo de cientos y miles de años de vida en la Tierra. Todas las buenas obras están selladas en el cuerpo causal. Y el centro del cuerpo causal es el núcleo, el núcleo de fuego blanco del ser al que llamamos YO SOY EL QUE YO SOY o amada Presencia YO SOY. Por tanto, Dios, el YO SOY EL QUE YO SOY, forma el núcleo del ser.

Rodeando ese núcleo está la manifestación del uso que el alma encarnada ha hecho de la energía de Dios, mediante su libre albedrío, para el bien. Esa energía, al regresar a Dios, empieza a crear, como una perla, una poderosa esfera de luz. Esto continúa, rodeando a la Presencia YO SOY como una mantilla, como velos y más velos de luz, hasta que, a lo largo de cientos de miles de años de evolución, el alma que está en el sendero de luz construye un gigantesco campo energético que se convierte en una morada, el tabernáculo de su ser Divino y el sitio al que volverá después de que se hayan cumplido sus rondas en el tiempo y el espacio.

Aquí tenemos el hecho de que Jesús recuerda a sus apóstoles lo que les ha enseñado durante su ministerio. Es un repaso. No es una enseñanza nueva. Se puede percibir en el tono.

> No se turbe vuestro corazón; …
> En la casa de mi Padre muchas moradas hay; si así no fuera,
> yo os lo hubiera dicho; … (Juan 14:1-2)

Jesús dice: «Ya hemos hablado antes de esto. Vosotros sabéis que en la casa de mi Padre hay muchas moradas. Conocéis la ley iniciática. Ya hemos hablado de ello. Sabéis que este es el sendero que debéis seguir y que la dispensación que durará otros dos mil años hasta la Segunda Venida de Cristo es vuestra, hasta que se cumpla vuestro tiempo. Algunos de vosotros ascenderéis conmigo en gloria en esta dispensación. Otros os quedaréis hasta que yo venga». Todo esto es un conocimiento que ellos comparten. Pero este pasaje es el cascarón que queda como texto.

... voy, pues, a preparar lugar para vosotros. (Juan 14:2)

Jesús dice: «Pasaré por la crucifixión. Pasaré por la resurrección y la ascensión. Allanaré el camino. Estableceré el camino para que todos los hijos de Israel sigan mis pasos, incluso los que son de naciones gentiles. En todas las naciones de la Tierra, los que acepten el nombre del Hijo de Dios, los que acepten a su Presencia YO SOY, podrán pasar por esta puerta que yo abro»*.

Y si me fuere y os preparare lugar, vendré otra vez, y os tomaré a mí mismo, ...

Es decir: «Por la misma corriente de energía por la que me elevo a las alturas de conciencia cósmica, regresaré. Y os daré la mano como se la di a Pedro cuando tuvo miedo de hundirse bajo las olas.† Os levantaré en estas iniciaciones que a poco demostraré ante vosotros».

... vendré otra vez, y os tomaré a mí mismo, para que donde yo estoy, vosotros también estéis. (Juan 14:3)

«Para que donde el YO SOY EL QUE YO SOY de mi ser esté, vosotros podáis venir a esa misma frecuencia, esa misma vibración, ese mismo nivel de conciencia cósmica porque he allanado el camino para vosotros, porque he afianzado la victoria en el tiempo y el espacio».

Y sabéis a dónde voy, y sabéis el camino. (Juan 14:4)

Les está recordando: «Ya hemos hablado de esto. Os he enseñado. Os he preparado». Es un resumen.

Le dijo Tomás: Señor, no sabemos a dónde vas; ¿cómo, pues, podemos saber el camino? (Juan 14:5)

Tomás está diciendo: «Hemos escuchado tus palabras. Hemos escuchado tu enseñanza, pero no tenemos comprensión. No tenemos

*Apocalipsis 3:8.
†Mateo 14:28-31.

experiencia previa con la que podamos entender qué te ocurrirá cuando desparezcas de entre nosotros».

¿No hemos dicho todos lo mismo? «Lanello,* ¿a dónde te has ido? ¿Qué significa ser un Maestro Ascendido? ¿Cómo son las cosas en el cielo? ¿Cuántos Maestros Ascendidos hay allá? ¿Quiénes son los santos que hay allá? ¿Tenéis cuerpos, os movéis en ellos y los sentís?». Nosotros no comprendemos totalmente qué es el estado ascendido simplemente porque no hemos estado ahí con plena conciencia, aunque en los planos internos hayamos conversado con los Maestros Ascendidos.

«¿Cómo podemos saber el camino? ¿Cómo podemos saber el camino cuando tú no estás con nosotros? ¿Cómo vamos a ascender, Lanello, cuando tú no estás aquí con nosotros para decirnos las cosas, para disciplinarnos, para mostrarnos el camino para elevar nuestras energías? ¿Cómo vamos a saber qué hacer cuando ya no estés aquí?».

Jesús le dijo: ...

Y esta es la respuesta en la actualidad para nosotros:

> Yo soy el camino, y la verdad, y la vida; nadie viene al Padre, sino por mí. (Juan 14:6)

«Yo soy el camino, la verdad, y la vida». Jesús está diciendo: «Tanto si estoy ascendido como si no, el YO SOY EL QUE YO SOY, esa Presencia Divina que he alcanzado, siempre será el único camino, la única verdad y la única vida. El mismo YO SOY EL QUE YO SOY que hay en mí, lo hay en vosotros. Pero yo he abierto el camino a esta Presencia YO SOY; he abierto la puerta. Por tanto, ocupo el cargo jerárquico de esta dispensación».

El avatar de la era debe abrir la puerta, deber permanecer y mantener esa frecuencia de la puerta abierta. En la Tierra tenemos

---

*Nombre ascendido de Mark L. Prophet, esposo fallecido de Elizabeth Clare Prophet y fundador de la Iglesia, que ascendió tras fallecer en 1973.

conserjes. Nos abrimos la puerta unos a otros. A menos que la puerta esté abierta, no podemos pasar, a menos que hayamos aprendido a reorganizar nuestros electrones, átomos y moléculas, y a pasar por la puerta. Podemos comprender que pasar a otro plano de conciencia requiere que alguien que haya logrado la conciencia Crística mantenga la puerta abierta, que mantenga la frecuencia para que nosotros podamos logar esa misma frecuencia.

Jesucristo es ese ser. Cuando aceptamos el nombre de Jesucristo, él enciende y vivifica en nosotros la plena manifestación de nuestra llama trina que Dios ha puesto en nuestro corazón y que nosotros con frecuencia hemos cerrado por tener dureza de corazón, odio, temor y oscuridad. Cuando aceptamos ese nombre, Jesús, que ha llegado a ser el Cristo, que ha abierto la puerta, estamos estableciendo ese hilo de contacto, esa energía, como un cable eléctrico enchufado. Al aceptar el nombre, la energía puede discurrir en ambas direcciones.

Entonces recibimos la apertura, cuando la nuez de nuestro potencial de ser el Cristo se parte y se abre, para esas mayores obras que él prometió.* Esto establece una unión, un alimentar perpetuo a nuestra alma y a nuestra llama del corazón por parte de Jesús. En consecuencia, la presencia Crística crece y se desarrolla continuamente, para que cuando llegue la hora de nuestra ascensión —de encontrarnos con la Presencia Divina en el aire,† de encontrarnos con Jesús en la Segunda Venida—, tengamos suficiente impulso acumulado de luz para permanecer ante su presencia sin ser consumidos.

«Nadie viene al Padre, sino por mí.» Jesús dice: «Gracias al desarrollo individual de la conciencia Crística a través de la puerta que he abierto, *ustedes* pueden venir a la Presencia YO SOY».

> Si me conocieseis, también a mi Padre conoceríais; y desde ahora le conocéis, y le habéis visto.
>
> Felipe le dijo: Señor, muéstranos el Padre, y nos basta.
>
> (Juan 4:7-8)

---

*Juan 14:12.
†1 Tesalonicenses 4:17.

Lo sorprendente de este pasaje es que, aunque Jesús ha hablado del Padre una y otra vez, Felipe cree no haber visto al Padre, porque no ha expandido su conciencia para comprender que Jesús no solo ha contenido al Hijo, sino también al Padre y al Espíritu Santo. No ha entendido de verdad la naturaleza cósmica del ser llamado Jesús. Tiene una relación demasiado amistosa con Jesús. Jesús ha estado tan cerca de Felipe que este último no ha sido capaz del todo de concebir que este ser de carne y hueso pueda contener la totalidad de Dios. A Jesús le preocupa que Felipe entienda esto, porque sabe que a menos que lo comprenda, no tendrá el mismo contacto y no ascenderá.

> Jesús le dijo: ¿Tanto tiempo hace que estoy con vosotros, y no me has conocido, Felipe? El que me ha visto a mí, ha visto al Padre; ¿cómo, pues, dices tú: ¿Muéstranos al Padre? (Juan 14:9)

Jesús asevera: «YO SOY EL QUE YO SOY. YO SOY el Cristo, el unigénito Hijo de Dios». Esta es la declaración de la existencia.

> ¿No crees que yo soy en el Padre, y el Padre en mí? Las palabras que yo os hablo, no las hablo por mi propia cuenta, sino que el Padre que mora en mí, él hace las obras.
> Creedme que yo soy en el Padre, y el Padre en mí; de otra manera, creedme por las mismas obras. (Juan 14:10-11)

«Y si no podéis creer eso y no podéis ver que el Padre y yo somos uno,* al menos creedme por las mismas obras. Creedme por lo que habéis visto manifestado. Que las obras hablen por la energía y la Fuente detrás de las obras».

> De cierto, de cierto os digo: El que en mí cree, las obras que yo hago, él las hará también; y aún mayores hará, porque yo voy al Padre. (Juan 4:12)

¿Esto es porque nuestro creer va a hacer que Jesús haga las obras por nosotros? No; esto es porque nuestro creer (que Jesús era el Hijo,

---

*Juan 10:30.

el Padre y el Espíritu Santo) abre la puerta a que comprendamos por nosotros mismos que somos hijos e hijas de Dios y que este Cristo, este individuo que demostró la Trinidad, la demostró para que también nosotros podamos demostrar ese ser vivo de Dios en nuestro templo. Las mayores obras que hacemos: nosotros hacemos y Dios ratifica. Jesús ratificará desde el punto de vista de su logro interior en el estado ascendido.

Y todo lo que pidiereis al Padre en mi nombre, lo haré, para que el Padre sea glorificado en el Hijo. (Juan 14:13)

Este es un privilegio nuevo que Jesús nos da mediante la oración: «Todo lo que pidáis al Padre en mi nombre, lo haré, para que el Padre sea glorificado en el Hijo».

La fórmula de esta oración —y Jesús de hecho dio una fórmula— es la de llamar al Padre, el YO SOY EL QUE YO SOY, en el nombre de Jesucristo y después hacer una petición para la sanación, la salud, la plenitud y la abundancia para todo lo que debemos hacer juntos en la Nueva Jerusalén.

Les pido que cierren los ojos y entren en lo más profundo del corazón de su ser. Ahí, en el núcleo de fuego blanco de su centro del corazón hay un sol resplandeciente, una réplica de su Presencia YO SOY y del Gran Sol Central. Esa esfera de luz es el sitio donde Dios Padre, Hijo y Espíritu Santo mora en ustedes *como potencial*. Para liberar ese potencial, deben abrir la boca con la ciencia de la Palabra hablada, la ciencia del Nombre y la ciencia de la energía.

Ahora, digan sus oraciones en el nombre de Jesucristo dirigiéndose al YO SOY EL QUE YO SOY.

[La audiencia reza en voz alta mientras Elizabeth Clare Prophet pronuncia la siguiente oración]:

En el nombre de Jesucristo, llamo al Padre, al YO SOY EL QUE YO SOY. Invoco plenitud. Invoco la sanación de las naciones. Pido la sanación de los Estados Unidos. Pido la sanación de la Tierra. Pido iluminación. Pido el despertar y la vivificación. Pido la abundancia. Pido la precipitación de la Nueva Jerusalén.

Pido que la Ciudad Cuadrangular sea bajada a esta octava. Pido el establecimiento de nuestra sede central internacional y Summit University. Pido el establecimiento de la Iglesia Universal y Triunfante en esta ciudad.

En el nombre de Jesucristo, invoco al YO SOY EL QUE YO SOY. Aparece y manifiéstate entre nosotros. Amado Jesús, manifiéstate entre nosotros. Que estas voces sean escuchadas, oh, Jesús, oh, Señor. Lo aceptamos hecho en tu nombre. Amén.

La promesa es esta:

Si algo pidiereis en mi nombre, yo lo haré. (Juan 14:14)

Si piden alguna cosa en el nombre de Jesús que no se ajuste a la ley cósmica, él emitirá la energía y la conciencia para la corrección de su conciencia de modo que puedan rezar a la manera del Cristo. Por tanto, esta es la promesa, que tiene lugar a través del nombre del Padre y del Hijo.

En los versículos anteriores (versículos 13 y 14) Jesús ha terminado todos los mandamientos que nos ha dado, que nos amemos unos a otros,* que pidamos y recibamos en su nombre. En los siguientes versículos Jesús explica la venida del Espíritu Santo, que nos enseñará todas las cosas, prometiendo esa venida si cumplimos sus mandamientos.†

Tras la desviación lejos del Cristo Cósmico, que fue el gran instructor de la escuela de misterios que enseñaba a las evoluciones relacionadas con Adán y Eva, hubo un período de tiempo en el que la gente no conocía el nombre de Dios. Aquellos fueron tiempos muy oscuros en la Tierra. Uno de los pasajes del Génesis nos da una pista, donde dice que los pensamientos de los corazones de los hombres eran de continuo solamente el mal.‡ Esa oscuridad culminó finalmente en el diluvio de Noé, que supuso el hundimiento de la Atlántida.

*Juan 13:34; Mateo 22:34-40; Marcos 12:28-34; Lucas 10:25-37.
†Juan 14:16-26.
‡Génesis 6:5.

En el último versículo del capítulo 4 del Génesis dice que, con la llegada del hijo de Set, Enós, «los hombres comenzaron a invocar el nombre del Señor»*. El nombre del Señor, tal como lo recibió Moisés en el tercer capítulo del Éxodo, aún no se ha revelado en las escrituras. Comenzaron a invocar el nombre del Señor, cualquiera que fuera el nombre que hubieran recibido. Bien podría haber sido el YO SOY EL QUE YO SOY. Podría haber sido el Señor Dios Omnipotente. Podría haber sido Elohim. Pero era el nombre del Dios Único, el Dios Verdadero. Y por invocar ese nombre, surgió una generación de individuos y profetas justos que fueron los descendientes que culminaron en el nacimiento de Noé.

Esto nos enseña que, cuando el pueblo utiliza el nombre de Dios y lo hace con frecuencia —y se trataba de todo un grupo de personas: «entonces los hombres comenzaron a invocar el nombre del Señor»—, en ese punto, cuando el nombre de Dios como sonido es repetido con la Palabra hablada en cualquier cultura o civilización, se produce un cambio total. Tiene lugar un cambio y una alquimia.

¿Cuántas generaciones han pasado desde que el nombre YO SOY EL QUE YO SOY se ha repetido al unísono en la Tierra? No lo sabemos. En todos mis estudios de historia del cristianismo, teología y religión occidental, nunca he encontrado un grupo de devotos que haya usado ese nombre en conjunto. ¿Es de extrañar que nunca haya habido una verdadera revolución espiritual que conste en ninguna parte, donde las personas hayan caminado por la Tierra otra vez como dioses,† como seres libres en Dios, conscientes de todo su potencial interior?

Con gran deliberación y determinación interior, afirmemos que Dios está donde estamos nosotros y digamos: «En el nombre de Jesucristo, YO SOY QUIEN YO SOY».

En el nombre de Jesucristo, YO SOY QUIEN YO SOY.

---

*Génesis 4:26.
†Véase Juan 10:34.

Esa palabra no puede rebatirse, no puede rechazarse. Esa frase simplemente sale y a su alrededor se forman las energías de un nuevo orden eterno, una nueva conciencia, una nueva era. Todo lo que lleguemos a lograr alguna vez en este continente o en esta Tierra se formará alrededor de ese nombre.

¿Cómo se afianzarán esas energías al nivel del Cristo en nuestro corazón? ¿Cómo se convertirán en algo específico? A través del nombre de Jesucristo y a través del nombre de nuestro Ser Crístico. Y por ese nombre, por tanto, nosotros entramos en contacto con el nombre de los seres ascendidos que hayamos recibido.

Digamos: «¡En el nombre de Jesucristo, afirmo la victoria de mi Presencia YO SOY ahora!».

¡En el nombre de Jesucristo, afirmo la victoria de mi Presencia YO SOY ahora!

Tan pronto como lo decimos, Jesús, la puerta abierta, abre la puerta hacia nuestro Ser Crístico. La puerta se abre hacia las huestes celestiales; y, por consiguiente, podemos decir:

> *En el nombre de mi amado Ser Crístico y por la autoridad de Jesucristo, invoco la luz de mi Presencia YO SOY y el Ser Crístico de todo hijo y toda hija de Dios que haya ascendido al plano del Dios Altísimo. Invoco el impulso acumulado de la morada de la conciencia de Saint Germain y El Morya, de Kuthumi y Djwal Kul, la amada Virgen María y Lanello, los siete amados arcángeles, los Elohim, el Gran Director Divino, Helios y Vesta, Alfa y Omega, el amado Máximus y el Espíritu de la Abnegación en el Corazón del Gran Sol Central.*

Ustedes pueden hacer este llamado. Pueden seguir invocando el nombre de Dios hasta que se sientan satisfechos en su alma por haber entrado en contacto finalmente con la energía, la Fuente que han estado anhelando durante eones de tiempo, teniendo finalmente la satisfacción de que su cáliz esté lleno del Espíritu Santo que conforma todo el Espíritu de la Gran Hermandad Blanca.

Cuando hablamos de todo el Espíritu de la Gran Hermandad Blanca nos referimos a un cuerpo de Maestros Ascendidos, aquellos que han recorrido el camino por el que caminó Jesús, que confirmaron la fe y entraron en el Sanctasanctórum. Ellos han realizado cierto impulso acumulado del Padre, el Hijo y el Espíritu Santo. Cuando los invocamos, recibimos su impulso acumulado de la Trinidad. El Espíritu Santo que nos llega es el Espíritu Santo que recibimos porque otros lo dan. Esas energías las recibimos *reducidas* según el punto en que nos encontremos en el curso evolutivo. Todo el Espíritu de la Gran Hermandad Blanca es todo el impulso acumulado en el cosmos de todos los hijos y las hijas de Dios que han regresado al corazón del Uno. Su impulso acumulado del Espíritu Santo es lo que recibimos cuando invocamos ese Espíritu en el nombre de Jesucristo.

En Juan 3:16-19 encontramos el importante pasaje sobre el Hijo que el Padre nos da como un don.

> Porque de tal manera amó Dios al mundo, que ha dado a su Hijo unigénito, ...

La Persona del Cristo, la Segunda Persona de la Trinidad, manifestada en Jesús.

> ... para que todo aquel que en él cree, no se pierda, mas tenga vida eterna.

Esto quiere decir que la generación de karma, los de Lemuria y la Atlántida que rechazaron a la persona del Cristo Cósmico, el Señor Maitreya —los que rechazaron al «Dios con nosotros», el Emanuel que son los Maestros ascendidos, que caminaban y hablaban con la gente en aquella época—, los que rechazaron, tenían que esperar. Según los cálculos bíblicos, se considera un período de cuatro mil años, pero algunos dicen que son doce mil años y aún más. Sea cual sea el período de tiempo, tenían que reencarnar durante ese tiempo para ganarse el derecho a volver a estar ante la presencia de un verdadero avatar, un verdadero instructor, un verdadero Cristo, un verdadero Ungido.

Dios amó al mundo de tal manera y a los que se habían desviado de ese nivel de conciencia que, poco a poco —después de haber salido de la escuela de misterios del Edén y habiéndose afanado con sudor en la frente* y con dolor, sufriendo, y en tribulaciones durante muchos miles de años—, Dios volvería a enviar a un representante del Cristo, siendo este Jesús, para que los que crean en él no se pierdan debido a su anterior pecado, porque fueron contra la ley del ser propio. En cambio, debían tener otra oportunidad de que se abriera esa puerta hacia la Cristeidad, hacia la Divinidad, y tener vida eterna, que es la oportunidad de la ascensión.

> Porque no envió Dios a su Hijo al mundo para condenar al mundo,... (Juan 3:17)

Él no vino a condenarlos por haber abandonado al instructor, Maitreya, o por haber abandonado su oportunidad de mostrar obediencia (no ha habido condenación porque han sufrido su propia condenación durante esos miles de años), sino que el mundo, a través de él, ahora pueda tener la oportunidad de salvarse.† La salvación siempre implica la responsabilidad individual, porque significa una autoelevación, la elevación del yo. «Y yo, si fuere levantado... a todos atraeré a mí mismo».‡ La elevación del Ser Crístico interior, a través del Cristo en Jesús, a través del Cristo en Maitreya, es el medio para la salvación.

> ... la luz vino al mundo, y los hombres amaron más las tinieblas que la luz, porque sus obras eran malas. (Juan 3:19)

Sus obras habían engendrado un velo de energía tan grueso, tan denso a su alrededor, que no pudieron aceptar la venida del Cristo en Jesús cuando este vino. Esto persiste hasta el presente.

---

*Génesis 3:19.
†Juan 3:17.
‡Juan 12:32.

Ahora bien, Jesús no nos dice que él fue la puerta abierta solo hasta la hora de su ascensión. En algunos de nuestros sermones hemos considerado la teoría de que, después de la ascensión de Jesús, hubiera de una forma continua otros maestros vivos que ocuparan su lugar y que abrieran la puerta. Jesús es la puerta abierta de la era. El reconocimiento de su victoria es la puerta abierta de la era; es la puerta abierta para que otros también puedan lograr la maestría Divina. Pero el logro de estos otros en maestría Divina no sustituye el cargo que Jesús ocupa en la jerarquía.

En el décimo octavo capítulo de Mateo, versículos 18 a 20, está la clave para abrir no solo el cuerpo causal de Jesús, sino también muchos cuerpos causales, las muchas moradas que están en el plano del Espíritu. Considerando la utilización del nombre de Dios y lo que Jesús promete con ello, es muy importante que tengan escrito esos versículos en un papel que guarden en el bolsillo o en un cuaderno, para que no se les olvide. Este es el primer versículo:

> De cierto os digo que todo lo que atéis en la tierra, será atado en el cielo; y todo lo que desatéis en la tierra, será desatado en el cielo. (Mateo 18:18)

Esa autoridad se les dio a los apóstoles. Hemos hablado acerca de aceptar el manto de los apóstoles. Les voy a dar un ejemplo de cómo se puede pronunciar el fíat para atar en la tierra aquello que nos han prometido que también se atará en el cielo.

> *En el nombre de Jesucristo, en el nombre de mi amado Ser Crístico, en el nombre del YO SOY EL QUE YO SOY, llamo al corazón del Todopoderoso y exijo que se ate en la tierra a todas las entidades de la pornografía. Exijo que se ate a los desencarnados del aborto. Exijo que se ate a los individuos que permiten que las energías de Dios se usen en la pornografía y el aborto. Exijo una acción hoy. Y exijo que lo que se ate en la tierra en el nombre de Jesucristo, también se ate en el cielo. En el nombre del Padre y de la Madre, del Hijo y del Espíritu Santo. Consumado está.*

Si Dios no nos hubiera dado este poder de atar en la tierra, a través de Jesús, que se lo dio a los apóstoles, habríamos tenido que mirar pasivamente e indefensos mientras amigos y seres queridos son poseídos por toda clase de oscuridades, males y manifestaciones anti-Cristo. No podríamos hacer nada mientras los Estados Unidos y los países de la Tierra son consumidos por la oscuridad.

Pero Dios nunca quiso que fuéramos un pueblo indefenso. A los hijos de Israel les dio su nombre YO SOY EL QUE YO SOY. Nos dio a Jesucristo y su nombre para la salvación. Y nos dio ciertas dispensaciones y ciertos poderes. Si no los usamos, *nosotros tendremos la culpa,* y no se nos considerará sin culpa. Dios se aseguró de que su promesa constara en las escrituras para que cuando la utilicemos, tengamos autoridad escritural, y todos los que sigan las escrituras no se opongan a nuestra obra. Pero aun si no constara en las escrituras, estaría grabada en el corazón. Porque cuando alcanzamos cierto logro en el que estamos unidos a Jesús, se nos concede este poder.

Solo el abuso de poder puede hacer que perdamos poder. ¿Qué es el abuso? Cuando uno empieza a sentir de repente el poder del Espíritu Santo obrando a través de uno gracias a este llamado y lo usa para vengarse de los «enemigos». Esa no es la finalidad de ese poder. Por eso, cuando sentimos esa presencia de poder, debemos ser puros y estar purificados en los cuatro cuerpos inferiores. No debemos tener orgullo ni ambición de que los hombres nos consideren sabios. Lo único que nos debe interesar es construir el reino de Dios en la Tierra, traer su conciencia.

Si tienen esta promesa escrita en alguna parte donde la puedan ver en momentos de gran tensión, de gran peso en el corazón y la gran dificultad que uno afronta cuando elige ser discípulo de Cristo, les recordará que tienen remedio. Esto es lo que pueden decir:

> *En el nombre de Jesucristo, llamo al YO SOY EL QUE YO SOY, al Dios Padre-Madre, al Todopoderoso. Exijo que se aten todas las manifestaciones anti-Cristo en la Tierra, especialmente*

las que estén dirigidas contra mí y contra la luz que defiendo. Exijo que se ate en la Tierra al dragón, a la bestia, al falso profeta y a la gran ramera.* Exijo que se ate a las fuerzas del mal que buscan quitarles a los niños su santa inocencia.

En el nombre de Jesucristo, llamo en el nombre del YO SOY EL QUE YO SOY al Todopoderoso para que se ate en la Tierra a las maquinarias de guerra y a los que han decidido contaminar el medio ambiente. Exijo que se ate a las energías y la conciencia que hay detrás y que concentran energías para la destrucción de la humanidad mediante las armas nucleares y la utilización peligrosa de la energía nuclear y los reactores nucleares.

Exijo que se ate en la Tierra a las energías y a los individuos que están obrando directamente contra los propósitos de Dios ahora. En el nombre de Jesucristo, llamo al YO SOY EL QUE YO SOY. Exijo que se ate a los que obran la maldad. Exijo que se ate su campo energético y su conciencia.

Hágase en la tierra como en el cielo por el poder y la autoridad del nombre Jesucristo. Hágase en esta hora por el poder y la autoridad del nombre Jesucristo. Y que el Arcángel Miguel y todas las huestes del Señor confirmen y rarifiquen este juicio. Hecho está, por tu voluntad, por tu promesa y por tu pacto hoy. En el nombre del Padre y la Madre, del Hijo y del Espíritu Santo. Amén.

Por todo el país hay mucho que nunca se ha atado porque los seguidores de Cristo no han aprovechado y utilizado este poder. ¿Qué ocurre cuando se atan las energías y los individuos en la Tierra al hacer este llamado? El Señor Cristo y sus ángeles, los Maestros Ascendidos y los Elohim aparecen. Estos utilizan la energía de Dios para *confinar* a los individuos que hagan prácticas contrarias a las leyes de Dios y ponen a su alrededor una energía restringente. Se trata de un campo energético restringente para que el impulso acumulado y el poder maligno del que se han apoderado esos individuos sea atado y reducido. O bien los individuos pueden ser atados —se

---

*Apocalipsis 12:9; Apocalipsis 13:1, 11; Apocalipsis 16:13; Apocalipsis 17:3-5.

pueden visualizar cuerdas de luz atando a esas personas— o bien los individuos pueden perder su poder si se encuentran en la hora del Señor para recibir la iniciación de la décima estación de la cruz: «Jesucristo es desnudado»*; en este caso se desnuda a quienes abusan de las energías de Dios.

Por tanto, este llamado para atar debe pronunciarse. Debe exclamarse desde los púlpitos. Las personas deben hacerlo desde sus casas. Esto debe hacerse al ver las noticias y ver la infamia salir del abismo del infierno y desfilar ante nuestros ojos. Cuando vean a alguien vestido indecentemente y bailando con una música de la oscuridad en vez de la luz, y cuando vean esa perversión de la mente de la gente, deben invocar el juicio a los demonios y a los desencarnados que incitan a esas personas a hacer eso.

Muchas veces esas personas ignoran por completo lo que hacen. De personas así Jesús dijo: «Padre, perdónalos, porque no saben lo que hacen»†. Sin embargo, por ser instrumentos voluntariosos y sin discernimiento, reciben el poder de muchas legiones de demonios. Esto se amplifica por la Tierra a través de los medios de comunicación.

Al verlo, tenemos una responsabilidad. Nos permitimos seguir con la boca cerrada cuando echamos los brazos al aire y decimos: «¿Qué puedo hacer? No tengo ningún poder. Solo soy una persona». Pues bien, Dios nos ha dado el poder. Reto a la gente de la luz y de Dios en todas las iglesias a que tomen este poder para sí y lo *usen*. Porque no existe otro nombre con el que podamos salvarnos en los Estados Unidos o en la Tierra. No hay otro medio que el medio que Jesús nos ha dado.

En nuestro corazón debemos tener una convicción y audacia absolutas ante los poderes de la oscuridad. Yo tengo esa convicción porque *sé* que Dios vive y que Jesús vive. Sé que ellos nos apoyan a mí y a ustedes y a todos los que sean fieles, y que no hay poder en el cielo o en la tierra que pueda permanecer ante la Presencia de Dios. Por consiguiente, no nos pueden tocar cuando nos sellamos en este

---

*Mateo 27:28, 35.
†Lucas 23:34.

poder y actuamos con la autoridad que Dios nos ha dado.

Si hacemos trampas, si nos vamos aquí y allá, ponemos en peligro nuestro estándar y rompemos nuestro campo energético de la llama del honor, es como sacar un dedo del pie, el pulgar o la cabeza para que nos la corten. En ese caso seremos vulnerables porque las fuerzas de la oscuridad reaccionan cuando ven este poder de Dios.

Les puedo decir que, si esas potestades y las hordas de la oscuridad tuvieran algo de poder, ya habrían actuado contra mí por dar esta orden. Pero el Espíritu vivo del Espíritu Santo que compartimos es lo que nos sella contra esa reacción de energía negativa por parte de quienes son instrumentos de la oscuridad.

Ahora bien, lo anterior ha sido solo un versículo que les he demostrado, *un versículo* en toda la Biblia. Ese versículo sobre el YO SOY EL QUE YO SOY, ese nombre de Jesucristo puede cambiar la faz de la Tierra. Ya ven lo poco que hay que saber para ser instrumentos eficaces. No tenemos que ser teólogos. No tenemos que sentarnos en colegios y universidades y conocer toda la sabiduría de este mundo que es insensatez para con Dios.* Debemos conocer los hechos. Debemos abrir los ojos. Debemos estar sintonizados. Y, sobre todo, debemos tomar las herramientas básicas y usarlas todos los días. *Usarlas todos los días.*

Cuando escriban este versículo, Mateo 18:18, y se lo guarden cerca, escriban más abajo: «¡Decirlo todos los días!», con puntos de exclamación. Esto siempre se puede utilizar por algo. Por ejemplo, podemos decir:

> ¡En el nombre de Jesucristo y el YO SOY EL QUE YO SOY, exijo que mi mente carnal sea atada! ¡Que sea atada hoy y que el Cristo entre en mí para reinar por siempre!

Qué alivio es saber que tenemos la fórmula, que ya no tenemos que luchar contra esa mente carnal porque Dios cumplirá su promesa; a no ser que vayamos y desatemos las cuerdas y liberemos a nuestra

---

*1 Corintios 3:19.

mente carnal. Tenemos libre albedrío, por lo cual también podríamos hacer eso para después tener que empezar desde el principio.

El siguiente versículo es otra promesa de enorme importancia.

> Otra vez os digo, que si dos de vosotros se pusieren de acuerdo en la tierra acerca de cualquiera cosa que pidieren, les será hecho por mi Padre que está en los cielos.
>
> Porque donde están dos o tres congregados en mi nombre, allí estoy yo en medio de ellos. (Mateo 18:19-20)

Estos tres versículos de Mateo 18:18-20 están asociados con el nombre de Jesús, con su presencia, con su nombre y con el YO SOY EL QUE YO SOY. Y así, cuando pronunciamos la oración que realiza esta fórmula, siempre debemos decir:

> *En el nombre de Jesucristo, en el nombre del YO SOY EL QUE YO SOY, llamo al Dios Padre-Madre. En su nombre, en el nombre del bendito Hijo de Dios, acordamos en la tierra que el reino de Dios se manifestará.*

O cualquier otra cosa en la que nos pongamos de acuerdo. Cuando repetimos las palabras «acordamos en la tierra» estamos invocando la promesa que Jesús hizo en este versículo: «...se pusieren de acuerdo acerca de cualquier cosa...». Estamos diciéndonos a nosotros mismos y a Dios que estamos *ejerciendo este pacto*. Queremos que todos los sepan. Queremos que todo el cielo sepa que tenemos la expectativa de que esta ley se cumpla porque estamos haciendo *exactamente* lo que está escrito.

Acordemos que el pueblo estadounidense y todos los pueblos de la Tierra reciban la iluminación de los Maestros Ascendidos.

> *En el nombre de Jesucristo, en el nombre del YO SOY EL QUE YO SOY, acordamos en la tierra que el pueblo estadounidense reciba la iluminación de los Maestros Ascendidos y que todo el pueblo de la Tierra reciba la iluminación de los Maestros Ascendidos.*

Esto se puede hacer con un amigo, solo hacen falta dos personas. Hoy mismo se pueden sentar con un amigo y pasar la tarde decidiendo cosas sobre las que ponerse de acuerdo. Luego dirán esta oración sobre todas las cosas sobre las que están de acuerdo, *sabiendo* que eso mismo estará teniendo lugar.

¿Cómo tiene lugar? Así es como tiene lugar: se hace el llamado, que va al núcleo de fuego blanco de su propio ser, que va al corazón del Todopoderoso; y Dios emite una corriente de energía. Es una espiral ígnea de energía que circula hacia abajo. Empieza entrando en el plano material, tocando primero el cuadrante etérico, después del mental, después el emocional y después el físico. Al descender, comienza a hacer girar las espirales de conciencia de toda la conciencia de las masas.

Cuando esta luz entra en contacto con la oscuridad y con las espirales oscuras del libre albedrío de la gente, es como si se encontraran con un muro. Y de libre albedrío, mucha gente rechazará esa espiral. Entonces, ¿qué haremos? Reforzaremos la luz repitiendo la misma oración o el mismo decreto. Lo reforzaremos a diario. Seguiremos diciendo: «Acordamos en el nombre de Jesucristo...». Ese refuerzo fortalece de manera constante la espiral que se forma al hacer el decreto una vez. Cuando hacemos el decreto mil veces o diez mil veces, lo que empezó siendo un hilito se convierte en un enorme vórtice de luz.

Cuando hay miles de personas haciendo el mismo decreto miles y miles de veces, se acumula un impulso tan intenso que Dios evalúa el libre albedrío de la Tierra en base al impulso acumulado de los portadores de luz, el impulso acumulado del libre albedrío de la cantidad de gente que se esté poniendo de acuerdo sobre ese tema. Y, en efecto, la mayoría vence. Un cincuenta y uno por ciento de la gente que tenga la conciencia Crística le daría la vuelta al planeta, lo convertiría en una era de oro.

¿Qué ocurre cuando empezamos? Comenzamos acumulando un impulso; y «nos serán añadidas», como lo fueron en la Iglesia primitiva, tres mil almas, cinco mil almas. Seguiremos añadiendo y acumulando impulso. Y en el descenso, incluso el hilito de la espiral que pasa por los cuatro planos de la materia convertirá a las espirales y las energías de la gente, les dará la vuelta. Sus energías serán convertidas y la gente se subirá al tren y seguirá esas espirales.

Las personas son muy susceptibles, como ustedes saben. Están siendo convertidas constantemente por lo que ven en los medios de comunicación. Aquello que ven, en eso se convierten. Si ponemos esta energía de Dios en los niveles que hay en el subconsciente, en los de la mente y en los de los sentimientos con una determinación Divina, con gran fuerza y pureza, esto empujará la conciencia del planeta hacia su propio orbe de luz.

Cuando pensamos en lo que ha hecho un Hijo de Dios, Jesús, para lograr esto, podemos imaginar lo que muchos hijos e hijas de Dios pueden hacer si utilizan estas fórmulas, que siguen siendo absolutamente íntegras. El poder de la luz y su impulso acumulado son mucho más grandes que el poder de la oscuridad. El poder de la oscuridad es energía mal cualificada, energía contaminada, energía apocada. Debe lavarse antes de que se pueda usar; y no es real porque se encuentra en matrices *irreales*. En realidad, no tiene ningún poder, excepto el que le da la gente, porque Dios no le da ninguno. Dios no da ningún poder a la creación humana y a la energía mal cualificada de la humanidad y cuando el hombre retire su energía e invoque la llama violeta, dejarán de existir.

Pero la energía de Dios y la cualificación que de ella han hecho todos los santos y la gente piadosa de todos los tiempos, nunca se podrá deshacer, nunca podrá cambiarse de dirección, porque es energía de Dios. Y con su atención, él la alimenta. Hay una gran diferencia. Por eso un solo individuo puede mantener un foco de luz por una ciudad o una comunidad, porque el poder de Dios es mucho mayor que el de la oscuridad.

¿Por qué dice dos o tres? Es una alquimia. Es la alquimia en la que dos poseen el factor multiplicador de dos y aún más, con los

Maestros Ascendidos multiplicando la conciencia de los dos por la de ellos. Por tanto, el requisito es que sean dos. Es bueno rezar y comulgar a solas, pero cuando se puedan reunir dos personas para decretar, siempre será mejor que una debido a la promesa de Jesús.

Cada vez que ustedes se reúnan a decretar estarán utilizando esta fórmula, diciendo: «En el nombre del Cristo», etcétera. Pero cuando terminen, es bueno que utilicen la fórmula para afirmar cosas que sean pertinentes, lo que hayan visto en las noticias y lo que esté ocurriendo en su trabajo. Sugiero que terminen los decretos repitiendo aquello sobre lo que ya se hayan puesto de acuerdo.

Hay muchos versículos que ilustran las mismas cosas. Voy a mencionar el décimo capítulo del libro de Juan sobre Jesús como la puerta abierta, como el avatar de la era, lo cual sería bueno que leyesen por su cuenta. Los santos que vencieron «por medio de la sangre del Cordero y de la palabra del testimonio de ellos»*, vencieron por la esencia de Jesús el Cristo, la Eucaristía, su enseñanza, y por la palabra de su testimonio. La palabra se basa en el nombre, la vibración y la frecuencia.

Es absolutamente indispensable que el individuo que ha llegado a cierto punto del sendero utilice el poder de la Palabra hablada, pronunciando el nombre de Dios y de su Hijo e invocando el Espíritu Santo. Muchas veces hablo con gente proveniente de otros movimientos y otras organizaciones que hacen esta o aquella forma de meditación, lo cual tiene su valor, y hacen muchas cosas que están bien. Pero me preguntan: «¿Qué ve usted en mi aura? ¿Qué necesito?». Los miro, y una y otra vez veo una falta de claridad, una falta de convocar las fuerzas, una falta de integración del ser que surge por la ausencia de la Palabra, la ciencia de la Palabra hablada. Pero tan pronto como la persona se vivifica con la Palabra hablada, todo su ser se alinea para la victoria.

Por consiguiente, la necesidad del momento es la Palabra hablada, el conocimiento del nombre de Dios, el conocimiento del nom-

---
*Apocalipsis 12:11.

bre de Jesucristo y del Ser Crístico de uno mismo, el conocimiento de los nombres de los Maestros Ascendidos, que constan en los preámbulos, y el conocimiento de la venida del Espíritu Santo a través del fuego sagrado, la emanación de fuego violeta del Espíritu Santo. Debemos dar testimonio de este conocimiento y debemos diseminarlo por todas partes, porque es la clave del destino de los Estados Unidos y del planeta.

Para terminar, voy a leer un pasaje del Apocalipsis:

> Y el ángel me dijo: Escribe: Bienaventurados los que son llamados a la cena de las bodas del Cordero. Y me dijo: Estas son palabras verdaderas de Dios.
>
> Yo me postré a sus pies para adorarle. Y él me dijo: Mira, no lo hagas; yo soy consiervo tuyo, y de tus hermanos que retienen el testimonio de Jesús. Adora a Dios; porque el testimonio de Jesús es el espíritu de la profecía. (Apocalipsis 19:9-10)

Quisiera señalar que esta frase nos da, primero, el conocimiento de que no debemos adorar la personalidad de ningún ser celestial, sino considerarlos a todos como nuestros hermanos y hermanas en el sendero. Aún más importante es el hecho de que esto muestra que el testimonio de Jesús es el espíritu de profecía, que la profecía es un libro abierto y una puerta abierta, que el testimonio de Jesús está vivo para nosotros hoy (en lo individual y a través de las Enseñanzas de los Maestros Ascendidos) como lo estuvo cuando el último escriba escribió las últimas palabras de las escrituras.

La profecía no se ha acabado ni lo hizo con el libro del Apocalipsis. La profecía es un libro abierto porque Jesús nos está profetizando a diario al satisfacer nuestras necesidades diarias. Cuando tenemos el testimonio de Jesús, cuando tenemos el verdadero testimonio del verdadero ser, *debemos* tener el espíritu de profecía. *Los dos van juntos.* Por tanto, ambos deben formar parte de todas las iglesias verdaderas.

Si los que afirman la adoración y la presencia de Jesús no tienen la conciencia idólatra (adorando simplemente, en vez de llegar a ser el Cristo), su iglesia debería tener las señales características del espíritu de profecía, y el verdadero testimonio de Jesús.

Que el Espíritu de la profecía de Jesucristo sea con ustedes cuando den testimonio de su Palabra. Amén.

6 de marzo de 1977

«Lo que oigo, lo digo; lo que digo, lo vivo»

En el nombre del Padre y de la Madre, del Hijo y del Espíritu Santo. Amén.

Lo que era desde el principio, lo que hemos oído, lo que hemos visto con nuestros ojos, lo que hemos contemplado, y palparon nuestras manos tocante al Verbo de vida (porque la vida fue manifestada, y la hemos visto, y testificamos, y os anunciamos la vida eterna, la cual estaba con el Padre, y se nos manifestó); lo que hemos visto y oído, eso os anunciamos, para que también vosotros tengáis comunión con nosotros; y nuestra comunión verdaderamente es con el Padre, y con su Hijo Jesucristo.

Estas cosas os escribimos, para que vuestro gozo sea cumplido.

Este es el mensaje que hemos oído de él, y os anunciamos: Dios es luz, y no hay ningunas tinieblas en él.

Si decimos que tenemos comunión con él, y andamos en tinieblas, mentimos, y no practicamos la verdad; pero si andamos en luz, como él está en luz, tenemos comunión unos con otros, y la sangre de Jesucristo su Hijo nos limpia de todo pecado.

Si decimos que no tenemos pecado, nos engañamos a nosotros mismos, y la verdad no está en nosotros.

Si confesamos nuestros pecados, él es fiel y justo para perdonar nuestros pecados, y limpiarnos de toda maldad.

Si decimos que no hemos pecado, le hacemos a él mentiroso, y su palabra no está en nosotros. (1 Juan 1:1-10)

En el nombre del Cristo, en el nombre del Espíritu Santo, invocamos la verdad del Dios vivo como una llama que entra en nuestro templo y arde intensamente sobre el altar de nuestra vida. Pedimos el escuchar del oído, el ver de la vista. Invocamos la luz para poder decir con Job: «De oídas te había oído; mas ahora mis ojos te ven».

Invocamos el Ojo Omnividente de Dios. Pedimos la presencia del Espíritu Santo. Oh, ven a nosotros y entra en nosotros, y llénanos para que podamos oír la Palabra. Y al oír, podamos hablar; y al hablar, podamos vivir. En la llama de Jesucristo, que esta Palabra aparezca en la conciencia de todo el Espíritu de la Gran Hermandad Blanca. Amén.

Estaba meditando en este sermón y pensé: es un sermón de cuatro palabras. Les voy a decir las cuatro palabras y después me siento. [La audiencia se ríe]. ¿No creen que me sea posible, ¿verdad? Pues bien, resulta que no lo es. [La audiencia se ríe]. Pero les voy a decir las cuatro palabras. Las cuatro palabras son: «Practiquen lo que predican». Al estudiar lo que dijeron Jesús y los apóstoles sobre esto, con toda certeza se encuentra sustancia para un buen sermón profundo.

Queremos hablar de esto porque tiene que ver con el tema del Espíritu Santo y con que el Espíritu Santo nos llene. Esto se reduce a una esencia que destilamos en nuestro corazón a partir de este sermón: que debemos oír para hablar, y debemos hablar para vivir.

Cuando Job dijo la famosa frase: «De oídas te había oído; mas ahora mis ojos te ven»*, había atravesado todo el afán y los padeci-

---
*Job 42:5.

mientos que le sobrevinieron por las pruebas de su alma, cuando se le quitaron todas las cosas mundanales y él siguió fiel a Dios. Job le dijo a Dios: «Antes no te oía de verdad por el Espíritu. He oído *de ti* con la escucha del oído. He oído hablar de ti, pero nunca te *he visto*. Nunca te *he comprendido* de verdad hasta que te he vivido».

¿Cuántos de nosotros hemos oído hablar de Jesús, de Gautama, de los santos, de los Maestros Ascendidos o de sus enseñanzas, y hemos leído esas enseñanzas (quizá estemos entre los que conocen muy bien las escrituras occidentales y orientales o incluso nuestras Enseñanzas de los Maestros Ascendidos), pero, a fin de cuentas, nunca hemos dado testimonio de esta verdad? Nunca hemos tenido el poder del testimonio porque nunca nos ha llenado el Espíritu cuando escuchamos la Palabra por primera vez. Nunca nos hemos sentido agarrados de verdad por un poder y una energía que nos *obliga* a hablar la Palabra de Dios.

Cuando miramos la Biblia encontramos ese poder que compele. Está descrito con palabras de Jesús en Marcos 13. El poder del Espíritu que compele les sobrevendrá a los apóstoles y a los discípulos, y debido a que ellos lo tendrán, hablarán a pesar de las persecuciones.

> Pero mirad por vosotros mismos; porque os entregarán a los concilios, y en las sinagogas os azotarán; y delante de gobernadores y de reyes os llevarán por causa de mí, para testimonio a ellos.
>
> Y es necesario que el evangelio sea predicado antes a todas las naciones.
>
> Pero cuando os trajeren para entregaros, no os preocupéis por lo que habéis de decir, ni lo penséis, sino lo que os fuere dado en aquella hora, eso hablad; porque no sois vosotros los que habláis, sino el Espíritu Santo. (Marcos 13:9-11)

Jesús está hablando del testimonio y el poder del testimonio del Espíritu Santo, que cuando este Espíritu vive en nosotros, hablamos la Palabra de verdad. Muchos que nunca han recibido el bautismo cristiano han dado la vida por defender la verdad, han dado la vida por Cristo, por el mismo Jesús que dijo que haríamos esto por él, por un testimonio. Es por la verdad viva que la gente da la vida. Sea cual sea la verdad en la que la gente cree, la gente dará la vida por esa verdad cuando el Espíritu la obligue.

Ahora bien, si la verdad que dice no es verdad sino mentira, entonces podemos decir que las personas están obligadas por espíritus y no por el Espíritu vivo. Esto es muy posible. Existen fanáticos que se vuelven asesinos por la verdad en la que creen. Hay homicidas, hay ladrones, hay personas de todo tipo. Y después están los que son capturados de verdad por el Espíritu Santo, como Robin Hood, que ve la gran necesidad de cuidar de los pobres, aunque en una crisis social eso deba hacerse con métodos ilegales. Así, vemos que, en las revoluciones del mundo, en la revolución de nuestros Estados Unidos, a veces la captura del Espíritu Santo puede significar la violación de las leyes del hombre para cumplir la ley de Dios. En otras ocasiones vemos que cuando los espíritus oscuros capturan, los hombres violan tanto las leyes del hombre como las de Dios. O quizá no violen las leyes del hombre, porque no están codificadas así, pero sí violan las de Dios.

¿Cómo se puede saber si el testimonio que alguien da es por el Espíritu o por los espíritus? Jesús nos dio la clave. Él nos dio la respuesta. «Por sus frutos los conoceréis»*, dijo.

El término *fruto* aquí significa obras manifiestas que siguen. Pero las obras manifiestas que siguen tienen que ver con el árbol original, el individuo. Ustedes los conocerán por sus frutos, por sus vibraciones, por su energía. Puesto que la energía *es* Dios, uno sabrá si se trata de la energía de Dios en su forma pura o si la energía ha sido cualificada mal por la conciencia del hombre.

Quizá lo lleguen a saber gracias al ensayo y error. Quizá les engañen por un tiempo, como dijo Abraham Lincoln: «Se puede engañar a parte del pueblo todo el tiempo... pero no se puede engañar a todo

---

*Mateo 7:20.

el pueblo todo el tiempo». También dijo: «Se puede engañar a todo el pueblo durante algún tiempo», y nosotros lo hemos visto a lo largo de la historia de la Tierra. Grandes masas de gente han sido engañadas, creyendo una mentira, y han sido malditas por esa mentira, y su maldición fue justa, como Jesús nos ha dicho.* Al creer una mentira, hicieron de esa mentira la ley de su vida. Y al hacer de la mentira la ley de su vida, se condenaron a sí mismos, porque se excluyeron de la llama de la Verdad viva, que es Dios.

Eso es una ley del karma. No es una ley de persecución por parte de Dios o un castigo para el hombre. Ello simplemente significa que, sea cual sea la ley que aceptemos, tanto si es mentira como si es verdad, esa ley se convierte la ley de nuestro mundo. Si es una ley de limitación y mortalidad, nos veremos confinados por ella, estaremos limitados, y por tanto no podremos respirar el Espíritu Santo para darlo.

El Espíritu Santo es una energía bien tangible. Esto uno lo sabe muy bien cuando, a veces, se nos corta la respiración con una caída o en algún percance. El aliento del Espíritu Santo es una manifestación física de ese Espíritu. El Espíritu Santo que está sobre nosotros es el aliento que llena el templo. Es el fuego que llena el templo. Es el aire. Pero también es el bramido de muchas aguas y la solidez de la tierra bajo nuestros pies.

El Espíritu Santo es la energía que nos da la capacidad de dominar los cuatro cuadrantes del ser de los antiguos alquimistas: fuego, aire, agua y tierra. Es la base de la vida. Sin él no podemos hacer nada; estamos indefensos, sin sabiduría y sin amor. No podemos actuar por el Padre y el Hijo a menos que tengamos el Espíritu Santo.

Hemos sometido estos conceptos a una consideración profunda (y el que nuestra vida se adapte a ellos) y eso ha sido el tema de nuestras meditaciones cada domingo por la mañana durante varias semanas. Tengo la sensación de que estamos haciendo progresos para recibir el Espíritu Santo. Es un progreso considerable, porque ahora nuestra aceptación de ese Espíritu no está basada simplemente

---

*2 Tesalonicenses 2:11-12.

en una fe ciega, sino en un autoanálisis profundo y penetrante y un conocimiento de lo que es ese Espíritu y los sacrificios que son necesarios para poder recibirlo.

Creo que el sacrificio tiene mucha importancia. Es necesario que sacrifiquemos una parte del yo durante el adviento de la pasión de Jesucristo, celebrado cada año. Durante siglos los cristianos han señalado la Cuaresma para eso, y la costumbre ha sido renunciar a algo en la Cuaresma. El ayuno es una muy buena forma de renunciar, porque cuando se ayuna hay muchas cosas que fluyen y de las que uno se desprende. Tiene aún mayor importancia el hecho de que lo que eliminamos al ayunar no son solo venenos físicos, sino también mentales, emocionales y subconscientes, que están afianzados en nuestro ser a través de las toxinas y las impurezas físicas. La vida está interrelacionada y para dominar estos cuatro planos de la materia por el Espíritu Santo hemos de ejercer nuestro dominio Divino en todos ellos.

A veces, cuando no podemos tomar una decisión o creemos no tener la capacidad que quisiéramos de sanar nuestro interior, es importante obedecer el requerimiento de Jesús: «Este género con nada puede salir, sino con oración y ayuno»*. Es importante no solo que interpretemos esto en un sentido metafísico de afirmación y negación, sino que también lo interpretemos en un sentido literal.

Es bien conocido que los esenios ayunaban y que los discípulos formaban parte de ellos o, al menos, estaban en contacto con ellos. Mucha gente cree que Jesús provenía de esa comunidad.[1] Por tanto, el ayuno fue el principio de la misión de Jesús. Con todo su logro y su estudio en los templos de Oriente y de Lúxor, inició su misión con un ayuno de cuarenta días en el desierto. El ayuno fue la apertura de su templo. Esto es lo que debemos observar con mucho cuidado. ¿La apertura de su templo hacia qué? ¿Con qué se encontró en el desierto? ¿Con el Espíritu Santo? No. Fue con Satanás, que le tentó en tres cuestiones de la Ley.

---

*Marcos 9:29; Mateo 17:37.

«Di que estas piedras se conviertan en pan.»* Si ustedes tuvieran el poder de convertir las piedras en pan después de un ayuno de cuarenta días, ¿cuántos de ustedes resistirían la tentación? Pero Jesús resistió. «No solo de pan vivirá el hombre, sino de toda palabra que sale de la boca de Dios.»†

El demonio le tentó para que se echara abajo. Jesús citó las escrituras y dijo: «No tentarás al Señor tu Dios»‡. El demonio también citó las escrituras para mostrar que Dios daría a sus ángeles autoridad sobre él y que, por tanto, Jesús podía correr el riesgo de violar la Ley y desafiarla, desafiando así a Dios a que resolvería los problemas derivados de la violación de sus leyes. Jesús no se salió de la ley de Dios para exorcizar a Satanás. Permaneció dentro de la ley de Dios, y conocía bien esa ley.

Por último, Satanás le ofreció todos los reinos de este mundo.§ ¿Cuántos de nosotros somos capaces de resistirnos a todas las cosas que hay en este mundo cuando estamos hambrientos, vacíos, necesitados no solo de comunión física con nuestra Tierra, sino de comunión emocional, porque al ayunar sentimos que se nos cortan las cuerdas, sentimos que el globo se eleva, sentimos que nuestra conciencia se va a las octavas superiores? Nos elevamos por encima de las nubes y vemos que estamos totalmente solos con Dios.

Este es un momento muy difícil de comprender para nosotros. En el ayuno hay una gran soledad. Aunque haya alguien a nuestro lado al haber ayunado también, nos damos cuenta de que nuestra conciencia está sola con Dios y no hay a dónde ir para hallar consuelo, sino el mismísimo núcleo del ser de Dios. Ningún consuelo exterior basta. Y, por tanto, si somos tentados para buscar el consuelo exterior cuando Satanás llega ofreciendo los reinos de este mundo, nos sentimos muy tentados por esta dicotomía del ser en un cuerpo físico, dentro de vehículos limitados, pero logrando un poco de

---

*Mateo 4:3.
†Mateo 4:4.
‡Mateo 4:7.
§Mateo 4:8.

conciencia cósmica. Ello depende de nuestra maestría. Depende de qué llama arda en el altar.

Vemos que como resultado de eliminar de la conciencia las cosas que no son de Dios y que no dan testimonio de él, de vaciar el templo para que pueda llenarse, lo primero es el desafío del adversario, la mente carnal. La mente carnal se levantará del subconsciente, donde ha dominado durante cientos de miles de años. Nos tentará para que usemos nuestra religión, nuestra metafísica, cualquier medio, desde la psicología hasta la ciencia, para dominar las cosas de este mundo sin el Espíritu. Jesús despidió a Satanás con calma, tranquilidad y firmeza: «Vete, Satanás»*. Jesús despidió a la mente carnal y así puso a Cristo en el trono dentro de su ser.

Vayamos ahora al testimonio. Dar testimonio significa dar la verdad desde nuestro interior. Debemos tener algo dentro para poder darlo. Ese algo es el Espíritu Santo, el aliento de Dios. Los siete atributos de Dios que salen del Espíritu Santo es lo que aplicamos a los siete rayos.

Mary Baker Eddy tenía siete sinónimos de Dios que son una amplificación de los siete rayos.† Los estudiantes de Oriente y Occidente han visto a Dios como un ser séptuple. Han visto los siete cuerpos del hombre. Han visto la interrelación de su plenitud. Y a través de esa plenitud han encontrado la clave del reino de Dios, la conciencia de Dios.

Lo que oigo, lo digo; lo que digo, lo vivo. Primero debemos escuchar. La escucha es la asimilación. Incluso la forma de la oreja muestra un vórtice. Es la apertura por la que entra (no solo a los sentidos físicos, sino también al oído interior y a los sentidos del alma) una percepción de todo el cosmos.

Quiero que comprendan y tomen nota del hecho de que la asimilación de la conciencia de Dios ocurre las veinticuatro horas del

---

*Mateo 4:10.

†"Dios es incorpóreo, divino, supremo, Mente infinita, Espíritu, Alma, Principio, Vida, Verdad, Amor". (Mary Baker Eddy, *Science and Health with Key to the Scriptures* (*Ciencia y salud con clave de las Escrituras*), pág. 465).

día. Hay libros y estudios de doctores y científicos sobre personas que, tras haberse declarado muertas, han recobrado la vida, donde todas esas personas han tenido una experiencia parecida. Empiezan a experimentar la conciencia esférica y el ser esférico. De repente, se expanden en todas direcciones. Son conscientes de las estrellas, las galaxias y los universos. Al instante, se vuelven conscientes o bien de sus seres queridos que han fallecido o bien de los Maestros Ascendidos, santos, guías, ángeles o arcángeles que vienen a llevarlas a un plano distinto de conciencia.

Mary Baker Eddy dijo que el universo está poblado por seres espirituales. Sin embargo, comprendemos que la conversación con los desencarnados o los espíritus que no han llegado a dominar el tiempo y el espacio puede ser muy peligrosa. Por consiguiente, en el sendero de iniciación en el que nos guían los Maestros Ascendidos, no tenemos permitido la comunicación de ninguna clase con los espíritus no ascendidos o los desencarnados. Sin embargo, también se nos dice que los seres espirituales o Maestros Ascendidos que pueblan el universo son simplemente nuestros hermanos y nuestras hermanas en el sendero que han alcanzado nuevas dimensiones de conciencia y que están aquí para guiarnos por el camino.

Las personas que tienen experiencias cercanas a la muerte y regresan nos hablan de estas dos manifestaciones una y otra vez: conciencia esférica y comunicación con seres ascendidos. Ahora bien, si es posible tener una experiencia así en el momento en que nos liberamos de las fronteras de una conciencia limitada en el templo físico, ¿debemos concluir que esto solo empieza en el momento de la muerte o debemos concluir que esto ha estado presente todo el tiempo, pero nuestra ley de pecado y muerte, nuestra propia conciencia de confinamiento, no nos ha permitido la experiencia de esta comunicación de una forma continua?

Yo votaría por lo último: una continuidad de conciencia, antes y después de la tumba. Antes de nacer y después de morir experimentamos la conciencia esférica, la percepción del cosmos y de los seres que lo pueblan, que llevan ascendidos cientos, miles y millones de años.

Dios no tiene principio. Sus hijos e hijas no tienen principio. Solo porque hemos llegado tarde a la percepción de que esa es la meta de la vida y que la vida tiene un potencial mayor que el que hemos conocido durante millones de años, ¿por qué deberíamos pensar que otros miembros del cosmos se han demorado en comprender eso? ¿Por qué deberíamos pensar que nuestro descubrimiento ha hecho que las cosas sean así solo ahora?

Debemos comprender que esta expansión de conciencia se puede obtener ahora y que de hecho la estamos viviendo a un nivel de nuestro ser al que llamamos percepción del alma en el corazón, el corazón del Cristo, la conciencia Crística. Por el Espíritu Santo, hemos tenido el oído de los reinos interiores y las octavas interiores de luz.

¿Por qué no lo vivimos en nuestra mente exterior, con nuestros sentidos? Uno de los motivos es que, desde pequeños, nos han programado diciéndonos que eso no es posible. Nos han ridiculizado, y la presión de amigos y compañeros no nos ha permitido hablar de cosas así. Pero de más importancia, yo creo que el verdadero motivo por el que no tenemos esas experiencias es que no hemos preparado nuestro templo para la entrada del Espíritu Santo. La preparación del templo en el plano etérico, mental, emocional y físico, los cuatro vehículos que denominamos cuatro cuerpos inferiores, es absolutamente necesaria. Esto no lo podemos ignorar. No podemos pensar en hacer una buena sopa en una olla mugrienta. No podemos pensar en un vaso de agua limpia si ponemos el agua en un vaso turbio.

Lo mismo ocurre con nuestro templo. Dios está presente con nosotros; los chakras siguen funcionando; pero nosotros, en la conciencia evolutiva, vivimos en lo exterior. Igual que vivimos sobre la superficie de la Tierra y no en su interior, también vivimos en la superficie del templo. Al vivir en la superficie de nuestro templo no sentimos lo que ocurre dentro de él, porque no hemos preparado los vehículos exteriores. Así, cuando hablamos del oído y del vórtice de energía representado por la oreja humana, en realidad nos referimos a la asimilación de la conciencia a través de todas las facultades, todos los chakras. Los chakras son vórtices de luz para asimilar y dar energía, y ahí debe estar el principio del oído.

Dios habla a todo el mundo. Pero ¿cuántos escuchan? Y de los que escuchan, ¿cuántos saben que es la voz de Dios o quizá la voz de otro? ¿Cuántos pueden adivinar/definir las voces que hablan, las voces que susurran hablando* o la voz de Dios resonando por el cosmos?

El oír a Dios, la asimilación del Espíritu Santo, es el principio del testimonio del Espíritu. Cuando el Espíritu nos llena por el oído, por la asimilación, ese Espíritu interior no se contenta con descansar y produce una inquietud, una insatisfacción. Quizá hasta nos volvamos gruñones, nos enojemos y nos irritemos. Se puede llegar a explotar. Uno puede sentirse insatisfecho con la vida tal como es. Y entonces uno se reprende a sí mismo por tener esas emociones y esos sentimientos, y decimos: «¿Qué me pasa? Es mi deber comportarme como un estudiante de los Maestros Ascendidos. Debo ser un discípulo de Cristo. Y aquí estoy, comportándome peor que la gente del mundo que no sabe nada de estas cosas». Y entonces nos decimos: «No tengo remedio y debo ser un pecador desgraciado». Pero eso no tiene por qué ser cierto.

Ustedes tienen que comprender la psicología del sendero de iniciación. Deben comprender que hay ciertas cosas que nos ocurren a todos los que estamos en este sendero, y si estamos prevenidos y preparados, no nos rendiremos desesperados pensando que estamos en el mal camino. Por consiguiente, deberíamos establecer las marcas características del discipulado y cómo se manifiestan esas cosas en nosotros.

La insatisfacción es un requisito necesario en el sendero. Y si están satisfechos, nunca satisfarán lo que el sendero requiere. Se

*Isaías 8:19.

harán un hueco y prescindirán de cualquier progreso. Por tanto, la marca de todo discipulado es la insatisfacción, una disponibilidad a experimentar con cualquier cosa que surja, una insatisfacción con todo, hasta que uno se da cuenta de que realmente tiene que disciplinarse a sí mismo para ocuparse de los deberes necesarios que son nuestro dharma, nuestro deber para ser siervos de la vida.

La insatisfacción es la *explosión* del Espíritu Santo en nosotros. Es ese Espíritu Santo, ese aliento de Dios que quiere salir. Quiere *hablar* y quiere que se le escuche. Debe dar voz, debe dar testimonio. El testimonio del Espíritu Santo es una fuerza que nos obliga. Debemos comprender que esa fuerza del Espíritu que nos obliga a hablar surge como resultado de haber asimilado lo escuchado. El oír del Espíritu compele el hablar del Espíritu. Por eso los apóstoles en el libro de los Hechos están dispuestos a hablar y a seguir hablando, a que los golpeen e incluso a perder la vida por el testimonio de la Palabra.

En el octavo capítulo del libro de Romanos consta un pasaje bastante extenso sobre la mente carnal que es enemiga contra Dios y sobre no vivir en la carne, sino en el Espíritu, si el Espíritu de Dios mora en nosotros. «Y si alguno no tiene el Espíritu de Cristo, no es de él»*. Y «el ocuparse de la carne es muerte»; y «el ocuparse del Espíritu es vida y paz»†. Lo que Pablo quiere decir con toda su prédica sobre la mente carnal y la vida según el Espíritu es esto: es muy importante comprender que nuestros vehículos, nuestros cuatro cuerpos inferiores, nuestra forma de carne es un transmisor de energía. Es un electrodo de energía y de conciencia.

Un electrodo es un instrumento. No vivimos en las centrales eléctricas que distribuyen electricidad a las ciudades, pues son instrumentos. Utilizamos la energía que sale de ellas. Pero en nuestro templo, las cosas son al revés. Nos hemos acostumbrado a vivir cómodamente en este templo y lo hemos convertido en lo máximo y

---

*Romanos 8:9.
†Romanos 8:6.

lo esencial de la experiencia. Y puesto que no está limpio, es como una ventana sucia.

Pablo defendía la transparencia de este electrodo, de este punto de concentración, diciendo: «Utilizad vuestro templo, vuestra forma de carne, para entrar en contacto con Dios y ser su instrumento; pero no tengáis una mentalidad carnal. Vivid en vuestro templo y haced las cosas necesarias para que tenga armonía, sustento e integración con la vida en la Tierra».

Pablo no condenó ninguno de los aspectos necesarios para la realización de esta vida. Él no tenía esa conciencia pecaminosa que hemos heredado, que las cosas del cuerpo son pecaminosas. No, ese no es el pecado. El pecado es el apego al cuerpo y su funcionamiento y el no usarlo como un electrodo de la conciencia y energía de Dios.

La clave es transparencia, vivir en el cuerpo sin estar atados a él, yendo y viniendo a voluntad. Y estando en este cuerpo, ver a través de él la presencia del Dios vivo.

Les voy a decir que para mí esto es una experiencia viva cotidiana. Se lo digo porque también lo puede ser para ustedes. Yo no soy distinta a ustedes como persona o en mi caminar por el sendero, sino que formo parte de ustedes y soy una de ustedes. El hecho de que pueda vivir en el mundo de la conciencia de Dios, de la conciencia cósmica, de los Maestros Ascendidos, de los Elohim, y verlos y hablar con ellos de una forma tan llana y realista como les estoy hablando a ustedes significa que he exigido que este cuerpo sea un electrodo y una transparencia, y que no me he permitido ser esclava de este cuerpo, de la mente, las emociones o el subconsciente.

Los cuatro cuerpos inferiores son vehículos y *solo* vehículos. Son nuestros siervos. Nosotros no somos siervos de la emoción individual o la emoción de las masas, de la mente carnal individual o la mente carnal de las masas, de nuestro cuerpo físico y su densidad o de toda la masa de densidad de la raza humana. No somos esclavos de eso si nos negamos a serlo. Y el día en que nos neguemos comenzaremos a subir por la escalera de la conciencia cuando oigamos, veamos, sintamos, conozcamos a Dios. Al asimilar el Espíritu en todos los niveles de nuestro ser, por tanto, tendremos el testimonio que compele. Deberemos hablar y vivir la verdad, y nada podrá detenernos.

Por eso los cristianos han estado dispuestos a morir en persecución detrás del Telón de Acero,[2] han estado dispuestos a sufrir torturas y a perder la vida. Cuando tenían la convicción de Cristo, no se les podía lavar el cerebro. No se les podía obligar a que confesaran o a que entregaran sus secretos, porque estaban más apegados al Espíritu Santo que al dolor que se les pudiera causar. En efecto, vivían en ese Espíritu. Ese Espíritu, esa energía, ese aliento les daba la conciencia que los aislaba del apego a la forma y a la conciencia de la forma, de ahí apego al dolor, al sufrimiento o a la felicidad o el placer, cualquiera que fuera la sensación en cualquiera de los cuatro cuerpos inferiores. Debemos ver que el aliento vivo del Espíritu Santo es lo que nos aísla de la naturaleza posesiva de la conciencia de la carne. La posesividad de la carne es nuestra esclavitud.

Algunos de ustedes han estudiado el método natural de dar a luz y de controlar la respiración durante el parto. El uso de la respiración es el uso del Espíritu Santo. Se ha averiguado que el uso de ese aliento del Espíritu Santo aísla a la madre del dolor durante todo el parto. Me alegra mucho haber tenido esta experiencia en mi vida, porque sin ella nunca habría entendido la enseñanza.

He dado a luz a tres hijos sin instrucciones sobre cómo dar a luz o sobre la ciencia de la respiración. Con el cuarto estudié. Mientras recibía la enseñanza de los instructores, también recibía enseñanza del Espíritu Santo. El Espíritu Santo me explicó que la respiración, la aspiración en los cuatro cuerpos inferiores y en los chakras, es lo que da al individuo la capacidad de controlar el dolor. Igual que los yoguis de la India son capaces de andar sobre clavos, respirar fuego o asumir el control de los cuatro cuerpos inferiores de fuego, aire, agua y tierra, con la respiración podemos eliminar la sensación que tiene la superficie del ser, retirarnos y meternos en el núcleo de fuego blanco. Por eso la ciencia de la respiración también la utilizan ciertos maestros del Lejano Oriente y sus discípulos para entrar y salir del vehículo corporal.

Ahora bien, la aspiración, cuando se consagra como aliento de fuego sagrado con la invocación que hacemos con ese fin,* es algo totalmente distinto a respirar hondo y decir: «Estoy asimilando prana†. Estoy asimilando rayos de sol». La aspiración, con la mente consciente trabajando en conjunto, significa que estamos usando el poder de la llama de nuestro corazón y nuestra voluntad para sellar también esta respiración con el Espíritu Santo que ya está afianzado en los chakras.

Por eso, el Espíritu Santo tiene muchas aplicaciones específicas para el ayuno, la purificación del cuerpo físico, la purificación del cuerpo mental, la purificación de las emociones y, finalmente, para borrar los registros del subconsciente. Al utilizar el aspecto del Espíritu Santo conocido como llama violeta, en efecto eliminamos los registros del subconsciente. No hace falta eliminarlos con otros métodos laboriosos, ya sean psíquicos o psicológicos. Algunos métodos psicológicos utilizados de forma paralela a la llama violeta son de muchísima ayuda. Pero los maestros nos dicen que no siempre es necesario conocer todos los registros para eliminarlos. El Espíritu Santo tiene acceso a los registros y nunca eliminará nada que no sea irreal, aquello que no forme parte de su Yo Real.

Creo que es importante reunir estos conceptos, que entendamos cómo nos ayudará el Espíritu Santo y que todo lo que queremos, todas las cosas que Satanás pudiera ofrecer a Cristo o a cualquiera de ustedes, se pueden conseguir con el Espíritu Santo, sin la mente carnal. Al final de su misión, Jesús recibió de Dios todo el poder del cielo y la tierra, y dijo la frase eterna: «Toda potestad me es dada en el

---

*Véase "Llamado al aliento de fuego sagrado", en *Oraciones, meditaciones y decretos dinámicos para la transformación personal y del mundo.*
†*Prana* es una palabra sánscrita que significa 'fuerza vital' o 'energía vital'. Es la esencia del Espíritu Santo presente en la atmósfera de la Tierra como partículas de la luz de Dios.

cielo y en la tierra»*. Se le había otorgado todo el poder de los planos del Espíritu y la materia porque nunca cedió ante las tentaciones de la mente carnal o del yo irreal, el antiyo. Una vez que hubo logrado su maestría, Dios le dio el poder que Satanás le había ofrecido al principio de su misión.

Como ven, lo que Satanás hacía, como personificación de la mente carnal planetaria, es anticiparse al sendero de iniciación que Dios y los maestros ascendidos delinean para sus estudiantes. Ese sendero dice: «El discípulo debe demostrar su valía y después se le darán los extraordinarios poderes del maestro». No es al contrario. No recibimos poder primero para después demostrar que podemos usarlo.

Los caídos saben qué ansia de poder tiene la humanidad. Ya vemos que la gente que tiene el poder de este mundo lo tiene porque llegaron al cruce de caminos donde hay que elegir: «¿Renunciaré al poder de este mundo y buscaré el poder de Dios o renunciaré al poder de Dios para buscar el de este mundo?». Hay mucha gente poderosa en este Tierra que ha amasado poder, riquezas y control y no tiene a Dios en su conciencia. Esa gente encarna el peligro más grande, la exaltación de la mente carnal en su trono.

En contraste, tenemos a los santos desconocidos e ignorados de todas las religiones, de todas las procedencias, incluyendo a muchos ajenos a la religión, que buscan la verdad por amor a la verdad y que no transigen con la fama de ninguna clase. Esos son los que reciben el Espíritu Santo.

No nos hace falta esperar hasta el día en que se nos ofrezca el mundo entero. Es muy importante que miremos lo que se nos ofrece hoy como excusa para no recibir el Espíritu Santo, para no pronunciarlo y no dar testimonio de él.

La semana pasada concluimos nuestro estudio del cuarto capítulo del libro de los Hechos con el Sanedrín prohibiéndoles a Pedro y Juan que siguieran predicando en el nombre de Jesús. El Sanedrín habló sobre qué hacer con ellos porque su milagro no podía negarse.

*Mateo 28:18.

Y llamándolos, les intimaron que en ninguna manera hablasen ni enseñasen en el nombre de Jesús.

Mas Pedro y Juan respondieron diciéndoles: Juzgad si es justo delante de Dios obedecer a vosotros antes que a Dios; porque no podemos dejar de decir lo que hemos visto y oído.

(Hechos 4:18-20)

«No podemos hacer otra cosa que decir lo que hemos visto y oído.» No podemos hacer otra cosa. No hay nada más que hacer.

Quiero que sepan que a todos los que reciben el Espíritu Santo les llega ese día. Si no pueden dar testimonio ante la gente, lo darán ante los árboles, las flores y los pájaros, como hacía San Francisco. Estarán en la tranquilidad de su habitación, pero de su interior saldrán oraciones; meditarán en Dios; conversarán con los ángeles. Tendrán que dar voz al Espíritu. Tendrán que liberarlo. Cantarán un cántico nuevo,* un cántico del Espíritu. Descubrirán que ante cualquier clase de persecución o cualesquiera sean las ofertas de las cosas de este mundo, debido a que su templo es una transparencia, debido a que comulgan con Dios, debido a que lo ven cara a cara, debido a que creen que los maestros existen, *no pueden* poner en peligro la verdad. Le darán voz incluso si el templo está destruido. Esto es ese testimonio que proviene de la palabra *martyr*, dar la vida por la verdad.

Así, el Sanedrín los suelta y todos los hombres glorifican a Dios. Ahora llegamos a otro testimonio y a otra escucha, comenzando con el versículo décimo tercero de Hechos 4.

Y puestos en libertad, vinieron a los suyos y contaron todo lo que los principales sacerdotes y los ancianos les habían dicho.

Y ellos, habiéndolo oído, alzaron unánimes la voz a Dios, y dijeron: Soberano Señor, tú eres el Dios que hiciste el cielo y la tierra, el mar y todo lo que en ellos hay; que por boca de David tu siervo dijiste:

¿Por qué se amotinan las gentes, y los pueblos piensan cosas vanas?

---

*Apocalipsis 14:3.

　　Se reunieron los reyes de la tierra, y los príncipes se junta-
ron en uno contra el Señor, y contra su Cristo.

　　Porque verdaderamente se unieron en esta ciudad contra tu
santo Hijo Jesús, a quien ungiste, Herodes y Poncio Pilato, con
los gentiles y el pueblo de Israel, para hacer cuanto tu mano y tu
consejo habían antes determinado que sucediera.

　　Y ahora, Señor, mira sus amenazas, y concede a tus siervos
que con todo denuedo hablen tu palabra, …　(Hechos 4:23-29)

Este denuedo es la cualidad del Espíritu Santo, y el denuedo del
Espíritu Santo siempre llega a través de los mansos que heredarán la
Tierra.* Hace falta una persona mansa para tener el valor del Espíritu
Santo, mientras que los orgullosos tienen el valor de la mente carnal.
La diferencia se conoce por la vibración. No creo que haya nadie en
esta sala que no pueda distinguir entre el valor del Espíritu Santo y el
de los seres oscuros, la orden esclavizante que nos obliga a someter-
nos a la voluntad de alguien.

Remarco que ustedes han tenido la experiencia de ambas cosas
para fortalecer su creencia en sí mismos y su capacidad de discernir
los espíritus,† de saber quién habla, el Espíritu Santo o los espíritus.
Hay que acumular experiencia. Incluso cuando se tiene la convicción
absoluta de que se está en lo cierto, uno debe siempre estar dispuesto
a que Dios cambie, mejore y exalte nuestra conciencia.

　　… mientras extiendes tu mano para que se hagan sanidades
y señales y prodigios mediante el nombre de tu santo Hijo Jesús.

　　Cuando hubieron orado, el lugar en que estaban congregados tembló; y todos fueron llenos del Espíritu Santo, …

(Hechos 4:30-31)

Cuando Jesucristo nos salva, lo sentimos entrar en nosotros y
vivir en nosotros, y él vive como el Cristo, unido a la llama Crística en
nuestro corazón, y sentimos que camina con nosotros y en nosotros.

---

*Mateo 5:5.
† 1 Corintios 12:10.

Del mismo modo, la venida de la Tercera Persona de la Trinidad también es la venida de una persona, no una persona en sentido carnal, sino una persona en sentido divino, un ser divino que tiene forma, que no es simplemente una esencia vaporosa. Entonces nos damos cuenta de que somos un templo, un electrodo para que esa presencia divina esté en nosotros y haga estas obras de sanación a través de nosotros.

Y así, los llenó el Espíritu Santo:

... y hablaban con denuedo la palabra de Dios.

Ustedes deben hacer la transición de escuchar, «*ellos* hablaron la Palabra de Dios con denuedo», a «el Espíritu Santo ha hablado a través de *mí* con denuedo». El Espíritu Santo está hablando a través de mí.

Es bueno decidir no hablar durante una semana a menos que hable el Espíritu Santo. Eso está muy bien. Uno se sienta a la mesa en silencio. [La audiencia se ríe]. Uno se sienta a meditar en el salón de su casa; apaga la televisión porque no le parece que estén hablando con el Espíritu Santo. [La audiencia se ríe]. Se guarda silencio. Se medita, se reza, se lee la Biblia y se hacen decretos, porque los decretos son el hablar del Espíritu Santo a través de uno. No tiene sentido decretar o decir oraciones a no ser que Dios esté diciéndolo a través de uno. ¿De qué sirve que un templo de carne y hueso forme palabras y las pronuncie? El único motivo para pronunciar la Palabra es que Dios sea el que hable. Por tanto, acostúmbrense a aquietar los sentidos, a aquietar el ser exterior. Comuníquense con sus amigos y seres queridos cariñosamente, pero con la mayor brevedad posible para mantener la vida en movimiento como un flujo, en vez de toda esa cháchara sin sentido y todo el contar una y otra vez el cuento humano que contamos todos los días. ¿Saben que a veces el Espíritu Santo no les habla porque no ustedes dejan de hablar el tiempo suficiente? [La audiencia se ríe]. No están abiertos. No son una estación abierta. [La audiencia se ríe]. El canal está ocupado. Y al pensar en que el canal está ocupado,

¿acaso no pensamos en una longitud de onda que está ocupada?

¿Quién habla cuando estamos en la conciencia humana? Puede que seamos nosotros. Pero podríamos estar dándole boca y voz a las opiniones y la conciencia de otra gente a la que estemos vinculados. La mayoría de las personas en la conciencia de las masas circula con mucha facilidad, entrando y saliendo de los pensamientos de otras personas, aunque crean que sus ideas son propias.

Esto lo he comprobado muchas, muchas veces cuando me he visto con deseos de ciertos alimentos. «Bueno, en realidad eso no te apetece mucho. Además, no acostumbras a comerlo». Pero yo seguía con hambre, y al ir a buscar la comida me daba cuenta de que entre media docena a una docena de personas de la sala de al lado o al otro lado del campus estaba acumulando un deseo, hasta el punto de que se pusieron a comer eso mismo. Se transmiten pensamientos y sentimientos de todo tipo, y después les damos voz, les damos la boca o dejamos que entren de alguna forma en nuestro templo corporal.

Resulta igual de fácil ser instrumentos de los deseos y el hambre que tengan mortales fallecidos que de los deseos que tengan mortales con cuerpo. Igual de fácil es tener una rabieta, que en realidad son las energías de un desencarnado, que lo es recibir esa energía transmitida por alguien vivo. Miren el poder de un Hitler para controlar absolutamente a un país con ciertas frecuencias energéticas, hasta que todas las mentes se vuelven casi la misma. Con una precisión de milésimas de segundo, todo el mundo levanta la mano y saluda, ¿no es verdad?

Por tanto, vemos que la conciencia de las masas es una sola. Y si quieren ser la voz del Espíritu Santo, han de hacer que su canal deje de sintonizarse con todas esas fuentes. En el plano astral nos vemos como si tuviéramos un millón de raíces conectándonos con un millón de enchufes que nos llevan las energías de este mundo. Cuando más mezclados estemos con este mundo, con sus medios de comunicación y con su gente, más nos ataremos a pensamientos y sentimientos de todas clases de la gente, hasta que nos quede muy poca originalidad o creatividad del Espíritu Santo. Nos convertimos en electrodos *programados*. Nos convertimos en robots. Aunque no lo fuéramos al principio, nos hacemos robots.

Podemos hacernos robots a nosotros mismos. Podemos hacernos eunucos, como dijo Jesús,* por el reino de Dios. Podemos hacernos hijos e hijas de Dios y seres Crísticos. Es un proceso de selección por libre albedrío.

Es un proceso más de bloqueo que de sintonización. Cuando uno bloquea al mundo, se crea un vacío, y la ley de Dios dicta que el vacío debe llenarse. Si ustedes deciden bloquear absolutamente la conciencia inferior de esta Tierra, crearán un vacío que el Espíritu Santo llenará. Y descubrirán que la oración, la meditación y la purificación que hagan orando y ayunando seguirá siendo, como porcentaje, la menor parte del trabajo. La mayor parte será el bloqueo. Si bloquean todas esas conciencias inferiores, ustedes y Dios estarán en sintonía, porque no quedará nada más con lo que estarlo.

Esto es lo que hacían los discípulos. Y hablaban con denuedo. Y quiero que ustedes hablen con denuedo. Quiero que tengan esta experiencia. No tiene sentido que nos reunamos un domingo por la mañana si al marcharse de aquí no han llegado a ser Dios aún más que cuando llegaron y si no pueden seguir avanzando alrededor de esa espiral cuando se marchen. Continuamos con los Hechos:

> Y la multitud de los que habían creído era de un corazón y un alma; y ninguno decía ser suyo propio nada de lo que poseía, sino que tenían todas las cosas en común.
>
> Y con gran poder los apóstoles daban testimonio de la resurrección del Señor Jesús, y abundante gracia era sobre todos ellos.
>
> Así que no había entre ellos ningún necesitado; porque todos los que poseían heredades o casas, las vendían, y traían el precio de lo vendido, y lo ponían a los pies de los apóstoles; y se repartía a cada uno según su necesidad.

---

*Mateo 19:12.

> Entonces José, a quien los apóstoles pusieron por sobre-
> nombre Bernabé (que traducido es, Hijo de consolación), levi-
> ta, natural de Chipre, como tenía una heredad, la vendió y trajo
> el precio y lo puso a los pies de los apóstoles. (Hechos 4:32-37)

Este pasaje es muy curioso, porque frecuentemente se lo cita
como justificación del socialismo o el comunismo. Esto nos muestra
qué respuesta dará la gente cuando son de una sola alma, de una
mente y de un corazón. Cuando la gente tiene el Espíritu Santo es
consciente de un solo Dios y de una persona. Esa es la verdadera
conciencia de la Comunidad del Espíritu Santo. Y esa es la tercera
parte del oír, hablar y vivir. El modo de vivir de hecho cambia cuando
tenemos el Espíritu Santo.

Lo que yo vivo en el Espíritu Santo es que solo hay una persona
en la Tierra: Dios. Hay miembros en el cuerpo de Dios, pero somos
uno solo. El flujo del Espíritu Santo me dice que yo soy ustedes y que
ustedes son yo. El flujo del Espíritu Santo me dice que estoy tan inte-
resada en lo que visten, lo que comen, lo que saben de la verdad o de que
asciendan, como lo estoy de mí misma. De hecho, la frase que acabo
de decir es falsa porque presupone a dos personas aparte. Lo que me
interesa es la ascensión de Dios. Yo soy ese Dios y ese Dios es colectivamente un Individuo en esta sala y en todo el cuerpo planetario.

El estar con la conciencia del Espíritu Santo que nos llena es lo
que ha hecho a los grandes líderes de todos los países de todas las
épocas que han dado la vida por el pueblo. Ese mismo Espíritu Santo
estaba en Gandhi. El mismo Espíritu Santo estaba en una cantidad
innumerable de personas que han vivido por todos en vez de por el
«yo». Cuando tenemos ese Espíritu Santo en nosotros, estamos
igual de interesados en que alguna otra persona tenga ropa y comida,
porque todo es un *nosotros,* el Nosotros Divino, la conciencia de los
Elohim. *Elohim* es un nombre plural para Dios, una pluralidad en
unión. Así, con esa conciencia, cuando somos elevados por el Espíritu Santo, no perdemos la creatividad ni la iniciativa individual al
compartir las cosas. En ese sentido, los que tienen y los que no tienen

pueden compartirlo todo, porque los que no tienen en un sentido físico poseen otros talentos que ofrecer, otras contribuciones que hacer a la maestría de la comunidad sobre los cuatro planos de la materia, fuego, aire, agua y tierra.

El Espíritu Santo es un poder, el mismo poder realizado por Jesucristo y usurpado por Satanás. Así, vemos que la idea de comunidad ha sido usada por los caídos para desarrollar un sistema económico que denominamos comunismo marxista, en el cual, en vez de compartir por el Espíritu Santo, se le quita a la gente lo que tiene, pero sin su libre albedrío. Las personas no dan porque el Espíritu haya entrado en ellas. Dan porque algo exterior a ellas les dice que lo hagan. El Estado ha sustituido a Dios e impone el sistema.

Esto es lo que lleva a la gente a protestar por los impuestos, aunque los impuestos fueran menores, me imagino, en la época de la revolución de lo que lo son hoy día. Tenemos impuestos hasta el punto de que mantenemos un Estado de servicios sociales, como hacen muchos países a los que llamamos países del mundo libre. Lo que quiero decir es que el compartir no es lo que está mal. De hecho, cuidar de los necesitados, los ancianos, los enfermos y todos esos componentes de la comunidad es nuestra responsabilidad divina. Dios quiso y quiere que en nuestra sociedad esto se logre mediante la iniciativa de la gente a través de los gobiernos locales, en unidades pequeñas, porque en unidades pequeñas es que uno tiene un sentido de identidad en comunidad. Cuanto más grande sea la unidad, más grande será la pérdida de individualidad en el Espíritu Santo.

Sí, es importante que demos. Yo tenía una tía abuela que vivía en una granja en Suiza. Era de familia grande, con muchos hijos, sobrinos y nietos. Guardaban los trajes y los abrigos en un viejo granero, y cada vez que llamaba a la puerta un mendigo o un vagabundo la tía abuela le regalaba un abrigo o un traje. Los hombres de la casa entraban a por su ropa el sábado o el domingo y se encontraban con que la ropa había desaparecido. [La audiencia se ríe]. Así es que iban y le preguntaban a la tía: «¿Qué has hecho con mi ropa?». Y ella decía:

«Tú tenías dos y él no tenía nada». Por supuesto, ellos no podían argumentar nada más. [La audiencia se ríe].

Recibimos talentos y concesiones para que podamos ser instrumentos de un flujo de suministro y de conciencia. No se nos da para que lo acaparemos. Recuerden, somos electrodos. Esas cosas deben pasar a través de nosotros para bendecir la vida. Cuando uno empieza a poseer la abundancia de los dones del Espíritu Santo, los pierde. Cuando la gente no tiene el Espíritu Santo y se le obliga a dar, ahí empieza el declive de la civilización. Cuando se da una imposición rígida y mecanizada del principio del Padre, del Hijo o del Espíritu Santo en la sociedad, comienza la destrucción de esa sociedad.

Lo que necesita todo el país y todo el mundo es un renacer en la Trinidad. El Padre es el principio de la ley interior del ser, el gobierno interior. El Cristo, el Hijo, es la cabeza, la sabiduría de esa ley.* Cuando tenemos eso dentro de nosotros, somos una nación de gente autogobernada. Y cuando el flujo del Espíritu Santo se restablece, cuando existe el flujo de la abundancia y la restauración de nuestra economía con un sistema sólido basado en el oro y la plata (en representación del equilibrio de Alfa y Omega) y no en la inflación, en el papel moneda y el control de una corporación privada, el sistema de la Reserva Federal, tendremos la oportunidad de tener una economía y una sociedad basadas en la comunidad verdadera de la Gran Hermandad Blanca. Se trata de una comunidad en la que se comparte, pero no a la fuerza, y el compartir nunca le quita al individuo su trabajo y su iniciativa diarios.

¿De dónde viene la iniciativa del individuo? No viene de una motivación porque vaya a amasar riquezas ni porque tenga el estómago vacío, sino porque va a contribuir a traer el reino de Dios a la tierra. Esta meta ha capturado a su alma con pasión. El individuo dará la vida por eso. Trabajará veinticuatro horas al día. Ayunará y rezará por eso, y contribuirá toda su vida.

Esta es la iniciativa que destruye la teoría que dice que si la gente

---

*"... y el principado sobre su hombro; ..." (Isaías 9:6)

lo recibe todo no trabaja. No trabaja si no tiene nada por lo que trabajar. Pero si uno encuentra una Comunidad del Espíritu Santo de verdad, donde la gente tiene algo por lo que vivir, algo que demostrar (un testimonio sobre la ascensión y el sendero de iniciación), la gente *oirá, hablará* y *vivirá*. Tendrá esos tres componentes de su fe.

Aquí, en Pasadena, en estas instalaciones con que Dios nos ha bendecido, estamos demostrando que una Comunidad del Espíritu Santo puede funcionar.* Tenemos a más de cien personas, desde recién nacidos a gente de más de ochenta años, viviendo en estas instalaciones, trabajando, estudiando y viviendo unos junto a otros, todos con una misma meta: la apertura de la puerta de la conciencia hacia las verdaderas enseñanzas de Jesús el Cristo, el Buda Gautama y todos los santos que han proclamado la misma ley del Uno. Tanto si son ricos como si son pobres, tienen el mismo sentimiento: Tenemos una misión y a menos que lo demos todo, esa misión no se cumplirá».

Cuando se tiene el Espíritu, se tiene la economía adecuada. Cuando no se tiene el espíritu adecuado, surgen discusiones de todas clases sobre cómo combinar la empresa individual, el socialismo, el comunismo, la economía keynesiana, el marxismo u otras teorías económicas para tener un sistema perfecto. No se puede tener el sistema económico perfecto si no se tiene la conciencia adecuada.

Por fortuna Dios nos ha dado los Estados Unidos como terreno de pruebas para la conciencia adecuada. En este país hay libertad y el Espíritu moviéndose entre la gente, gracias a lo cual aún tenemos oportunidad. No es demasiado tarde. Tenemos oportunidad para una revolución de conciencia hacia un plano superior donde nuestra sociedad funcione en base al *individuo,* no como una masa colectiva.

La masa colectiva es la historia de las civilizaciones que han caído sin la Trinidad. La masa colectiva es lo que nos viene a la cabeza cuando pensamos en los países del bloque soviético. Vemos la

---

*De 1976 a 1978, la Iglesia Universal y Triunfante tuvo su sede central en lo que fue la universidad llamada Pasadena Nazarene College.

masa colectiva, vemos a los tiranos imponiendo este sistema sobre el pueblo. Y vemos a individuos magníficos orientados hacia Cristo levantándose en medio de todo eso. Como árboles, siguen creciendo, y no se los puede talar. Los llaman disidentes. Están insatisfechos. Son el verdadero pueblo del Espíritu Santo y nosotros estamos unidos a ellos. No podemos estar separados, porque tenemos el mismo Espíritu. Tenemos unión, un sentimiento hacia Dios y un sentimiento para entregar nuestra vida.

Cuando vemos a gente de nuestro Gobierno o de gobiernos de otros países negarse a recibir a esta gente insatisfecha, que daría la vida por la verdad, los conocemos por sus frutos, ¿no es así? Y sabemos que los que se niegan a recibir a los hijos y las hijas de Dios que dan testimonio de esta forma no son de la luz, sino de la oscuridad. Se han desenmascarado a sí mismos. Por consiguiente, no tienen derecho a gobernar, porque dice que el principado [gobierno] estará sobre *su* hombro.* *Su hombro* significa el hombre de Jesucristo que vive en todos nosotros. Al aceptar a ese Cristo en nosotros, con él hemos aceptado su manto de gobierno, autoridad y derecho a gobernar.

Por tanto, el gobierno está sobre los hombros de los que tienen la conciencia Crística. Esa es la forma en que Jesucristo viene a gobernar los Estados Unidos, no descendiendo del cielo y entrando en la Casa Blanca, aunque estoy segura de que lo hace todos los días. Esta idea no es un cuento de hadas. Es una idea de arremangarse y ponerse a trabajar. Esa es la idea del Espíritu Santo sobre el trabajo. «Mi Padre hasta ahora trabaja, y yo trabajo».†

La única forma que hay de realizar ese trabajo es ver la pureza de la corriente y creer que puede seguirse y vivirse. Si la ven, tengan el valor de serla. Ese es el mensaje. Si la ven, le dan la espalda y se van en sentido contrario, ay de ustedes. Ay de los demonios y los caídos a los que han permitido acampar en su casa y en su tienda. Lo que quiero

---

*Isaías 9:6
†Juan 5:17.

decir es que, si ven la verdad y se van por otro camino, en realidad no la han visto. Puede que hayan tocado el borde de su vestidura. Pero nunca se han *atrevido* a vestirse de ella, nunca se han atrevido a llevar el manto de Cristo. Se han contentado con dejar que él haga el trabajo, sabiendo que, en cualquier momento, al hacer el llamado, uno podría ir y tocar el borde de esa vestidura y recibir la corriente.

Pues bien, hoy es el día en que millones de personas necesitan tocar la vestidura de *ustedes*. Hoy es el día que el SEÑOR ha hecho para que *nosotros* oigamos, seamos y vivamos la verdad.

Quisiera que sepan que nos les estoy hablando como si estuviera predicando a alguien que no sea yo. La única persona a la que puedo predicar es a mí misma. Estoy predicando a las energías no transmutadas de mi ser. Estoy predicando a la conciencia caída. Estoy predicando a la mente carnal. Estoy predicando a mi propia alma.

Existe un alma: nuestra alma. Gautama Buda llama a esta alma Sumedha: «Oh Sumedha, oh alma mía». Gautama escribió un libro de poesías sobre el alma.* Al leerlo uno piensa que Gautama está hablando de su alma, y la historia de cómo se convierte en el Buda y domina las diez perfecciones. Pero, en realidad, se trata de nuestra alma. Él sabe que es nuestra alma porque tiene esa consciencia cósmica de unidad. Solo existe una persona, un alma, un Dios. Por tanto, lo que está diciendo es: «Esto es lo que hice. Ven y haz lo mismo. Ven y descubre que estábamos unidos desde el principio. Ven y descubre que todo lo que yo pasé, tú lo pasaste a través de mí».

«Ven y descubre —dice Jesús— «que cuando subí al Gólgota, tú andabas conmigo». La única diferencia entre nosotros y Jesús es que él sabe que venció. Él sabe que fue él quien anduvo, quien venció, quien fue clavado a la cruz y fue resucitado. Nosotros no hemos permitido que nos vivifiquen hasta el punto de estar totalmente inmersos y disueltos en la pasión de Pascua.

¿Saben lo que les pasa a los que lo hacen? Que reciben los estigmas.

---

*Quietly Comes the Buddha (Silenciosamente viene el Buda), publicado por Summit University Press.

A lo largo de los tiempos, muchos santos han tenido esta experiencia.*
Cada viernes sufren con Cristo. Teresa Neumann, de Alemania, sufría la
agonía de la crucifixión todos los viernes. ¿Por qué? Porque solo hay un
alma, solo un Dios, solo una persona y ella lo sabía por el Espíritu Santo.

Piensen en lo que pueden hacer doscientos millones de estadounidenses si se dan de que son solo uno. Piensen en lo que no pueden
hacer cuando aceptan los complots de «divide y vencerás» de los
caídos, cuando nos ponen unos contra otros, cuando nos vemos separados por la raza, la religión o el Norte y el Sur. Nada de eso es real.
La única realidad es la Realidad del Uno.

Por tanto, me predico a mí misma y me digo: «Si quiero convencer a alguien de algo, yo también debo cambiar. Debo trascender el
yo que vieron hace una semana. Debo ser una persona mejor».
Quiero que sepan que en los próximos meses o las próximas semanas
les revelaré la penitencia que me he autoimpuesto y el sendero de
expiación que me puesto delante para que su alma escuche el sonido
interior y tenga la convicción interior. Puesto que nuestras almas son
una sola, ya saben que yo soy quien yo soy y que estoy esforzándome
con ustedes, por ustedes y en ustedes por su victoria.

Solo con este continuo esfuerzo nos sentimos satisfechos. El hijo
y la hija de Dios insatisfecha solo se satisface cuando restriega al yo
anterior para eliminarlo y demuestra su nuevo yo. Esa es la única satisfacción. Es la satisfacción de esa química diaria en la que debe
haber una manifestación no armoniosa para producir la armonía. Y
cuando digo no armoniosa, quiero decir que debe producirse la
ruptura de viejos patrones para alcanzar una resolución, para que la
energía pueda ser elevada.

---

*Los santos que sufren los estigmas con frecuencia llevan las cinco heridas de Jesús en la
cruz: perforaciones en las manos, los pies y el costado. Algunas personas también reciben
las heridas que Jesús recibió por la corona de espinas y los azotes antes de la cruz. La primera persona que recibió los estigmas de la que se tiene constancia fue San Francisco, que en
1224, dos años antes de su fallecimiento, recibió las místicas heridas después de tener la
visión de un serafín de seis alas. Catalina de Siena recibió los estigmas en 1375. Estos solo
se podían ver al principio. Después, en respuesta a una oración de ella, solo los podía ver ella
misma, aunque continuó sintiendo el dolor de las heridas el resto de su vida. El Padre Pío
de Pietrelcina (1887-1968) es el estigmatizado moderno más popularmente conocido.

Jesús habló de esa resurrección y nos da un concepto sorprendente sobre la llegada de esa resurrección:

No os maravilléis de esto; porque vendrá hora cuando todos los que están en los sepulcros oirán su voz; y los que hicieron lo bueno, saldrán a resurrección de vida; mas los que hicieron lo malo, a resurrección de condenación. (Juan 5:28-29)

Esto significa que cuando nos lleguen los fuegos de la resurrección, cuando entren en nuestro templo y en nuestros chakras, lo que se resucite del subconsciente será tanto lo bueno como lo malo. Lo malo que se resucita sale para transmutarse, como las toxinas que expulsamos cuando ayunamos. Los cuerpos mental, emocional y etérico tienen mucho que no es puro y que ha de ser extraído.

Por consiguiente, la experiencia de la resurrección no es simplemente la de estar en la gloria y sentir a Dios fluir a través de uno y conocer la paz absoluta. Experimentar la resurrección es sentir la depuración, sentir los espectros y las energías de muerte salir de uno, sentir cómo las impurezas de todas clases son eliminadas y saber que todo eso está abandonando el mundo de uno y está disolviéndose en el fuego sagrado del Espíritu Santo.

El pasaje de apertura de la Primera de Juan dice que debemos reconocer y confesar nuestros pecados. Debemos ser capaces de decir que somos pecadores, de lo contrario hacemos de Jesús un mentiroso. Algunas personas adeptas a la metafísica o las que vienen al Sendero de los Maestros Ascendidos sin conocer la fe cristiana no comprenden la importancia que tiene confesar los propios errores, el mantenernos conscientes del hecho de que tenemos impurezas que deben ser eliminadas, que deben ser depuradas y que esto lo hace Cristo. Si sencillamente negamos constantemente que en nosotros hay oscuridad, no pasamos por ese proceso necesario de *redención*.

El proceso de redención es la toma de responsabilidad por el mal uso que uno ha hecho del libre albedrío, comprendiendo que eso ha sido una cualificación errónea de la energía. Al admitirlo, esa energía arderá en la llama del Espíritu Santo y nosotros seremos perdonados. No podemos quitarlo de en medio y decir que nunca hemos pecado y que siempre hemos sido puros, etcétera. Esas frases son ciertas del hombre interior real, pero no lo son del hombre exterior. Esa es la diferencia.

En el nombre de Jesús el Cristo, en el nombre del Espíritu Santo, invoco la luz de Dios para agudizar los sentidos del alma, para la percepción y la escucha de la verdadera Palabra de Dios en todo este cuerpo de Dios hoy. Pido el poder del Espíritu Santo que obliga a exorcizar nuestros templos, en el nombre de Jesús el Cristo, a los desencarnados y a los espíritus que no son de Dios. Exijo que se marchen por la puerta de atrás. Exijo que salgan y que sean atados por Miguel Arcángel, y que en su lugar todo templo sea llenado por el Espíritu Santo, y toda lengua dé el testimonio de ese Espíritu.

Amado Jesús, invoco los grandes milagros del templo, de los discípulos y de los días en que estabas unido a nosotros en la tierra como estás unido a nosotros en el cielo. Invoco la realización de ese antiguo cristianismo, de esa realización de la unidad del YO SOY en Cristo. Que aparezca, y que todos los que se entreguen ahora en este templo y por la Tierra en esta hora, tengan ese poder del Espíritu Santo que obliga y que despedirá en cuanto entre en contacto con ellos a esas energías y entidades que no son de la verdad. Si no son de la verdad, que las entidades mentirosas sean eliminadas. Que sean atadas por el poder del Espíritu Santo.

Llamo a la poderosa Presencia YO SOY de todos para que ofrezca la bienvenida a los ángeles que entran en esta sala para la preparación de nuestra fiesta en la conciencia de la Palabra de Dios. Llamo a los ángeles benditos que se quedan con nosotros en la confesión que hacemos de Jesucristo, para que también sirvan en nuestro templo para prepararnos para recibir al Espíritu Santo, de modo que no rechacemos ninguna oportunidad de renuncia o de sacrificio por la ley del Uno, el alma, el corazón y la mente únicos que compartimos.

Amados Jesús, deseamos sentir el verdadero origen en Cristo. Quisiéramos conocer esa unión y ese poder que obliga, porque en él está nuestra fortaleza. Pido la luz del Cristo para que ahora este cuerpo de Dios sea el electrodo que encienda las demás partes del cuerpo de Dios en la tierra. Pido el cantar del Espíritu Santo en nosotros. Pido que la Palabra resuene y que se traigan los viales que nos depurarán de todo lo inferior a la conciencia Crística.

Te llamamos, oh, Espíritu Santo. Responderemos a tu llamado y pelearemos. Pelearemos por la luz. Porque si no peleamos contra la oscuridad de nuestra propia noche oscura del alma, aquellos a los que veamos y amemos nunca llegarán a percibir la Realidad.

Te damos las gracias, Espíritu Santo, por este mensaje en un momento de oscuridad. ¡Pelead! Porque si no peleáis la gente no despertará hacia la verdad. Te damos las gracias, oh, Señor, Ser Divino que vives en nosotros y entre nosotros y que moras con nosotros y nos conduces a la victoria de la vida en la Ciudad Santa.

En el nombre del Padre, la Madre, el Hijo y el Espíritu Santo. Amén.

Les pediría que permanezcan en silencio un momento. Cierren los ojos y vayan a su interior, y escuchen a Dios.

[Intervalo en silencio].

Ahora les pido que hablen según les dé pronunciar la Palabra el Espíritu Santo. [Hablan miembros de la audiencia].

Ahora les pido que vayan y vivan lo que han oído y lo que han dicho.

En el nombre del Padre, de la Madre, del Hijo y del Espíritu Santo. Amén.

13 de marzo de 1977

8

Milagros en Jerusalén y la prédica y persecución de San Esteban

En el nombre del Padre, de la Madre, del Hijo y del Espíritu Santo, invocamos el fuego sagrado sobre el altar del ser de cada uno de nosotros. Invocamos el templo del Dios vivo y llamamos a los ángeles del templo a que vengan y lo limpien, a que allanen el camino para la venida del Cristo, el Yo Real de todos.

Llamamos a los ángeles del Buda, a los ángeles del Cristo y a los ángeles de la Virgen Cósmica para que preparen a cada alma para que reciba la luz del YO SOY EL QUE YO SOY. Que los ángeles del testimonio de verdad aparezcan para declarar y decir la verdad a través de nosotros y nos den hoy nuestra porción, nuestro cáliz de comunión y el maná que recibe el pueblo de Israel.

En el nombre del Salvador bendito de todos, en el nombre de la Luz verdadera que es la Palabra encarnada, rogamos. Y te damos las gracias, oh, Dios, por la respuesta que das a cada uno de nuestros llamados. Amén.

Esta mañana quiero hablarles de los grandes milagros en Jerusalén, los milagros que ocurren en el lugar consagrado como la Ciudad Cuadrangular. En el quinto capítulo del libro de los Hechos volvemos a ver el testimonio de los milagros que tuvieron lugar en Jerusalén. Debemos mirar la simbología mística del milagro y de la ciudad. Debemos ver a la ciudad como nuestro propio campo energético de conciencia, que nosotros, individualmente y como comunidad, consagramos como la Ciudad Cuadrangular.

¿Qué es la Ciudad Cuadrangular? Es aquello que vio Juan el Amado en el libro del Apocalipsis.* Juan vio esa bendita ciudad con sus doce puertas. Vio la simbología de su alma en la maestría del plano de la materia. La Ciudad Cuadrangular representa verdaderamente todo el plano del universo material. Representa a cada persona dentro de ese plano que ha decidido establecer ese campo energético para la victoria de su alma.

Es un lugar consagrado en el tiempo y el espacio. Puede ser incluso un sistema solar, una galaxia. Pero en cada nivel de conciencia, en cada esfera de percepción, en cada microcosmos y en el macrocosmos existe ese lugar especial, existe esa joya apartada en la esfera material que es la Ciudad Santa. En nosotros es el campo energético que rodea el corazón. Es el lugar que proporciona la cuna para la consagración del nuevo nacimiento. En los Estados Unidos, la ciudad y todo el condado de Los Ángeles están consagrados a la Nueva Jerusalén.

En todas esas manifestaciones vemos que Jerusalén es el símbolo del Ser Crístico individual que se ha convertido en la comunidad. La unidad con las demás almas que se han unido al Cristo es la alquimia necesaria que precede a la precipitación de la Ciudad Cuadrangular.

Actualmente vivimos en el ciclo de Acuario, pasando de la individualización del Cristo a la conciencia colectiva del Cristo, a lo cual llamamos comunidad. Por tanto, pasamos del individuo al plano de la hermandad, al plano en que la hermandad se convierte en una comunidad de almas que se manifiestan como una galaxia de conciencia.

Les hablo de esto debido al concepto de los milagros en la ciudad. Quizá les resulte curiosa la observación de que en el griego bíblico no existe una palabra específica que signifique *milagro*. Cuando

---

*Apocalipsis 21:9-21.

esto se traduce en el Nuevo Testamento, la traducción viene de las palabras *poder* y *señal*. Es decir, el concepto de milagro no existía entonces tal como lo entendemos hoy.

En lo que a mí respecta, creo que la palabra *milagro* nos quita la maestría sobre nosotros mismos. Convierte a Jesús y a los apóstoles en magos y no en científicos, que es lo que eran en el sentido supremo de la palabra. Ellos fueron los científicos que definieron con claridad todas las energías y sus ciclos y las evoluciones en el tiempo y el espacio. Tenían una maestría sobre el poder en su conciencia y un poder tal acumulado en sus chakras, o centros de conciencia, que fueron capaces de emitir ese poder de una manera concentrada para vivificar, elevar y levantar la llama de la resurrección en quienes habían perdido esa llama por haber usado mal la energía y quienes, por consiguiente, necesitaban ser sanados, quienes necesitaban plenitud.

Cuando miramos la palabra *milagro,* apenas aparece en singular, sino que siempre lo hace en plural, igual que *poder* y *señal,* porque hay una gran abundancia de manifestaciones o expresiones allá donde está el poder del Espíritu Santo. Y cuando hablamos de milagros en la Iglesia o en la Nueva Jerusalén, nos referimos a una emisión de poder específica y concentrada. ¿Qué poder? El poder de Dios, el poder del Espíritu Santo que siempre es la consumación del Padre y el Hijo en nosotros.

El verdadero milagro no es la repentina transferencia de energía a niveles astrales inferiores que se produce a través de lo que podríamos llamar una sanación psíquica o un tipo de «sanación de fe», donde, por la propia conciencia de la gente o por autohipnosis, se convencen de los cambios materiales. El verdadero milagro es una transferencia de energía desde la Trinidad al alma a fin de producir un cambio permanente en la conciencia y un cambio total de las energías del ser. Esta es la clase de milagro que queremos. Esta es la clase de poder que queremos.

Ya he dicho muchas veces que Dios le ha dado poder al hombre desde el principio. Hoy he observado ese poder en el sermón que el amado Esteban dio a los judíos antes de que lo persiguieran.*

Ese poder ha sufrido dos cosas. El hombre ha abusado del poder y ha dejado de ser apto para recibirlo; el hombre ha desobedecido las leyes de la ciencia que gobierna la entrega del poder de Dios.

La segunda es que los que han reconocido el poder proveniente del Sanctasanctórum, del arca del pacto, de los mandamientos de Dios y del YO SOY EL QUE YO SOY, han visto que podían interponerse entre el poder y el pueblo, y han podido establecer una trama sacerdotal con la cual reservar las energías, los poderes y los misterios secretos para sí, privando así al pueblo de ellos.

Hemos visto esto mismo en la mayoría de las tradiciones religiosas de Oriente y Occidente. El resultado es que, o bien por la desobediencia a la ley de Dios por parte del individuo o bien por las manipulaciones de los archiengañadores, la humanidad en masa ha sido privada del poder de Dios. Sí ha recibido algo de sabiduría y algo de amor, pero el conocimiento sobre el uso del poder como una ciencia del Cristo, como una ciencia del potencial interior del alma, se ha perdido. Este poder lo tenían los primeros apóstoles, de ahí el testimonio del Espíritu Santo, de ahí el testimonio de los milagros.

En el libro de los Hechos, quinto capítulo, versículo 12, dice:

> Y por la mano de los apóstoles se hacían muchas señales y prodigios en el pueblo; ...

Observen que, en esta frase en particular, las *manos* son la clave. Sabemos que Dios siempre entrega su poder a través del hombre, a través del centro del corazón, a través del fuego sagrado del corazón, a través de la cabeza y las manos. Esto forma la Trinidad, Padre, Hijo y Espíritu Santo. Pero la mano, cuando se levanta para bendecir, siempre es una acción del Espíritu Santo. El corazón es la sede del Cristo. La cabeza es la sede del gobierno del Padre o la Presencia YO SOY. Por tanto, decimos: «En el nombre del Padre, del Hijo y del Espíritu Santo».

---

*Hechos 6:8; 7:1-53.

Ahora bien, las manos —la imposición de manos por parte de los primeros apóstoles o la bendición con las manos en alto o incluso, en Oriente, la ciencia de los mudras de las manos— sirven para emitir la acción del Espíritu Santo. Nuestras manos son siempre un símbolo de acción. Trabajamos con nuestras manos. Es de esperar que sea el trabajo de Dios. Todo el trabajo de nuestras manos debería ser una demostración de la obra de Dios consagrada como una actividad sagrada.

Y así, está escrito: «... por la mano de los apóstoles...». Es decir, Dios necesita un instrumento. *A través* de sus emisarios, Dios entrega su poder. Cuando damos un testimonio del poder de Dios vemos que muy pocas veces hay poder sin una personificación, ya se trate de Moisés en el Sinaí, la venida de las huestes angélicas o la Palabra encarnada nacida entre nosotros.

Cuando miramos la naturaleza y contemplamos el relámpago, el trueno, el viento, las flores y los árboles, vemos este poder de Dios. Sabemos que Dios como Elohim está detrás de este poder. La palabra *Elohim* nos llega de la Biblia, el primer capítulo del Génesis en el texto hebreo, donde se transmite el Nosotros Divino que entrega el poder de Dios.*

Esta enseñanza sobre la instrumentación de ese poder nos muestra nuestra función y nuestro propósito en el universo. Como instrumentos de ese poder, nosotros (todos los hijos y las hijas de Dios y todos los niños de Dios) somos muy necesarios para todo el esquema de la creación en la emisión de esa luz a la Tierra y sus evoluciones. Y así, con las manos...

... se hacían muchas señales y prodigios en el pueblo; y estaban todos unánimes en el pórtico de Salomón. (Hechos 5:12)

---

*En el Antiguo Testamento hay 2570 referencias a Dios como el Nosotros Divino, como "Elohim". La palabra es hebrea, derivada de la raíz "El", que es el nombre más antiguo de Dios en las lenguas semitas. "El" es una raíz masculina, convertida en plural con terminación femenina que, por tanto, hace que "Elohim" sea un plural masculino y femenino en su significado.

Una y otra vez vemos que el testimonio del libro de los Hechos va precedido de la frase: «Y estaban todos unánimes en un lugar». Tenían la armonía del Espíritu Santo y esa armonía era necesaria para la entrega de poder. La armonía en nuestros miembros: nuestro corazón, nuestro cuerpo físico, conectándose con nuestros sentimientos, nuestra mente, nuestros recuerdos; esa armonía del ser, toda esa conciencia de Dios, es una clave para obtener poder.

Hay muchas claves para obtener poder. Las claves se encuentran en las escrituras de Oriente y Occidente. Están escritas en la naturaleza. Están escritas en su corazón y ustedes pueden descubrirlas. El científico las descubre en su laboratorio. Si llenara sus descubrimientos con la llama del Espíritu, se encontraría ante la mismísima presencia de Alfa y Omega, el principio y el fin. Por tanto, no podemos divorciar la llama del Espíritu de la ciencia de la materia. Al hacerlo, carecemos de todo el Espíritu del YO SOY.

Ahora bien, los apóstoles estaban en armonía con este Espíritu y tenían la armonía del flujo del Espíritu y la materia. Y en esa armonía tuvieron lugar las sanaciones en Jerusalén.

> De los demás, ninguno se atrevía a juntarse con ellos; mas el pueblo los alababa grandemente.
>
> Y los que creían en el Señor aumentaban más, gran número así de hombres como de mujeres; tanto que sacaban los enfermos a las calles, y los ponían en camas y lechos, para que, al pasar Pedro, a lo menos su sombra cayese sobre alguno de ellos.
>
> Y aun de las ciudades vecinas muchos venían a Jerusalén, trayendo enfermos y atormentados de espíritus inmundos; y todos eran sanados. (Hechos 5:13-16)

En estos cinco versículos, que con certeza nos llegan como un fragmento del testimonio de este suceso, vemos varias claves. Los apóstoles y los devotos más cercanos, juntos y en armonía, formaban el núcleo energético del poder de los milagros. Vemos que eso no descansaba sobre un alma, aunque Pedro, como Vicario de Cristo, era el punto focal de la emisión de energía. Sin embargo, otros sanaban con él. Pedro, por supuesto, siempre reconocía que Jesucristo era quien sanaba y que Dios a través de Jesús le hizo ser un instrumento. Nunca permitió que lo distinguieran de los demás como un ídolo o una personalidad.

También vemos que ellos esperaban que Pedro llegase y también su sombra. Esto no es idolatría y no es un culto a la personalidad. Es de hecho la transmisión de la conciencia Crística de Jesús a Pedro. Esto significa que en su templo había una gran concentración de poder y la gente lo sentía. Junto con los apóstoles, Pedro se convirtió en una de las grandes claves de la emisión de esa energía para cimentar el cristianismo primitivo.

A partir de todo lo que hemos leído anteriormente en el libro de los Hechos (la unión de la gente en comunidad, la renuncia a su sustancia), vemos que se reunieron como los componentes del núcleo de un átomo, bien apretados, siendo un enorme impulso acumulado de energía, campos energéticos, partículas, formando un centro al que llamamos el imán del gran sol central. Esas almas se convirtieron en un núcleo con una energía tan intensa que eran el equivalente a un imán, y atrajeron a toda esa gente. Y a ellos les fue dada, por el Espíritu Santo, la autoridad de transmitir energía para devolver la vida a esas almas.

Esta unión como Iglesia, en cualquier grupo, independientemente de su denominación, debería ser la meta de nuestro servicio cristiano. Deberíamos ver que la renuncia a las cosas de este mundo que nos separan *es el sacrificio más importante* que podemos poner sobre el altar del SEÑOR, porque se debe formar un núcleo de energía, un núcleo tan grande que pueda desafiar a los ejércitos, a las armas nucleares, al poder nuclear, todas las injusticias, la contaminación del planeta, el mal uso que hacemos de nuestra economía y el sistema económico, todo lo que está teniendo lugar en el continente africano.

Todo esto puede contrarrestarse mediante grupos de almas

reunidas en un núcleo de luz que se niegue a atemorizarse y que decida ser la plenitud de la armonía que se necesita para la sanación de las naciones. Si *nosotros* no estamos dispuestos a hacer el sacrificio que hicieron los primeros cristianos, podemos estar seguros de que el futuro de nuestra Tierra como ecosistema viable es muy tenue. Solo el Cristo, y solo a través de Cristo en todos nosotros, puede dar la energía para contrarrestar la oscuridad de esta Tierra.

Está escrito que los hombres amaron la oscuridad porque sus obras eran malas y que la luz resplandeció en las tinieblas y estas no la comprendieron.* Debemos comprender que el poder de Dios y su energía para cambiar la Tierra se estremece y se cierne en la atmósfera, esperando a que lo recibamos en el cuenco de nuestra conciencia. No lo recibimos porque sin armonía ese poder nos destruiría. Es mucho mayor que el poder nuclear. Es mayor que toda la energía que han descubierto nuestros científicos.

Para que nuestro centro del corazón pueda contener esa energía, este debe armonizarse con Dios. Nuestro centro del corazón es un centro del alma que se encuentra en lo que llamamos el plano etérico, pero también está afianzado en el cuerpo físico, en la mente y en las emociones. Para que ese centro del corazón contenga la energía de Dios, debe estar en armonía con Dios, de otro modo la energía será su destrucción. Cuando pronunciamos el YO SOY EL QUE YO SOY y la ciencia de la Palabra hablada, las energías que manejamos son extraordinarias. Esta energía puede ser tan grande que, al acercarnos al ministerio de Esteban en el sexto capítulo del libro de los Hechos, verán una demostración de qué ocurre cuando uno decide defender su energía en medio de la gente.

En primer lugar, al principio del sexto capítulo, los doce apóstoles nombran a siete almas de luz para que los representen en el servicio, la prédica y los asuntos del día a día en la dirección de la Iglesia. Entonces los siete reciben la comisión de ponerse en marcha. Entre

---

*comprendieron, según la traducción de la versión bíblica del Rey Jacobo. (N. del T.) Juan 3:19; 1:5.

ellos está Esteban, lleno del Espíritu Santo, que es el primero al que vemos ponerse en marcha.

> Y crecía la palabra del Señor, y el número de los discípulos se multiplicaba grandemente en Jerusalén; también muchos de los sacerdotes obedecían a la fe.
>
> Y Esteban, lleno de gracia y de poder, hacía grandes prodigios y señales entre el pueblo. (Hechos 6:7-8)

Aquí se ve que la multiplicación del cuerpo de Dios, la atracción de las multitudes al centro donde se guarda el Espíritu, depende totalmente del sacrificio de la comunidad interior de la Iglesia. Vemos que el número de electrones que pueden mantenerse en órbita alrededor del núcleo de un átomo depende del número de protones y neutrones en el núcleo de ese átomo. Cuanto más pesado es el núcleo, mayor es el número que se puede mantener en órbita.

Aquí tenemos una analogía directa con respecto a la comunidad y la Iglesia. Donde hay una gran concentración de luz, esa concentración de luz puede mantener el equilibrio de la Tierra. Millones de almas pueden vivir de un centro solar compuesto de personas absolutamente dedicadas a la Palabra de Dios, sin ponerla en peligro y capaces de realizarla en sus vidas por gracia de Dios.

Esteban, los siete, los doce interiores, las mujeres santas y los que estuvieron con Jesús cuando ascendió, forman el núcleo. Los que giran en torno a ese núcleo aumentan cada día, multiplicándose. Al hacerlo, agregan su energía al centro y el centro aumenta. Este emite más energía hasta lograr un *impulso acumulado* de conciencia giratoria que se mueve por este campo energético del Cristo y este testimonio vivo, que realmente puede llenar toda la Tierra, un sistema de mundos o una galaxia. No hay límite, porque toda la materia está diseñada como un cáliz en el que infundir esa conciencia. Esta es la verdadera ciencia de la multiplicación del cuerpo de Dios.

¿Qué vemos hoy en la Tierra? Vemos que la gente joven y la gente mayor está abandonando las iglesias como en un éxodo. Vemos que las iglesias están vacías. Vemos a las cabezas de las iglesias poner en peligro su fe, la Ley y las enseñanzas por recuperar a los jóvenes que han perdido. Introducen los caminos del mundo en el orden de la Iglesia hasta que pierden todos los estándares, y todo lo que se ha enseñado durante miles de años como principios de la Palabra se pierde.

Estas transigencias se dan porque los líderes de la Iglesia se niegan a hacer los sacrificios necesarios para contener la luz que les daría la capacidad, con la disciplina del Cristo, de conservar a los miembros de la congregación. Puesto que los que están en el centro no hacen el sacrificio necesario, no pueden conservar a la congregación con la luz. Deben hacerlo bajando a su nivel al nivel del mundo, y cuando las cosas estén al nivel del mundo, todos vendrán. Eso es lo que ha ocurrido con la esencia de las enseñanzas de Oriente y Occidente, de los profetas, de Moisés, de Cristo, de Buda. Se observa en todas partes, la total transigencia que compromete la Ley a fin de aumentar el número de seguidores.

Pero el poder no está en cuántos seguidores haya. El poder está en el Espíritu Santo. El poder está en el sacrificio individual de cada persona. Es mucho mejor crear un núcleo con un grupo pequeño de seguidores que no comprometan la Ley que permitir esa transigencia que supone la desintegración segura y el declive de la Iglesia original.

Iglesia significa congregación de Israel. Ese es el verdadero significado de Iglesia. La congregación de Israel significa la reunión de los hijos y las hijas de Dios por toda la Tierra.

A Esteban lo vemos como una enorme focalización de poder.

> Entonces se levantaron unos de la sinagoga llamada de los libertos, y de los de Cirene, de Alejandría, de Cilicia y de Asia, disputando con Esteban.
>
> Pero no podían resistir a la sabiduría y al Espíritu con que hablaba. (Hechos 6:9-10)

No podían resistir porque él tenía más poder que ellos. Nos estamos refiriendo a los centros de poder. El cuerpo planetario tiene algo

curioso con respecto al poder. Creemos que el mundo está goberna-
do por ideales y principios humanitarios, pero no es así. Está gober-
nado por centros de poder. El que tenga más poder gobierna el
mundo. El dinero es poder. En la política hay poder; y en la economía. El poder es lo que determina cuál será el destino de la civilización. La gente se engaña el pensar que sus líderes hacen las cosas por
principios morales. Pero cuando se trata de elegir entre un principio
moral y un poder material, el poder material siempre gana.* En
nuestro país es una tragedia muy grande que no exista el valor de
nuestras convicciones ni se afirme la moralidad. Por ejemplo, miren
la postura del presidente Carter en apoyo a los disidentes de la Unión
Soviética.[1] Ahora se da cuenta de que su postura ha amenazado la
relación de la Unión Soviética con los Estados Unidos. Pero detrás
de escena están los banqueros internacionales que controlan el poder
del mundo con su dinero. Esos banqueros tienen su sede en Londres
y en Nueva York. Han concedido unos préstamos enormes a la
Unión Soviética, miles de millones en préstamos.[2] La amenaza de la
Unión Soviética no consiste en una ruptura de las relaciones, eso solo
es información para la prensa. La amenaza de la Unión Soviética es:
«Si no hacen lo que les decimos, vamos a archivar las deudas y no las
vamos a pagar, y su banca internacional y toda su civilización occidental se derrumbará».

Por consiguiente, lo que afrontamos no es la amenaza y el poder
nuclear; es el dinero de los poderosos utilizado en maniobras secre-
tas y diplomáticas sobre las que no se informa a la gente. Y, por tanto,
el presidente de los Estados Unidos no puede asumir una postura y
decir: «No voy a renunciar a los derechos humanos de sus disidentes. No voy a retroceder. Defenderé a esa gente y su libertad en la
Unión Soviética. Ustedes no están cumpliendo los Acuerdos de

---

*En los siguientes capítulos, Elizabeth Clare Prophet habla de asuntos de actualidad en el
mundo. Este comentario y esta exhortación a la acción sigue la tradición de los profetas del
Antiguo Testamento, que no solo llamaron a la gente que los escuchaba a que volvieran a
la rectitud, sino que también llamaron a la nación de Israel en su totalidad y, en particular,
a sus líderes.

Helsinki,[3] por tanto estos deben anularse. Y hasta que no permitan la libre circulación a la Unión Soviética y a los países satélites, dejaremos de mantener nuestra postura de cooperación».

¿Quién tiene el valor de dar este ultimátum? Como ven, no es una cuestión de moralidad, es una cuestión de política de poder. ¿Por qué no es una cuestión de moralidad? Porque el que pone la condición final, según la ley de Dios, debe tener el poder de llevarla a cabo. Si un pueblo y un país no tienen el poder de Dios para fortalecer su compromiso con los principios del Espíritu Santo, el poder material los conquistará. Por consiguiente, si el pueblo de este país acepta su destino divino de guardar la libertad para la Tierra, también debe aceptar con ese destino la necesidad de hacer los sacrificios necesarios para tener el poder de defenderla.

El motivo por el que Estados Unidos se dirige al punto de convertirse en un poder de segunda es porque su gente, la gente de la congregación de Israel, no ha tenido el valor de sacrificar su sensualidad y la buena vida para reunir el poder de Dios, que es más poderoso que todas las armas nucleares y todos los ejércitos que pudieran echarse contra el país.

Pero existe un comienzo: algunas almas han tenido la visión. Existe un comienzo con Jesucristo y sus apóstoles. Existe un comienzo con Esteban, que se levantó y proclamó la verdad. Y esa verdad tiene un poder tal y una energía tal, que se volvieron locos. Se volvieron locos de remate y lo apedrearon hasta la muerte.*

No lo hicieron por estar en desacuerdo con él. Al fin y al cabo, todos los días la gente tiene desacuerdos intelectuales e incluso emocionales y se va por caminos separados. Era más que eso. Esteban liberó el poder absoluto de Dios Todopoderoso. Los enfureció. Tenían que destruir ese poder o este los destruiría a ellos. Pero, por supuesto, no pudieron destruirlo. Solo pudieron eliminar el vehículo físico. Y Dios siempre iba a enviar otro instrumento físico, otra individualización de la llama Divina.

---

*Hechos 7:54-60.

Hoy día, si vivimos de acuerdo con lo que sabemos y creemos, debemos comprender que la reunión de nuestro poder, el poder de Dios, es nuestra única defensa. Y cuando levantemos en este país a hijos e hijas de Dios que tengan el valor de hacer esos sacrificios y cuando los centenares se conviertan en millares y después en millones, un día veremos que los gobernantes de esta nación tendrán el valor de decir ¡no! al dragón. ¡No! a los caídos. ¡No! a los que persiguen y destruyen la vida de los portadores de luz. Y cuando tengan el valor de decir que no, ante sus ojos verán cómo se retiran aquellos a los que temían.

Esto es lo más sorprendente del poder del Espíritu Santo. Cuando finalmente uno confía en ese poder, se convierte en una defensa absoluta y nadie tiene el valor de oponerse. Pero siempre es un riesgo supremo. Defender la verdad y la moralidad significa estar dispuestos a dar la vida por ese principio. Si no podemos darlo todo por ese principio, si siempre nos retiramos en el último momento porque nos tememos a nosotros mismos, iremos por donde dijo Jesús: «Todo el que procure salvar su vida, la perderá; y todo el que la pierda, la salvará»*. Esto es lo que sabía Esteban cuando fue a hablar ante el Sanedrín.

> Pero no podían resistir a la sabiduría y al Espíritu con que hablaba. (Hechos 6:10)

Estoy segura de que hoy día esto es cierto. Lo será de cada uno de ustedes cuando lo intenten, pero *se debe probar el Espíritu*. Deben poner el Espíritu a prueba. Escríbanselo en el espejo; escríbanselo en la puerta: «Pon a prueba el Espíritu hoy». Verán cómo, cuando tengan la convicción de la verdad, el Espíritu los apoyará con un gran poder.

> Entonces sobornaron a unos para que dijesen que le habían oído hablar palabras blasfemas contra Moisés y contra Dios.
>
> Y soliviantaron al pueblo, a los ancianos y a los escribas; y arremetiendo, le arrebataron, y le trajeron al concilio.

---

*Lucas 17:33.

Y pusieron testigos falsos que decían: Este hombre no cesa
de hablar palabras blasfemas contra este lugar santo y contra la
ley; pues le hemos oído decir que ese Jesús de Nazaret destruirá
este lugar, y cambiará las costumbres que nos dio Moisés.

Entonces todos los que estaban sentados en el concilio, al
fijar los ojos en él, vieron su rostro como el rostro de un ángel.

(Hechos 6:11-15)

Es la misma vieja estratagema, la misma vieja rutina: usar las
palabras de la enseñanza, darle la vuelta a la enseñanza y pervertirla.
Luego están los falsos testigos, que quizá no hayan oído hablar nunca
a Esteban, que jamás entendieron la Ley, que toman la enseñanza y
acusan a los que la dan sin intentar entender el verdadero significado
de la Palabra. Es la rutina circense que ha tenido lugar en Oriente y
Occidente una y otra y otra vez. Cada vez que los que han tenido un
poder material afianzado, los usurpadores del poder de Dios, han
ocupado el asiento de autoridad y han visto a un hijo o una hija de
Dios llegar con la luz de la verdad a liberar a la gente, han puesto en
escena sus falsos juicios, sus falsos testigos. Esto lleva ocurriendo
tanto tiempo que se ha convertido en una telenovela.

Y así, Esteban sigue impertérrito. Está con el poder total del
Espíritu Santo rodeado de las huestes angélicas. Da un sermón muy
emotivo al Sanedrín, que tiene el poder político entre el pueblo del
Israel, que tiene las riendas de una doctrina y un dogma falso. Entonces Esteban les cuenta una historia, desde Abraham a Cristo.* Les
dice lo que recibieron de Moisés y los profetas y cómo lo rechazaron
todo, se volvieron hacia sus ídolos, hicieron su becerro de oro, se
fueron por el camino de los idólatras del Creciente Fértil y rechazaron la dispensación de su Dios.

Es decir, Esteban, como Jesús, como todos los apóstoles, habla a
la gente y dice: «No os estamos predicando nada distinto a los que
os predicaron vuestros profetas». Los apóstoles siempre hablaban de
«Nuestro padre, Abraham», porque se consideraban uno solo entre

---

*Hechos 7:1-50.

esos pueblos. Se consideraban parte de la dispensación de su herencia. Y dice: «Esto no es nada nuevo. Y nada nuevo es que lo rechacéis. Siempre habéis rechazado a los profetas. Siempre os habéis ido por el camino de la idolatría y el rechazo al YO SOY EL QUE YO SOY. Aquí lo tenemos otra vez. Cristo vino. Vosotros lo rechazasteis. Vosotros lo matasteis».

Y finalmente Estaban dice:

> ¡Duros de cerviz, e incircuncisos de corazón y de oídos! Vosotros resistís siempre al Espíritu Santo; como vuestros padres, así también vosotros. (Hechos 7:51)

El Espíritu Santo era un poder muy inmediato a lo largo del Antiguo Testamento, en los tiempos de los profetas. No llegó como una dispensación nueva para los cristianos. Los profetas lo tenían, y era manifiesto. Y Esteban dijo: «Siempre resististeis a ese Espíritu, y lo seguís haciendo hoy».

> ¿A cuál de los profetas no persiguieron vuestros padres?...

¿Cuántos de ustedes saben que los profetas tenían que huir al desierto porque los perseguía el Sanedrín, porque los perseguían los que tenían poder material y se sentían desafiados por los profetas?

> ... Y mataron a los que anunciaron de antemano la venida del Justo, de quien vosotros ahora habéis sido entregadores y matadores; vosotros que recibisteis la ley por disposición de ángeles, y no la guardasteis. (Hechos 7:52-53)

Esta frase sobre los ángeles es muy interesante. Anteriormente en su sermón, en el versículo 37, dice:

> Este Moisés es el que dijo a los hijos de Israel: Profeta os levantará el Señor vuestro Dios de entre vuestros hermanos, como a mí; a él oiréis.
>
> Este es aquel Moisés que estuvo en la congregación en el desierto con el ángel que le hablaba en el monte Sinaí, ...

Esteban se está refiriendo a un ángel que le hablaba a Moisés en el monte Sinaí. Esto no consta en el Éxodo del Antiguo Testamento donde está escrito que Moisés recibió los Diez Mandamientos.* Pero nos ha llegado como tradición oral. Nos ha llegado desde aquel entonces. Esteban sabe que las huestes angélicas estaban con Moisés en el Sinaí, que los ángeles del SEÑOR produjeron el fuego sagrado para grabar la Ley en piedra. Esteban les está recordando a esos ángeles.

Ahora bien, Esteban no les hablaría así si les estuviera predicando algo de lo que no fueran conscientes. Por tanto, incluso el Sanedrín y los judíos sabían de las huestes angélicas, sabían de la intercesión de las huestes del SEÑOR.[4] Él les rogaba en esto, que «los *ángeles* os han dado la Ley y la enseñanza, y vosotros las habéis rechazado».

¿Y qué tenemos hoy? Tenemos un rechazo en masa de la idea de los ángeles, los Maestros Ascendidos o las huestes del SEÑOR. Y el hablar de ellos casi provoca una revuelta en la comunidad cristiana.[5] ¿Por qué? ¡Por el poder, por eso! No es porque no se enseñara en las escrituras, porque vemos que sí se hizo. Es porque el poder de las huestes angélicas y los hijos y las hijas de Dios que forman el cuerpo de Dios en el cielo es tan intenso, que la presencia de estos seres maestros entre nosotros supone una ofensa a la mente carnal, que desea rendir culto a su manera idólatra, aun en la Iglesia que profesa estar libre de idolatría y de la influencia de Satanás.

> Este es aquel Moisés que estuvo en la congregación en el desierto con el ángel que le hablaba en el monte Sinaí, y con nuestros padres, y que recibió palabras de vida que darnos; al cual nuestros padres no quisieron obedecer, sino que le desecharon, y en sus corazones se volvieron a Egipto, cuando dijeron a Aarón: Haznos dioses que vayan delante de nosotros; porque a este Moisés, que nos sacó de la tierra de Egipto, no sabemos qué le haya acontecido. (Hechos 7:38-40)

Aquí tenemos otra frase interesante. Moisés estaba acelerando su conciencia. Se iba a la montaña, a su Presencia YO SOY. Todos los

*Éxodo 19-34.

átomos y moléculas de sus células y todo su ser estaban llenos de luz. Tenía tanta luz que cuando salía de la tienda, cuando terminaba de rezar, la luz lo rodeaba y había una energía humeante. Esa energía humeante era el resultado del contacto del fuego sagrado con las energías mal cualificadas de la gente que consumía esa oscuridad. Esa es la energía que Moisés tenía afianzada en sí mismo. Al fin y al cabo, Dios puso en Moisés todo el poder del YO SOY EL QUE YO SOY para vencer a la nación de Egipto y permitir la huida del pueblo de Israel.

Moisés ascendía en conciencia a grandes alturas. El pueblo no podía seguirlo, y decía: «No sabemos dónde ha ido Moisés». No es tanto que lo perdieran de vista físicamente durante aquellas semanas cuando estuvo en la montaña rezando y ayunando por su pueblo como que él estaba tan elevado en su conciencia que la gente ya no se podía identificar con él.

Y por eso la gente rechaza a los Maestros Ascendidos y a los seres de luz a quienes Dios envía. Tienen una energía tan intensa que la gente no puede identificarse con ella. Es demasiado intensa. La única forma en que la gente se puede identificar con esa energía es que algunas personas sacrifiquen parte de su conciencia humana para acelerarse hasta un punto intermedio entre el pueblo y los grandes avatares o los Maestros Ascendidos.

Esta comunidad, que se encuentra entre los Maestros Ascendidos y la gente, debe tener la suficiente luz de los maestros para atraer su energía al mantener a la vez una relación con la gente, para que esta no la rechace. Es un equilibrio muy delicado para quienes quieren ser testigos en esta era, reunir esa luz en el corazón mientras se visten con el manto de un San Francisco, para servir a la gente y tener una relación con ella.

Bien, la gente no sabe qué le ha pasado a Moisés y no quiere ir con él, y no quiere tener nada que ver con él. Prefieren a sus dioses.

Ese es el camino de nuestra civilización actual. Siempre me sorprende que la gente no se dé cuenta de que tenemos la misma cultura idólatra que siempre ha existido. ¿A dónde vamos un domingo por la tarde para ofrecer nuestros respetos? La gente anda por las calles de la ciudad y va viendo escaparates. Admira las joyas. Admira esto y aquello. Esos son los dioses de la gente. Se pasan la vida trabajando duro para adquirirlos, para someterse a esos dioses y a sus costumbres. Reservan solo una pequeña parte de su vida a prestar atención a la llama viva o al Dios vivo.

Por lo habitual, los domingos por la mañana están tan intoxicados por las actividades de la noche anterior y tan saturados por la comida y la sensualidad, que están medio dormidos y no tiene la capacidad de absorber ni siquiera cuarenta y cinco minutos de luz.

Nos dicen que nuestra cultura es monoteísta y que adoramos a un Dios y a un Cristo. Pero tenemos otros dioses. ¿Cuáles son esos dioses? Los dioses son los automóviles. ¿El becerro de oro? Los automóviles recorriendo las calles. Hay muy poca diferencia entre la conciencia actual y la de los hijos de Israel. Sin embargo, miramos atrás como si estuvieran separados de nosotros, como un grupo de gente ordinaria y ridícula que obviamente no veía que esta gran luz bajaba de la montaña.

Por tanto, Esteban le predica todo esto a la gente, y les dice: «Sois igual que eran ellos». Y lo mismo ocurre hoy día; las masas de la gente son lo mismo.

> Oyendo estas cosas, se enfurecían en sus corazones,...

Se enfurecían en sus corazones. No quedó nada de ellos. [La audiencia se ríe]. Se les arrancaron las vestiduras. Se quedaron desnudos. Esteban los hizo trizas. Y ellos lo sabían. Esteban apuntó directamente al centro de la dureza de corazón que tenían, y los desnudó.

> ... y crujían los dientes contra él. (Hechos 7:54)

No sé si son capaces de visualizar a alguien crujiendo los dientes, pero yo he visto a gente enojarse con la luz. He visto a gente con una ira tal que se le ha cambiado el color. Le temblaba la boca y los dientes. Empezaba a blasfemar. Y temblaba tanto que era como un terremoto o un cataclismo de demonios y desencarnados que infestaban su templo. Cuando la energía sobreviene a gente que opone resistencia a la luz, uno lo puede describir así.

> Pero Esteban, lleno del Espíritu Santo, puestos los ojos en el cielo, vio la gloria de Dios, y a Jesús que estaba a la diestra de Dios, y dijo: He aquí, veo los cielos abiertos, y al Hijo del Hombre que está a la diestra de Dios. (Hechos 7:55-56)

Quisiera que comprendieran que acepto inequívocamente la interpretación literal de esta frase de la Biblia, *y también* su simbología y todas sus ramificaciones. Esto significa que la persona del Hijo de Dios puede ascender a la diestra. La diestra significa el sitio de poder, el sitio de autoridad. La personificación que Jesús hizo de Dios también la ha manifestado María, su madre, y otros hijos e hijas que durante eones de ciclos se han movido hacia Dios.

Esta visión de Jesús debería responder para siempre a la pregunta sobre un Dios personal o impersonal. Nosotros entendemos que Dios es muy personal en su manifestación en el cielo y en la tierra. También entendemos que Dios, en su naturaleza impersonal, es un campo energético, Espíritu puro y poder puro que no necesita un cuerpo o una imagen del yo para manifestarse.

En esta manifestación, Jesús concentra su presencia de Maestro Ascendido, conectando mediante un arco esa presencia del cielo para Esteban que lo presencia desde la tierra. Quiero que se graben en la memoria esta visión, porque cada vez que sean testigos de Dios y no teman que la generación idólatra los reprenda por ello, tendrán el mismo arco de corriente y la misma presencia. Y si no llegan a verlo con los ojos físicos, el Señor Cristo a la diestra de Dios, en el corazón sabrán que Dios no hace acepción de personas y que, si están realizando la misma labor que Esteban, tendrán la protección que él tuvo. Pueden estar absolutamente *convencidos* de que Jesucristo está con ustedes y que el poder de Dios les está siendo transmitido. También pueden tener la convicción de que, cuando no den ese testimonio, no tendrán ningún apoyo. Cuando se guardan la Palabra de justicia y de verdad, estarán solos.

«He aquí, veo los cielos abiertos…» Es como si la visión interior de Esteban se acelerase. Ve las octavas del Espíritu abrirse, y las ve con más claridad y fuerza con que ve a la gente, porque la ignora totalmente. Está completamente capturado en la visión.

> Entonces ellos, dando grandes voces, se taparon los oídos, y arremetieron a una contra él. (Hechos 7:57)

Ellos también estaban en armonía, y estaban en paz unos con otros. Todos ellos estaban de acuerdo en su traición y asesinato. Actuaban como un solo cuerpo y un solo ser, y cayeron sobre él para destruir el punto de anclaje de ese poder de Dios.

> Y echándole fuera de la ciudad, le apedrearon; y los testigos pusieron sus ropas a los pies de un joven que se llamaba Saulo.
> Y apedreaban a Esteban, mientras él invocaba y decía: Señor Jesús, recibe mi espíritu. (Hechos 7:58-59)

Mientras lo apedreaban, Esteban dijo esas palabras: «Señor Jesús, recibe mi espíritu».

> Y puesto de rodillas, clamó a gran voz: Señor, no les tomes en cuenta este pecado. Y habiendo dicho esto, durmió.
> (Hechos 7:60)

En el nombre de Jesús el Cristo, invoco la Luz de Dios Todopoderoso a que descienda entre nosotros hoy para hacernos instrumentos de tu amor, tu sabiduría y tu poder. Llamamos a las huestes del Señor. Damos nuestra vida por el testimonio de Jesucristo y de todos los santos que han ascendido a la diestra de Dios. Damos nuestra vida por el testimonio de la verdad. Por consiguiente, invocamos la luz de la verdad para eliminar las escamas de nuestros ojos y que podamos ver qué nos falta y qué hemos de entregar para ser mejores instrumentos del Señor Dios.

Daríamos nuestra vida para que este país y todos los países sean liberados de los que blanden el poder de este mundo. Invocamos hoy el poder de Dios en el nombre de Jesús el Cristo para confundir a esos poderes allá donde estén concentrados en todos los países, lanzados unos contra otros, pero, sobre todo, lanzados contra la libertad y la luz de la libertad en las almas que hoy viven para honrarte.

Dios Todopoderoso, escucha nuestro llamado, pues no pedimos las pequeñas cosas de los placeres de esta vida y pequeños favores para nosotros y nuestra familia, sabiendo bien que si buscamos tu reino, tu conciencia, todas esas cosas se nos darán. Pero pedimos esto, oh, Dios: la oportunidad de construir la Nueva Jerusalén; la oportunidad de manifestar aquí una ciudad santa, un pueblo santo y una comunidad santa, no de los farisaicos, sino de los mansos que hallan su fortaleza en el Dios interior, cuya vida es un servicio a todos los que viven para servirte en tus hijos y llevarles la Palabra de tu Ley.

Enséñanos, oh, Dios, a ser instrumentos de los Maestros Ascendidos, a representar a los Elohim y a los arcángeles, a llevar esa energía a la humanidad sin que destruya a la humanidad, a nosotros o a esta Tierra. Te pedimos que nos enseñes el camino, que nos dotes de poder hoy con el valor de nuestra convicción, que nos des esa convicción de la verdad y que podamos darla a todos los que encontremos.

Oh, Señor Dios, en el nombre de Jesús el Cristo, vivimos para servirte. Vivimos para dar tu mensaje y llevar las verdaderas enseñanzas de los santos profetas y los esenios, las enseñanzas internas de Jesús el Cristo impartidas en el Aposento Alto. Vivimos para transmitir este mensaje a todos los que escuchen, a todos los que hablen y a todos los que vivan la Palabra.

Padre nuestro, Madre nuestra, el Hijo y el Espíritu Santo, esta mañana comulgamos contigo. Pedimos que, al salir de esta comunión hoy, podamos ser hallados con una mayor conciencia *y una mayor plenitud de tu Espíritu y que hoy mismo un alma y muchas almas puedan recibir de nosotros la chispa de vida eterna que consuma las energías de muerte. Así sea, oh, Dios. Nuestra fe es plena. Nuestro amor está en ti y en tu caridad hacia nosotros, y nuestra esperanza con la tuya es la esperanza eterna de tu plenitud manifestada. Venga tu reino en la tierra como en el cielo.*

En el nombre del Padre, de la Madre, del Hijo y del Espíritu Santo, en el nombre de ese Espíritu manifiesto en todo el Espíritu de la Gran Hermandad Blanca, oramos. Te damos las gracias y decimos amén.

27 de marzo de 1977

9

«Si estos callaran...»

La lectura de esta mañana es del capítulo diecinueve del libro de Lucas.

Hoy vamos a estudiar la victoria de Cristo en nosotros y en Jesús, lo cual guarda un paralelismo con el rechazo a ese Cristo. El Cristo interior victorioso, la manifestación victoriosa de ese Cristo y el rechazo a ese nivel de conciencia por parte de quienes rodean al iniciado en el sendero de la Cristeidad; esto es el significado del Domingo de Ramos.

Este es el día de la victoria del Cristo en todos nosotros. Y el día de la proclamación de esa victoria es el día en que las fuerzas de la luz, con una energía concentrada en el centro del corazón, en el chakra de la coronilla, en el centro del alma, alcanzan un punto culminante de luz como culminación de la misión del hijo o la hija de Dios.

Ese día de la victoria es como el día de la declaración de guerra contra toda la fuerza siniestra, la mente carnal de la humanidad. Es la declaración de la mente consciente de que ahora se ha entronizado con el Ego Superconsciente, al que llamamos Cristo.

Ese día el Cristo declara la victoria total sobre la mente subconsciente y sus impulsos acumulados, la mente carnal o el hombre natural.

Ese día de la victoria del Cristo se pronuncia la victoria sobre todo lo que permanece no transmutado en el subconsciente. Y esta energía no transmutada aparece como las multitudes y el gentío que se reunió el Domingo de Ramos para recibir a Jesús en Jerusalén. Algunos vienen como discípulos, dando alabanzas. Otros reprenden al Maestro por permitir que sus discípulos den sus alabanzas. Pero muchos no participan, albergando en secreto odio, venganza, un rechazo hacia el Cristo y con planes para su destrucción. El Cristo ahora se convierte en el que desafía todo el impulso acumulado de la mente de las masas y el inconsciente colectivo de la Tierra.

Hasta la llegada del Cristo con la victoria, este inconsciente colectivo permanece sin perturbar como un mar de la mente de las masas. Cuando no es desafiado, se contenta con quedarse tal como está, en paz. Por tanto, no se despierta excepto cuando el hijo o la hija de Dios trae la llama de la victoria y autoridad. Este es el significado del Domingo de Ramos.

Cuando esperamos que llegue el Domingo de Ramos, debemos comprender que todas las pruebas que han tenido lugar en la vida de Cristo también tenemos que pasarlas nosotros, someternos a ellas y salir victoriosos. No deberíamos estar ansiosos de que llegue el *día* de la victoria, sino de que lleguen las victorias *diarias* que conducen a este día, este día de hosanas. Porque el día de la victoria y la celebración de la elevación del Cristo en todos nuestros chakras es el día en el que tendremos que afrontar el desafío más grande. Así, deberíamos considerar la preparación anterior más que el día de esta proclamación.

Jesús llegó a ese momento cuando hizo su entrada triunfal a la ciudad que le proporcionó el campo energético como plataforma básica en la materia. La ciudad de Jerusalén no era cuadrangular, pero era el arquetipo de la Nueva Jerusalén que Juan vio y sobre la que escribió en el libro del Apocalipsis.* Era uno de los lugares más oscuros de la Tierra, el terreno de pruebas para la venida del Cristo y para que el desafío del Domingo de Ramos pudiese llevarse a cabo.

---

*Véase Apocalipsis 21.

Toda la misión de Jesús anterior a ese momento fue una preparación para entrar en Jerusalén. A lomos del inocente animal, va sentado sobre una asna, sobre un pollino, hijo de animal de carga.* Viene con el apoyo de la vida elemental. Su conciencia está unida al Espíritu Santo en la vida elemental, unida al Cristo en los discípulos de toda la Tierra y en los cielos, y unido al Padre. Y así es como lo hace:

> Dicho esto, iba delante subiendo a Jerusalén. (Lucas 19:28)

Subiendo al sitio de la prueba.

> Y aconteció que, llegando cerca de Betfagé y de Betania, al monte que se llama de los Olivos, envió dos de sus discípulos, diciendo: Id a la aldea de enfrente, y al entrar en ella hallaréis un pollino atado, en el cual ningún hombre ha montado jamás; desatadlo, y traedlo. (Lucas 19:29-30)

La pureza y la vida de este elemental que apoya la conciencia Crística tiene mucha importancia. Después, cuando Jesús dice sus inmortales palabras reprendiendo a quienes le dicen que haga que los discípulos dejen de dar alabanzas, dice: «Os digo que, si estos callaran, las piedras clamarían».† Se refiere a la vida elemental que apoya su misión. Toda la naturaleza, todas las evoluciones de los mundos que han existido durante millones de años, han sido con el fin de proporcionar una plataforma para cuando un hijo de Dios decidiera lograr la victoria entre todos los demás que tienen la voluntad de fracasar. Y dice:

> Y si alguien os preguntare: ¿Por qué lo desatáis? le responderéis así: Porque el Señor lo necesita.
> Fueron los que habían sido enviados, y hallaron como les dijo.
> Y cuando desataban el pollino, sus dueños les dijeron: ¿Por qué desatáis el pollino?
> Ellos dijeron: Porque el Señor lo necesita.

---

*Mateo 21:5.
†Lucas 19:40.

Y lo trajeron a Jesús; y habiendo echado sus mantos sobre el pollino, subieron a Jesús encima.

Y a su paso tendían sus mantos por el camino.

Cuando llegaban ya cerca de la bajada del monte de los Olivos, toda la multitud de los discípulos, gozándose, comenzó a alabar a Dios a grandes voces por todas las maravillas que habían visto, diciendo: ¡Bendito el rey que viene en el nombre del Señor; paz en el cielo, y gloria en las alturas! (Lucas 19:31-38)

Hoy, Domingo de Ramos, les pido que se pongan de pie y den sus alabanzas a la victoria del Cristo en Jesús y en toda la vida:

En el nombre del Cristo, ¡alabanzas y hosanas al Señor! Damos nuestra alegría y gratitud al Señor. Enviamos la alabanza de nuestro Ser Crístico y nuestra alma, y decimos: «¡Bendito el que viene en el nombre del Señor!». * *Amado Jesús el Cristo, entra entre nosotros mientras pronunciamos nuestras afirmaciones de alabanza.*

[La audiencia pronuncia afirmaciones de alabanza].

Gracias. Tomen asiento.

¿Oyen la reprimenda de los fariseos por el tumulto que han hecho? Esta es la misma reprimenda que hace la mente carnal, que declara que no hay que hacer ruido por alabar al Cristo. Esa mente carnal siempre está presente entre quienes están dispuestos a dar la luz y la energía del Espíritu Santo desde lo profundo de su templo. Nuestras alabanzas y nuestras hosanas son por la venida del Cristo a nuestro templo. Y en cuanto los discípulos pronunciaron su alabanza...

... Entonces algunos de los fariseos de entre la multitud le dijeron: Maestro, reprende a tus discípulos.

Él, respondiendo, les dijo: Os digo que, si estos callaran, las piedras clamarían. (Lucas 19:30-40)

---

*Salmos 118:26.

¿Quién tiene el valor hoy día de exclamar y recibir a Jesús en su templo?

Cuando entró a la ciudad, Jesús lloró.* Lloró por la ciudad de Jerusalén, por su rechazo al Cristo. Y hoy yo lloro por el rechazo al Cristo que hay en los Estados Unidos y en la Tierra. Lo veo a cada paso. Lo veo en las normativas políticas en el país y en el extranjero. Lo veo en la forma en que manejamos la crisis mundial. Lo veo en el aborto. Lo veo en el rechazo al Cristo y siento el llanto del Señor a causa de la profecía que dio a Jerusalén que rechazó su llegada…

…diciendo: ¡Oh, si también tú conocieses, a lo menos en este tu día, lo que es para tu paz! Mas ahora está encubierto de tus ojos.

Porque vendrán días sobre ti, cuando tus enemigos te rodearán con vallado, y te sitiarán, y por todas partes te estrecharán, y te derribarán a tierra, y a tus hijos dentro de ti, y no dejarán en ti piedra sobre piedra, por cuanto no conociste el tiempo de tu visitación. (Lucas 19:42-44)

Jesús llevaba allí tres años. Llegó a la ciudad para visitarla el Domingo de Ramos, la venida del Cristo como Rey, el que tiene la clave de la encarnación de Dios en cada alma de ese pueblo. Fue rechazado excepto por los pocos discípulos. Llegó trayendo el verdadero mensaje de la ley del Yo Real interior. Eso es lo que rechazaron. Rechazaron el mensaje de reforma, regeneración y regreso a la ley de los profetas que él trajo.

Jesús no vino predicándoles y después permitiéndoles que se quedaran en la comodidad de sus caminos. Vino exigiendo cambio, y eso no pudieron consentirlo. La exigencia de cambio estaba en el fuego de su templo, la energía que había en su ser. Y así, lloró por la negligencia de la gente, porque no reconoció el momento de su destino para recibir al Cristo, para convertirse en el Cristo y llevar esa conciencia Crística a todas las naciones.

---

*Lucas 19:41.

Ese es el destino de los Estados Unidos en esta época. Y vemos a nuestros líderes, uno por uno, rechazar ese destino. En vez de la reprimenda que debería dársele a la Unión Soviética, ¿qué es lo que escuchamos? Alabanza hacia sus líderes por parte de nuestro presidente (según el titular de esta mañana) y la promesa de trabajar con esos líderes que no son más que la encarnación del Anticristo.[1] Así es como Estados Unidos ha perdido su destino, por no animarse y tener el valor, defender al Cristo y saber que, al defender al Cristo, el Cristo defenderá al país.

¿Qué hizo Jesús en cuanto entró en Jerusalén? ¿Se quedó ahí esperando a recibir más hosanas y alabanzas? Primero lloró y después se llenó del fuego de Dios.

> Y entrando en el templo, comenzó a echar fuera a todos los que vendían y compraban en él, ... (Lucas 19:45)

¿Cómo vendemos y compramos hoy día en los Estados Unidos? Vendemos nuestra alma. Vendemos nuestra tecnología para que los países de la Tierra puedan construir armas nucleares y forjar guerras y enviar ejércitos contra los niños de la luz en todas las naciones de la Tierra.[2] ¡Así es como compramos y vendemos en el templo! Cristo viene hoy para echar a estos cambistas que poseen las grandes compañías con su capital y que trafican con drogas y tecnología, y están destruyendo la mismísima estructura de la vida en la Tierra.

¿Creen ustedes que Jesús entraría en el templo hoy para elogiar a nuestra gente? Les digo con toda seguridad que no. Él no entra en el templo con elogios, sino que viene con la misma reprimenda:

> ... diciéndoles: Escrito está: Mi casa es casa de oración; mas vosotros la habéis hecho cueva de ladrones. (Lucas 19:46)

Hemos convertido a este país en una cueva de ladrones. Nosotros, el pueblo, hemos permitido que los que nos gobiernan nos pongan en esta circunstancia en la que nos encontramos, a merced de los poderes que no son de la luz del Cristo, y no estamos dispuestos a defender esa luz en cristianos, judíos o cualquier persona que rinda culto al Dios vivo. Esto no lo defendemos. No perseguimos a nuestros líderes. Los elegimos y los aclamamos porque sonríen y hacen promesas. Pero no somos un país cristiano cuando no tomamos el mensaje de Jesús y lo vivimos.

¿Quién derrocará a los cambistas en el templo que es Estados Unidos? ¿Quién irá con valor y convicción? Será un alma y un pueblo que tenga la llama del Espíritu Santo y que abandone la pasividad y deje de ser un tapete mientras los caídos vienen y nos quitan nuestra herencia.

Este es un momento grave. Es el momento histórico por el que Cristo dio la vida. Por eso fue a la crucifixión. Sabía que al permitir que el Sanedrín, los fariseos y los saduceos lo aniquilaran, incurrirían en el karma de matar al Cristo y, por consiguiente, serían juzgados.

El juicio solo llega cuando los portadores de luz están dispuestos a levantarse y ser el Cristo. Solo cuando estén dispuestos a tensar la cuerda, a ir contra las personas que defienden el orden establecido y a forzar su persecución, si fuera necesario, solo entonces llegará el juicio. Y si no lo hacemos, ¿llegará el juicio? Sí, llegará, pero nos llegará primero *a nosotros*. Llegará a los portadores de luz que no han ratificado y confirmado el juicio de Dios Todopoderoso.

Por consiguiente, no hay elección. Porque si tememos desafiar a los que han usurpado la autoridad del Cristo, nosotros mismos seremos juzgados y seremos hallados faltos. Cuando tenemos la luz, no hay elección, derecha o izquierda. Solo hay un camino por el que caminar, que es un caminar en la luz de Dios y tener la convicción y el valor de esa luz que vemos.

> Y enseñaba cada día en el templo; … (Lucas 19:47)

¿Enseñó en el templo antes de limpiarlo? No. ¿Cómo puede uno enseñar en un templo que está lleno de oscuridad y mal, el velo de energía? Volcó a los cambistas y los echó. *Entonces* empezó a enseñar.

¿Cómo puede uno ir en los Estados Unidos y dar estas adorables enseñanzas de los Maestros Ascendidos y hablar de amor y paz, cuando en medio están los que vienen el domingo por la mañana para que les aplaquen, alivien y acomoden el ego? Vienen a escuchar la enseñanza para poder usarla contra la luz, para proclamarla contra los portadores de luz y hacer de la verdadera religión una mofa. Por consiguiente, antes de predicar la Palabra debemos hacer sonar la energía de la luz y el sonido del tono de la era.

Si Dios hace una llamado de profecía, si hace un llamado de juicio, ¿iremos nosotros con otro llamado y con otra palabra que sea mejor para la mente carnal de la gente o tendremos el valor de nuestra convicción de decir el mensaje que producirá la alquimia de la salvación de un alma, de un país y de todas las naciones? ¿Cómo podemos quedarnos parados cuando vemos que están tomando el continente africano, día a día, con fuerzas que se aprovechan de la avaricia de quienes han tenido el poder en África durante siglos? Yo he estado en África. He visto a la gente y he visto cómo se la ha reprimido. Me sangra el corazón al ver lo que está pasando.

Debo hablar ante ustedes. Debo hablar ante el mundo o me quedo vacía y el SEÑOR deja de hablarme. ¿Cómo puede hablarme si me callo y no hablo de la realidad de la crisis? ¿Cómo puede continuar dando la Palabra a través de mí si me pongo a ofrecer enseñanzas sobre el Reloj Cósmico o esta o aquella interesante faceta de la Ley que alguien quiere para entretenerse, pero se niega a hacer la reforma necesaria para dar vida a la enseñanza?

Él enseñaba todos los días, y nosotros debemos enseñar todos los días. Y debemos tener cuidado con…

> … los principales sacerdotes, los escribas y los principales del pueblo procuraban matarle. (Lucas 19:47)

¿Pueden destruirnos? ¿Pueden destruir la luz del Cristo? Esta nunca se ha destruido en toda la eternidad y jamás lo será. Entonces, debemos ponernos en el bando ganador, porque el Cristo es la única luz que no puede destruirse. Es la luz secundaria, utilizada como perversión, la que se destruye.

Y no hallaban nada que pudieran hacerle, porque todo el pueblo estaba suspenso oyéndole. (Lucas 19:48)

¿Quiénes eran las personas que atendían? Eran las que podían presenciar el látigo y el volcar las mesas, los que estaban en desacuerdo con los saduceos y los fariseos y los cambistas. Ellos eran los que venían a escuchar la Palabra.

¿Estaban llenos los templos? Sí, estaban llenos de gente de luz, gente que tenía el valor de permanecer al lado del Hijo de Dios a través de sus iniciaciones.

Sucedió un día, que, enseñando Jesús al pueblo en el templo, y anunciando el evangelio, llegaron los principales sacerdotes y los escribas, con los ancianos, y le hablaron diciendo: Dinos: ¿con qué autoridad haces estas cosas?, ¿o quién es el que te ha dado esta autoridad? (Lucas 20:1-2)

También vienen desafiando la autoridad que tienen ustedes, su derecho a ser el Cristo, su derecho a hablar la Palabra. Vienen en todas las iglesias, templos y mezquitas. ¿Creen que hoy día se puede proclamar este mensaje en medio de las iglesias de los Estados Unidos? No. Pero gracias a Dios tenemos libertad religiosa, podemos tener nuestra tienda en el desierto y podemos decir la verdad tal como la vemos. Ellos vinieron desafiando el derecho de un Hijo de Dios de ser el Cristo y, por tanto, de todos los hijos de Dios. Y aún lo desafían hoy.

Desafiaron al Señor Buda cuando se sentaba bajo el árbol Bo para lograr la iluminación. Desafiaron a este que llegaría a ser Señor del Mundo y dijeron: «No tienes derecho a sentarte donde estás sentado. No tienes derecho a meditar en Dios. No tienes derecho a encontrar la iluminación». Y el Señor Buda golpeó la tierra con su mano derecha y el dedo meñique. Al golpear la tierra convocó a toda la vida elemental y los plenos poderes de la Trinidad. Y toda la Tierra y todas las evoluciones de las almas de la humanidad se levantaron en defensa del que abriría la puerta hacia la conciencia cósmica del Cristo y del Buda.[3]

Hoy les desafían a ustedes. Cada vez que se acercan al umbral cuando están a punto de abrir su conciencia al Cristo, todo el infierno se desata en forma de amigos, familia, seres queridos y todos los que les rodean diciéndoles: «No tienes autoridad. No tienes derecho a ser el Cristo». Y luego llega la mofa y la acusación de que uno tiene cierto complejo de mártir, algún tipo de dolencia o enfermedad. Si están detrás del telón de acero, se los llevan al hospital psiquiátrico donde les inyectan agentes químicos y los dejan a vegetar.[4]

Al contrario que en los Estados Unidos, en muchos países no hay oportunidad de decir estar verdad, ni siquiera en los que consideramos que aún tienen libertad. Muchos países occidentales no permiten que se diga esta verdad ni que se desafíe al Estado o al Gobierno. Pero esta es la libertad que las huestes ascendidas del SEÑOR han conseguido para el pueblo de Israel en los Estados Unidos, para que venzamos al dragón de la mente carnal que desafiará a nuestra conciencia Crística en los últimos días.

Y así vienen diciendo, más o menos con estas palabras: «¿Quién te crees que eres, ahí parado en nuestro templo y predicando cosas de Dios? *Nosotros* somos la autoridad. *Nosotros* somos los sacerdotes. *Nosotros* somos los abogados. ¿Quién te crees que eres, hombre pequeño, viniendo aquí y proclamando que Dios es tu Padre y que tú eres su hijo?

¿Cuántos de nosotros nos levantaremos contra el día de esa intimidación? Ese día llegará *después* de la victoria, después de la elevación del Cristo en ustedes. ¿Cuántos se opondrán a esa intimidación? Esta es la pregunta a la que debemos dar repuesta.

> Respondiendo Jesús, les dijo: Os haré yo también una pregunta; respondedme: ... (Lucas 20:3)

¿No es esta la clave psicológica? Cuando nos ponen en un apuro, cuando nos exigen que respondamos a las preguntas, en vez de ponernos a la defensiva, nos damos la vuelta, revertimos la energía, apuntamos con el dedo y decimos: «Ahora vosotros me contestáis a esta pregunta».

Esto quiere decir que uno no tiene por qué contestar a la pregunta que nos hacen quienes nos exigen: «¿Qué autoridad tienes?». No se requiere que respondamos. En cambio, uno habla con la autoridad de Dios y da la palabra que a uno le llegue de Dios, no la respuesta que exige la mente carnal. Él dijo:

> El bautismo de Juan, ¿era del cielo, o de los hombres?
> Entonces ellos discutían entre sí, diciendo: Si decimos, del cielo, dirá: ¿Por qué, pues, no le creísteis? (Lucas 20:4-5)

Porque estos eran los mismos que formaron parte de la persecución a Juan y finalmente de su decapitación.

> Y si decimos, de los hombres, todo el pueblo nos apedreará; porque están persuadidos de que Juan era profeta.
> Y respondieron que no sabían de dónde fuese. (Lucas 20:6-7)

Temían responder a Jesús. Él los confundió en su propia mentalidad carnal.

> Entonces Jesús les dijo: Yo tampoco os diré con qué autoridad hago estas cosas. (Lucas 20:8)

«No os tengo que decir con qué autoridad hablo.» Ustedes no tienen que declarar a ningún hombre con qué autoridad hablan. Ustedes hablan con la autoridad del Dios vivo. Hablan con la autoridad de la libertad que hay en este país y con el alma que Dios les ha dado. Y nadie en China o en la Unión Soviética o en cualquier parte de la Tierra debe tener negada la libertad de hablar, esa libertad de dar la Palabra de Dios Todopoderoso y la ciencia de la Palabra hablada. Eso es un derecho que Dios da.

Los defensores de la libertad en la Tierra hoy deberían pronunciar el llamado a Dios de que esta nación tenga finalmente entereza y declare que no se relacionará con países que niegan los derechos humanos básicos a la gente de esta Tierra. No hay lugar para transigencias.

No hay lugar para el *détente*.* No hay forma de llegar a la victoria Divina de la Tierra cuando buscamos esas componendas y nos relacionamos con los que pertenecen a las profundidades de la oscuridad y el asiento de la falsa jerarquía, que están traicionando a toda la humanidad y chantajeando al pueblo de Dios.

Jesús confundió a los que tenían el asiento de autoridad en la mente carnal. Cuando uno camina con Dios, tiene el mismo poder. Y no deben temer, porque es sobre esta base y ninguna otra que en esta era habrá una victoria.

Entonces empezó a hablarle a la gente con una parábola. Ha afrontado la crisis del desafío a la autoridad por el momento. Entonces dice una de las parábolas más importantes de su misión. Todo esto tuvo lugar el día y los días después de su entrada triunfal en Jerusalén.

> Comenzó luego a decir al pueblo esta parábola: Un hombre plantó una viña, la arrendó a labradores, y se ausentó por mucho tiempo.
>
> Y a su tiempo envió un siervo a los labradores, para que le diesen del fruto de la viña; pero los labradores le golpearon, y le enviaron con las manos vacías.
>
> Volvió a enviar otro siervo; mas ellos a este también, golpeado y afrentado, le enviaron con las manos vacías.
>
> Volvió a enviar un tercer siervo; mas ellos también a este echaron fuera, herido.
>
> Entonces el señor de la viña dijo: ¿Qué haré? Enviaré a mi hijo amado; quizá cuando le vean a él, le tendrán respeto.
>
> Mas los labradores, al verle, discutían entre sí, diciendo: Este es el heredero; venid, matémosle, para que la heredad sea nuestra.

Détente era el nombre de la política de los presidentes estadounidenses Richard Nixon y Gerald Ford para buscar una mejora en las relaciones con la Unión Soviética. Esa política llegó a su fin con la invasión de Afganistán por parte de los soviéticos en 1979. En su primera conferencia de prensa como presidente, Ronald Reagan dijo: "Détente ha sido una calle de un solo sentido que la Unión Soviética ha utilizado para buscar sus metas" (29 de enero de 1981).

Y le echaron fuera de la viña, y le mataron. ¿Qué, pues, les hará el señor de la viña?

Vendrá y destruirá a estos labradores, y dará su viña a otros.

Cuando ellos oyeron esto, dijeron: ¡Dios nos libre! (Lucas 20:9-16)

¿Cuál es el significado de la parábola? Dios nos ha dado la Tierra, la viña. Nosotros somos los arrendatarios. Hemos arrendado la Tierra de Dios Todopoderoso. No nos pertenece la Tierra ni nos pertenecen los cuatro cuerpos inferiores ni nuestra conciencia. Todo eso son regalos que nos ha dado Dios Todopoderoso. Nosotros somos arrendatarios, porque somos cuidadores, somos campesinos. Cuidamos de los terrenos, cuidamos de la Tierra. Cuidamos del templo corporal.

La confusión surge cuando los arrendatarios comienzan a considerar que deberían ser propietarios indiscutidos de la Tierra y que deberían ser propietarios indiscutidos del templo corporal. Por tanto, Dios envía a sus siervos porque Dios quiere el tributo. Dios quiere que los arrendatarios den sus energías a cambio del don de la tierra. Él quiere frutos de nuestra vida. Quiere frutos por nuestro trabajo con la Tierra. Quiere ver una ganancia de conciencia cósmica.

Así, de vez en cuando, Dios envía a sus siervos: los arcángeles, los Señores del Karma, los Maestros Ascendidos y los avatares que encarnan. Estos vienen a evaluar las cosas, a ver qué están haciendo los arrendatarios, y ven que estos no están ahorrando la energía que le deben al SEÑOR. No está preparados para devolverle la justa parte de lo que le pertenece. Así, cuando cada siervo del SEÑOR va a visitar a los arrendatarios, estos le pegan, lo persiguen y hacen que se marche; y dicen: «Esta tierra nos pertenece. Esta energía nos pertenece. Esta vida es mía y puedo hace con ella lo que quiera».

Poco a poco, cuando el SEÑOR ve que sus hijos no escuchan a los siervos, envía a la encarnación de su Hijo, la Palabra encarnada. El Cristo viene; viene a habitar entre nosotros para que podamos verlo y saber que representa al Padre. En todas las eras hay una encarnación de la Palabra que viene a recordarnos nuestra herencia, que nosotros también somos coherederos con Cristo* si ratificamos esa herencia con buenas obras y cuando vivimos la enseñanza.

Pero al Hijo también lo matan. Porque entre ellos susurran: «Si podemos matar al Cristo, si podemos matar a este Jesús que ha venido, los terrenos serán nuestros. Nos dejarán en paz. Podremos vivir como queramos. No habrá nadie que nos recuerde nuestra culpa, nuestro pecado, nuestro karma. Podemos adaptar nuestra psicología del culto al placer. Podemos decirnos a nosotros mismos que siempre que seamos felices, todo lo que hagamos está bien y somos una gente justa. Deshagámonos de los profetas. Deshagámonos de los que nos dicen que hay leyes que obedecer, que existe la ley del karma, que hay una enseñanza que habla de la reencarnación por la cual deberemos pagar en vidas futuras por nuestros abusos con las energías de Dios en esta vida. No queremos oír nada de eso».

Por tanto, se tapan los oídos y corren como cuando Esteban les predicó la verdadera palabra de sus propios profetas. Corrían porque no podían soportar escucharlo, y después lo apedrearon hasta matarlo.

Jesús cuenta la parábola sobre la misma vieja historia de la venida del Hijo de Dios en cada era. Y la concluye con estas palabras:

> Pero él, mirándolos, dijo: ¿Qué, pues, es lo que está escrito: La piedra que desecharon los edificadores ha venido a ser cabeza del ángulo?
>
> Todo el que cayere sobre aquella piedra, será quebrantado; mas sobre quien ella cayere, le desmenuzará. (Lucas 20:17-18)

Este es el significado de la venida del Cristo. Cuando los inquilinos matan al Hijo de Dios, ¿qué hace Dios? Dios permite que su karma caiga sobre ellos. Ellos mismos se destruyen con su intención, sus motivos y la acción de matar al Cristo. Esa energía es la muerte de la persona que la produce. Y luego la piedra, que es la piedra del Cristo que ha sido rechazada por todos los inquilinos de la Tierra, la misma se ha convertido en la cabeza del ángulo.

---

*Romanos 8:17.

El ángulo es el ángulo recto de la cruz de Dios, de las líneas de fuerza del encuentro de Alfa y Omega, la cruz cósmica de fuego blanco. La piedra angular principal de todo ángulo recto en esa cruz es la conciencia Crística que debe dominarse en los cuatro planos de la materia. Y no importa cuántos millones de años hagan falta, Dios continuará quebrando a la generación idólatra en todos nosotros cuando no dejemos que el Cristo viva.

Por consiguiente, la convocatoria de esta hora es que aceptemos esa conciencia Crística como la piedra angular principal, que la elevemos y después permitamos que toda nuestra conciencia, nuestra evolución y nuestra naturaleza humana caigan sobre esa roca y se quiebren. Tenemos dos opciones: correr a encontrarnos con esa roca del Cristo y dejar que se quiebre la mente carnal o esperar en un estado indeciso, transigiendo con lo que no debemos y justificándonos a nosotros mismos, quedarnos parados y *esperar* a que algo ocurra, *esperar* a que las cosas pasen, *esperar* a que el país se destruya, *esperar* al momento cuando será demasiado tarde, cuando se declare la guerra y los ejércitos marchen. Y cuando llegue ese momento, «sobre quien ella cayere, le desmenuzará».

El desmenuzamiento de aquellos que no decidan que la roca de Cristo los quebrante es un asunto muy serio, que da sentido a la frase: «Y no temáis a los que matan el cuerpo; temed más bien a aquel que puede destruir el alma y el cuerpo en el infierno».* Si tememos por la vida política, perderemos la vida del alma. Si no tememos, pero somos certeros en proteger la vida y la conciencia del alma, solo entonces hallaremos vida eterna. Después de todo, nuestro karma nos ha desmenuzado una y otra vez en cada encarnación sucesiva. Una y otra vez Dios nos da nueva vida y nuevo propósito. Y volvemos, y tenemos un cuerpo nuevo, una energía nueva, una oportunidad nueva y vivimos en una era nueva.

Así, empezamos otra vez a experimentar con las energías. Olvidamos que solo hace una pocos años abandonamos la pantalla de la

---

*Mateo 10:28.

vida, quizá con agonía, quizá habiendo comprometido la verdadera ley del amor, quizá en el campo de batalla en la Primera o la Segunda Guerra Mundial. Sea cual fuera la situación, fallecimos y regresamos decididos a no volver a fallecer en un estado comprometido, que esta vez viviremos para Dios y solo para Dios. En el momento de esa transición repentina que le ha ocurrido a tanta gente en esta era, la persona comprende en qué consiste la vida. Pensamos: «Podría haber vivido por un propósito cósmico. En cambio, viví por la insignificante conciencia humana, por las chucherías, por las baratijas y por obtener alguna ganancia en esa vida. Regresaré y lo volveré a intentar».

Entonces Dios acepta nuestra palabra y nos da la oportunidad. Encarnamos. Y otra vez nos involucramos en el culto al placer. Pasan unas décadas y los que tienen suerte, envejecen, pero muchos fallecen con calamidades o accidentes de todo tipo o por haber abusado de su cuerpo con drogas. Esa muerte ocurre con la misma rapidez que el cambio de estaciones. Sin embargo, tenemos al Cristo que vivió treinta y tres años y nos dio la respuesta a nuestra victoria.

Tenemos que incitarnos. Tenemos que alinearnos con nuestra conciencia Crística. Tenemos que dejar de transigir con todas las indulgencias que toleramos. Tenemos que ponernos a marchar por la libertad, porque la perderemos y en los oídos nos resonarán estas palabras: «Sobre quien ella cayere, le desmenuzará».

Esta es la pregunta y la decisión de nuestra vida: ¿Corremos a saludar la roca del Cristo y permitimos que se quebranten nuestros viejos caminos o esperamos a que las rocas de nuestro orgullo, nuestra ambición y nuestro karma caigan montaña abajo para desmenuzarnos hasta que no quede nada? ¿Quién garantizará que no tengamos otra encarnación y después otra? ¿Cuántas veces tenemos que abusar de esta ley de la vida?

Una y otra vez leemos acerca de la venida del juicio y el fin de la era. Nuestra alma nos dice que debemos encarar al SEÑOR Dios. No nos hace falta leerlo en las escrituras y discutir sobre su exactitud. Cada uno de nosotros sabe en su corazón y su alma que vivimos para ofrecer un servicio a fin de llevar frutos al Señor de la Cosecha, para poder dar un buen reporte de nuestra encarnación y que se nos encuentre dignos de conservar la vida y que se nos llame hijos e hijas de Dios.

Esa es nuestra vocación en esta era. ¿Podemos predicar alguna otra vocación, alguna otra palabra, alguna otra enseñanza? ¿Podemos predicar mentiras y medias verdades y llamar a rendir culto con nosotros a miles de personas que no se entreguen por completo? ¿O diremos la verdad simple y llana de la acción de la Ley, la verdad que todo el mundo sabe, a la que todo el mundo responderá de una forma u otra? A ellos les encantará y darán su vida por ello o perseguirán al que se lo dijo. Esa es la división del camino que trae la venida del Cristo. A menos que nos encontremos en medio del Cristo, en el templo del día del Señor, a menos que veamos que nuestra palabra tiene ese efecto —primero en nosotros y después en todos los que se reúnan a nuestro alrededor—, fracasaremos en nuestra misión de cumplir las enseñanzas y el camino de Jesús y Gautama.

Jesús dio todo eso y más a los apóstoles antes de marcharse finalmente en el momento de la ascensión. Pablo hablará después a quienes ven su papel como líderes, a quienes ven que nuestro líder dio la vida para que podamos vivir. Ahora *nosotros* debemos guiar a la gente y a las ovejas del pasto de él.

Los que surgieron como discípulos clave son los que confirmaron el cristianismo. Jesús se ocupó de sus propios asuntos, pasando sus iniciaciones. Los que confirmaron su vida y su palabra son los que respondieron al llamado al liderazgo. Pablo se dirigió a ellos en el sexto capítulo del libro de Efesios:

> Por lo demás, hermanos míos, fortaleceos en el Señor, y en el poder de su fuerza. (Efesios 6:10)

No la fuerza de ustedes, sino que la fuerza de Dios es su fuerza para esta victoria.

> Vestíos de toda la armadura de Dios, para que podáis estar firmes contra las asechanzas del diablo. (Efesios 6:11)

Toda la armadura de Dios es la vestidura sin costuras de nuestra conciencia inocente, nuestra justicia. Esa armadura total no debe tener ni desgarros ni agujeros. Es decir, no podemos escoger una parte de nuestra conciencia y decir: «Me voy a reservar esta parte para mí», porque la parte que nos reservemos se cortará el día en que debamos plantar cara a la mente carnal y a la mente de las masas de este mundo. Y Pablo dijo:

> Porque no tenemos lucha contra sangre y carne, sino contra principados, contra potestades, contra los gobernadores de las tinieblas de este siglo, contra huestes espirituales de maldad en las regiones celestes. (Efesios 6:12)

En los Estados Unidos hoy día luchamos contra esas fuerzas. Están por todo el mundo, pero se deben conquistar aquí, en los Estados Unidos. Y engañan a la gente porque vienen con caras sonrientes, los bien vestidos, los estadounidenses típicos que se establecen en puestos de poder. Son imitadores de la verdadera raza de Israelitas, la verdadera raza de gente YO SOY. Imitan los caminos de los verdaderos Israelitas y llevan a cabo un culto a la personalidad. Entre tanto, dividen a la gente. En vez de eliminar el prejuicio y la división (Norte y Sur, blancos y negros), lo fomentan con grandes cantidades de dinero desde detrás del escenario. En vez de eliminar la guerra, contribuyen a los armamentos y las máquinas de guerra por toda la Tierra.

Dicen una cosa a la gente y hacen otra a sus espaldas. En la actualidad no se puede encontrar en los medios de comunicación nada que sea verdad sobre lo que está ocurriendo en los Estados Unidos, sino solo entretenimiento y la hipnosis de la mente de las masas que ellos desean imponer a la gente para quitarle el libre albedrío y las opciones que Dios le ha dado.

Esto es una guerra del Espíritu. Esto no es una guerra contra personas y esto no es la revolución que proclamamos. La revolución que proclamamos es una revolución de conciencia. La elevación de la luz es lo que permite a la gente separarse de esas fuerzas del mal que poseen a quienes se asientan en puestos de poder y se embriagan de poder. No podemos estar contra individuos. Pero podemos aislar el mal y la oscuridad. Podemos señalarlos y podemos condenar las acciones. Y entonces, por la luz que llevamos, podemos obligar a que la gente elija.

Obligamos a elegir forzando a nuestros líderes a que demuestren de forma pública que están traicionando al pueblo. Dejamos que sean desnudados de sus vestiduras como Cristo lo fue, desnudados de su hipocresía y del encubrimiento que hacen de su diplomacia secreta. Dejamos que sean desnudados para que el pueblo pueda verlos desnudos. Entonces dejamos que la gente tome la decisión correcta en las urnas votando a líderes que Dios ha ordenado, que guiarán a este país hacia la era de Acuario con honor e integridad.

Acerca de esta vocación de los apóstoles y discípulos, los que desean guiar a la gente y comunicar la Palabra, Pablo dice:

> Por tanto, tomad toda la armadura de Dios, para que podáis resistir en el día malo, y habiendo acabado todo, estar firmes.
>
> (Efesios 6:13)

¿Qué es el día malo? El día que tenemos sobre nosotros que se llama día del Ciclo Oscuro. La llegada del Ciclo Oscuro es el regreso del karma de la humanidad a un ritmo acelerado, que ahora entra en su noveno año. Durante ocho años hemos vivido una gran aceleración de oscuridad, que ha afectado a los Estados Unidos como un estado de conciencia totalmente nuevo, un estado de conciencia de depresión, de inseguridad en su identidad, teniendo lugar al mismo tiempo que jóvenes y mayores por igual buscan la ley de Dios en su interior. Toda nuestra conciencia nacional ha cambiado en los últimos ocho años por tener la carga del peso kármico añadido, que los Señores del Karma dijeron que no retendrían más.

Ellos han detenido la acción de ese karma durante dos mil años desde la venida de Jesús el Cristo. Como resultado de esa acción, la gente dejó de sentir la carga del regreso del karma. Hizo lo que quiso y no sintió el castigo por sus obras. Por consiguiente, los Señores del Karma dijeron: «Las cosas van de mal en peor. Vamos a producir el Ciclo Oscuro». Eso es el día malo que Jesús profetizó y del que habló Pablo.

Ahora estamos al final de la era, el momento cuando debemos cosechar lo sembrado* y hacerlo colectivamente, cosechar nuestro karma como grupo de gente, como país y como planeta. Hoy, con este regreso del karma, observamos que hay contaminación, plagas, enfermedades, sequía, cambios en el clima y eventos de todo tipo sobre la faz de la Tierra. Esto es debido a la aceleración del karma, y Pablo está hablando a los portadores de luz de este período. Pablo dice que hay que ponerse la armadura para poder resistir hasta el final. Y es difícil defender la justicia en un período en el que toda la conciencia de las masas está degenerando.

> Estad, pues, firmes, ceñidos vuestros lomos con la verdad,
> y vestidos con la coraza de justicia, y calzados los pies con el
> apresto del evangelio de la paz. (Efesios 6:14-15)

Los pies son el punto en el que se enfoca la jerarquía de Piscis; y son el punto en el que se concentra el entendimiento. Pablo quiere que estemos armados con una preparación sobre el Evangelio de la Paz. Quiere que conozcamos la Ley y la enseñanza del Cristo y del Buda. Quiere que eso sea nuestra armadura.

En la vida de Jesús, vemos que cuando él da la enseñanza sobre la Ley, ello refuta y confunde a la mente carnal. Ellos se sienten impotentes para afrontarlo porque él habla con el poder de la Palabra.

> Sobre todo, tomad el escudo de la fe, con que podáis apagar
> todos los dardos de fuego del maligno. (Efesios 6:16)

El escudo de la fe es nuestro impulso acumulado de la voluntad de Dios. Es la protección de la palabra del chakra de la garganta. Con esa palabra y la ciencia de la Palabra hablada podemos apagar todos

---

*Gálatas 6:7.

los dardos de fuego de los malvados, todas sus acusaciones y las cosas terribles que han sucedido en la Tierra.

Hace poco, un juez de San Francisco decidió que la gente mayor de veintiún años aún son hijos de sus padres y aún pueden forzarse a no asistir a la iglesia que quieran, y pueden ser obligadas a someterse a una sesión de treinta días de desprogramación.[5] ¿Se pueden imaginar esta clase de tiranía en los Estados Unidos, que una persona mayor de veintiún años siga sin tener derecho a practicar la religión que quiera?

Aunque no estemos de acuerdo con la religión del Reverendo Moon ni con otros que enseñan, defendemos su derecho a hacerlo. Defendemos el derecho del pueblo estadounidense a rendir culto donde quiera. Este dictamen no es nada más que la tiranía del Anticristo. Debido a que nuestros líderes han estado haciendo jueguecitos con la Unión Soviética (que ha perseguido a cristianos y judíos durante todo este siglo), vemos que se permite que el mismo espíritu tiránico se manifieste en nuestro país. Y la gente no se subleva.

La gente debería defender el derecho de las personas a ser adultos maduros. En cambio, la gente se queda parada y permite que pasen cosas así, aunque sé que ese dictamen se ha impugnado. Es escandaloso que se rapte a personas de cualquier edad para tratar de manipularles la mente contra su voluntad. Esto es tiranía contra la Presencia YO SOY, la conciencia y el Ser Crístico.

La ciencia de la Palabra hablada puede y debe derrotar todo esto. Como hemos leído una y otra vez: «Y ellos le han vencido por medio de la sangre del Cordero», por medio de la energía de Cristo, «y de la palabra del testimonio de ellos».* La única forma de derrotar a los príncipes de este mundo y los gobernantes de la oscuridad es mediante el ejercicio de la ciencia de la Palabra hablada con los decretos y hablando cuando corresponda.

Cuando se enteren de una injusticia, no deben tener miedo de hablar sobre el tema: llamar a la estación de radio o televisión, hablar

---

*Apocalipsis 12:11.

con su congresista o representante local, manifestarse, si quieren, o escribir a la prensa. Pero, sobre todo, lo peor que podemos hacer es quedarnos callados, porque el silencio se juzga como que estamos de acuerdo con lo que está sucediendo. Cuando guardamos silencio indicamos que estamos de acuerdo con lo que está ocurriendo. Solo cuando hablamos Dios nos puede juzgar por haber asumido una postura el día malo.

> Y tomad el yelmo de la salvación, y la espada del Espíritu, que es la palabra de Dios; ... (Efesios 6:17)

Los maestros nos dicen que protejamos el desarrollo del chakra de la coronilla y el tercer ojo, que protejamos estos puntos focales de la mente de Dios y la de Cristo. Póngase el tubo de luz. Hagan invocaciones al Arcángel Miguel. Sellen su templo en la luz de la victoria. Y protejan su victoria todos los días mientras van a desafiar en el nombre de Cristo, en el nombre del que dio su vida para que podamos permanecer y llevar a las multitudes a la enseñanza que él dejó.

La espada es la energía que extraemos del chakra del corazón. En efecto esa espada es una cruz en la mano derecha. La espada y la cruz son lo mismo, y la cruz fue el triunfo por medio de nuestro maestro, Jesucristo. Por medio de la cruz, por medio de la energía de Alfa y Omega, él venció. Ahora nos toca a nosotros usarla en defensa de la verdad. Y esta espada, que separa lo Real de lo irreal, es la misma espada en la que él estuvo clavado en el Gólgota. Es la energía que divide la luz y la oscuridad, la verdad y el error, y *eso* es la espada que debemos llevar. Es la cruz de nuestra salvación.

> ... orando en todo tiempo con toda oración y súplica en el Espíritu, y velando en ello con toda perseverancia y súplica por todos los santos; ... (Efesios 6-18)

Estamos unidos al cuerpo de Dios en la tierra y en el cielo. Hoy estamos unidos a cada alma de cualquier plano de conciencia que haya defendido la luz en cualquier parte, en los Estados Unidos, en

África, en Europa, en China o en la Unión Soviética. Los llaman gamberros. Nosotros los llamamos espíritu de la libertad de esta era.

> … y por mí, a fin de que al abrir mi boca me sea dada palabra para dar a conocer con denuedo el misterio del evangelio, …
>
> (Efesios 6:19)

Pablo no predicaba un simple evangelio escrito con palabras sobre el papel. Pablo predicaba el *misterio* del Evangelio, las sagradas enseñanzas, las enseñanzas del Aposento Alto, las enseñanzas internas de Cristo que habían sido transmitidas por el Señor oralmente y de manera directa por el Espíritu Santo.

¡Lo que proclamamos es el misterio del Evangelio! Hemos oído las palabras que nos han leído una y otra vez. Hemos visto a la gente en los bancos de las iglesias años tras año, generación tras generación. ¿Ha cambiado el mundo? ¿Ha cambiado Occidente? ¿Ha tenido el poder de volcar a los cambistas del templo? No, no lo ha hecho, porque se han predicado las palabras sin el misterio. Y no debemos temer hablar del misterio del Cristo, que no se debe guardar en un armario o nuestras habitaciones privadas. Debemos decirle a la gente que hay un misterio y que el misterio es la Palabra encarnada en todo hijo y toda hija de Dios.

¡Esta es la alegría del Domingo de Ramos! Porque tenemos el misterio que proclamar. Tenemos algo que dar lo cual proporcionará a todos los hombres, mujeres y niños de la Tierra el conocimiento de la victoria del Cristo interior. Este es nuestro mensaje. Esto es aquello por lo que deberíamos vivir, no morir. Lo único que morirá en nosotros es la mente carnal. Nosotros, en Cristo, podemos saber con certeza que, por sus promesas, viviremos para siempre. ¿Y cuál fue su palabra? Su palabra fue: «¡He aquí, YO SOY el que vivo por los siglos de los siglos!».* Y, por tanto, el apóstol Pablo declaró:

> … por el cual soy embajador en cadenas; que con denuedo hable de él, como debo hablar. (Efesios 6:20)

---
*Apocalipsis 1:18.

Pablo se declaró embajador de Cristo. Las cadenas de las que habló eran las cadenas del Imperio romano y las de su propio pecado y karma. Sintió esas cadenas fuera de sí mismo, y dentro. Pero no importó. Pablo no dejó que las cadenas de esa energía le impidieran realizar su servicio. No iba a esperar hasta que Roma decidiera cambiar de opinión y liberar a los esclavos y a los cristianos. No iba a esperar a que mejoraran las circunstancias del mundo antes de desafiar al dragón, porque sabía que empeorarían. No iba a esperar hasta ser perfecto ante los ojos de Dios. Con toda su imperfección, con todo lo que había hecho antes al perseguir a los cristianos, no se condenó a sí mismo ni sintió lástima por sí mismo, sino que se puso ante la gente y la organizó para Cristo y para la dispensación de dos mil años.

Esto es lo que nosotros debemos hacer al afrontar este año de nuestra victoria. Esto es lo que nos trae nuestro mensaje de Pascua. Así es como entendemos la alegría de la venida del Señor a esta ciudad. Entendemos que, si deseamos que él viva en los Estados Unidos y en la Tierra, también debemos declararnos embajadores de Cristo y dar la palabra con denuedo, y saber que cuando hablamos con denuedo, Dios hablará a través de nosotros. Dios nos defenderá. Dios nos asegurará la vida eterna.

En el nombre del Padre y de la Madre, del Hijo y del Espíritu Santo. Amén. Te damos las gracias, oh, SEÑOR Dios, que hoy estás entre nosotros, por tu presencia aquí siempre.

3 de abril de 1977

10

Jesús nazareno, Rey de los judíos

Siempre, desde que tengo uso de memoria, cuando era una niña pequeña, el Viernes Santo para mí ha sido un momento para reflexionar en el sacrificio de un Hijo de Dios por todos los hijos de Dios. Afortunadamente, las escrituras han documentado algunos de los acontecimientos que tuvieron lugar durante la Semana Santa.

Hoy vamos a estudiar la anatomía de una crucifixión. Vamos a estudiar la crucifixión tal como nos llega como la iniciación más alta que los hijos y las hijas de Dios pueden afrontar en el sendero de Cristeidad. Jesús dio el ejemplo de esta iniciación, pero no lo hizo como si él fuera el único que la afrontaría. Él dio el ejemplo y dijo: «Hijas de Jerusalén, no lloréis por mí, sino llorad por vosotras mismas y por vuestros hijos»*.

Cuando llevaba a cuestas la cruz de camino al Gólgota, Jesús consoló a las mujeres de Jerusalén con esa frase porque sabía que a ellas la crucifixión les llegaría en la era de las pruebas de la maestría sobre el rayo femenino, igual que él demostró la maestría sobre el rayo masculino de la Cristeidad.

La cuestión que Jesús tuvo frente a sí no fue la de ser crucificado

*Lucas 23:28.

o no. Fue la de ser crucificado públicamente o no. *Todos* los hijos y las hijas de Dios pasan por las iniciaciones que él demostró durante su ministerio de tres años e incluso desde su nacimiento hasta los treinta años, que no constan en las escrituras.

Conociendo a Jesús y conociendo la vida intensa que tuvo durante tres años, no podemos imaginarnos que estuviera simplemente esperando a que su misión empezara a los treinta años. De niño tuvo muchos deseos de atender los negocios de su Padre.* Se tomó muy en serio el estudio de la Ley. En los apócrifos consta que de niño tenía un poder enorme, como el Cristo.

En aquellos años de preparación, estudió en los retiros de la Hermandad en Oriente Próximo y el Lejano Oriente.† Se estuvo preparando para la misión más eminente de un hijo de Dios que se nos haya transmitido, de la que haya quedado constancia históricamente hablando.

Jesús comprendía la importancia de su misión, igual que nosotros quizá comprendamos la importancia de nuestra misión. Él comprendía que, si no quedaba un documento histórico de la crucifixión, nosotros no sabríamos por dónde ir, no sabríamos qué esperar. Si no quedara constancia de sus sermones, no tendríamos el conocimiento de lo que ocurriría al final de la dispensación de dos mil años, la profecía del final de los tiempos.‡ No tendríamos el libro del Apocalipsis que entregó a Juan, la revelación declarada y enviada por su ángel.

Por eso, la cuestión de si la crucifixión, la resurrección y la ascensión debían ser públicas o no tenía una importancia suprema. Su agonía en el Huerto de Getsemaní y su posterior captura de madrugada§ representa para nosotros la prueba, el juicio, la acusación que

---

*Lucas 2:49.

†Las escrituras y tradiciones orales de Oriente dicen que Jesús estuvo en esa zona durante los diecisiete "años perdidos", de los 13 a los 29 años, los cuales no constan en la Biblia. Para obtener una traducción de esos textos, véase Elizabeth Clare Prophet, *The Lost Years of Jesus* (*Los años perdidos de Jesús*) (Gardiner, Mont.: Summit University Press, 1987).

‡Véase Mateo 24-25; Marcos 13; Lucas 21.

§Marcos 14:32-53.

se lanza contra el hijo o la hija de Dios de cualquier época que tenga el valor de elevar al Cristo y ser la plenitud de la conciencia Crística.

Jesús dijo: «Y yo, si fuere levantado de la tierra, a todos atraeré a mí mismo»*. La frase quería decir: «Si elevo la luz del cristo, la energía del fuego sagrado de Dios, esta se convertirá en el imán del unigénito Hijo y atraerá a toda la humanidad a la conciencia Crística». No solo atraeré a las almas de luz, sino que atraeré a las almas de la oscuridad. Los habrá que ratifiquen la luz, la confirmen, entren en ella y se conviertan en la luz. Y los habrá que la nieguen, la denigren, la persigan y quieran destruirla.

Durante los días y semanas anteriores a este episodio final, Jesús estuvo en medio del templo. Predicó, declaró que su autoridad había llegado y no temió hablar con una enorme autoridad a quienes cuestionaban si tenía o no derecho a llamarse a sí mismo Hijo de Dios.[†]

Hoy día, aún los hay que argumentan si nos debemos llamar hijos e hijas de Dios o no. Pero Juan escribe en su epístola: «Amados, ahora somos hijos de Dios»[‡]. Nosotros entendemos que el Hijo único, el unigénito Hijo, es el Cristo Eterno, la segunda persona de la Trinidad, cuya conciencia, cuya llama, cuya luz (la mismísima presencia de la Palabra) encarna en nosotros cuando estamos dispuestos a recibirlo, a ser convertidos por él y a encontrarnos en el nuevo nacimiento de Cristo.

Cuando esto tiene lugar, cuando recibimos a Jesucristo en nuestro corazón, también debemos considerarnos dignos de pasar por las mismas iniciaciones por las que él pasó. En efecto, somos sus manos y sus pies, su corazón, su cabeza y su cuerpo en la tierra mientras él vuelve a recrear la pasión en la Tierra cada año y cada día.

Es necesario que se recree esta pasión porque ello supone el eterno vencer a todas las manifestaciones de la oscuridad en la Tierra gracias al poder de la Palabra. Jesús habló de aquellos que lo crucificarían:

---

*Juan 12:32.
†Marcos 1:21-27.
‡1 Juan 3:2.

«Esta es vuestra hora, y la potestad de las tinieblas»*. Jesús vino al mundo para dar la luz del Cristo y que las almas de Dios pudieran salvarse, y para que aquellos a los que él llamó malvados y progenie del malvado se les juzgara.

¿Cómo habían de juzgarse? Lo serían solo por su persecución al Cristo. Hasta que el Cristo viniera y les diera la oportunidad de ejercer el libre albedrío que Dios les dio para escoger entre la luz y la oscuridad, el juicio no podía producirse. Por consiguiente, el juicio al malhechor llega cuando este quiere destruir la luz del Cristo, no solo en Jesús, sino en todos los que lo siguen, en los niños pequeños, en toda la vida en la Tierra.

Esta tarde vamos a hablar de lo que ocurrió en este episodio cuando Jesús lo sufrió, y qué está ocurriendo actualmente en los Estados Unidos y en todos los países. ¿Cómo están pasando los hijos y las hijas de Dios por esta persecución y la crucifixión por amor a la verdad?

El testimonio de Jesús fue que vino al mundo a dar testimonio de la verdad.[†] Hoy día hay personas, de cualquier raza y religión, que viven por la verdad, que están dispuestas a dar la vida por la verdad y que saben que esa es la causa por la que nacieron. Puede que no se consideren cristianas. Puede que ni siquiera entiendan la iniciación de la crucifixión. Pero por su testimonio sobre la verdad también están dando testimonio de la Palabra y del Cristo, que es el Yo Real de todos.

Por consiguiente, vemos la persecución no solo a cristianos, sino a judíos, musulmanes, hindús y budistas y a los que siguen a Confucio. Vemos persecuciones a la gente de África, a los ricos, a los pobres. Vemos a gente de todas las edades dispuesta a defender la verdad, y vemos cómo el mundo reacciona ante gente así. Por tanto, la historia de la crucifixión es una larga, larga saga en la historia de la raza humana.

Hoy nos reunimos, pues, para celebrar las vidas de los valerosos que han estado dispuestos a colgar de esa cruz con Jesús durante una

---

*Lucas 22:53.
†Juan 5:33.

hora, una vida o muchas vidas. Muchos han tenido la inspiración de hacerlo por la vida que él vivió. Pero otros han recibido su inspiración de otros grandes líderes y personas que han sido portadoras de la luz de la verdad. La verdadera fuente de inspiración siempre es Dios, así como el valor que Dios da a su gente para que comprenda que este mundo es un sitio temporal. Este mundo no es nuestro hogar. Es una parada en el camino. Venimos de otro lugar —quizá de las cortes del cielo, quizá de otros sistemas de mundos— y nos dirigimos a otra parte.

Tenemos la sensación de que la vida y la existencia tiene una continuidad que hemos ido experimentando vida tras vida. Hoy día, muchos (no la minoría, sino la mayoría) recuerdan haber vivido antes. Pero el vivir anterior es el vivir del que habló Jesús cuando dijo: «Antes que Abraham fuese, YO SOY»*. Jesús tenía el sentimiento de la continuidad cósmica de conciencia en Cristo, y esa continuidad es lo que compartimos.

Así, hemos observado a los seres Crísticos, los ungidos, y hemos contemplado mientras han pasado por la prueba de fuego. Muchas almas lo han hecho por causas grandes y pequeñas, y muchas son desconocidas. Pero, puesto que lo han hecho, nosotros tenemos el valor de seguir viviendo, de defender la verdad en la sociedad, en nuestra familia y con nuestros hijos.

Por eso estoy agradecida por el Viernes Santo. Estoy agradecida de que Jesús nos diera el ejemplo público, porque nos da la capacidad de heredar no solo la recompensa que es estar con él en la conciencia ascendida, sino ser en la tierra lo que él fue y permitirle estar en la tierra a través de nosotros porque entendemos el significado del sendero de Cristeidad.

Por tanto, leamos el relato del libro de Juan:

> Llevaron a Jesús de casa de Caifás al pretorio. Era de mañana, y ellos no entraron en el pretorio para no contaminarse, y así poder comer la pascua.

---

*Juan 8:58.

Entonces salió Pilato a ellos, y les dijo: ¿Qué acusación traéis contra este hombre?

Respondieron y le dijeron: Si este no fuera malhechor, no te lo habríamos entregado.

Entonces les dijo Pilato: Tomadle vosotros, y juzgadle según vuestra ley. Y los judíos le dijeron: A nosotros no nos está permitido dar muerte a nadie; para que se cumpliese la palabra que Jesús había dicho, dando a entender de qué muerte iba a morir.

Entonces Pilato volvió a entrar en el pretorio, y llamó a Jesús y le dijo: ¿Eres tú el Rey de los judíos?

Jesús le respondió: ¿Dices tú esto por ti mismo, o te lo han dicho otros de mí?

Pilato le respondió: ¿Soy yo acaso judío? Tu nación, y los principales sacerdotes, te han entregado a mí. ¿Qué has hecho?

Respondió Jesús: Mi reino no es de este mundo; si mi reino fuera de este mundo, mis servidores pelearían para que yo no fuera entregado a los judíos; pero mi reino no es de aquí.

Le dijo entonces Pilato: ¿Luego, eres tú rey? Respondió Jesús: Tú dices que yo soy rey. Yo para esto he nacido, y para esto he venido al mundo, para dar testimonio a la verdad. Todo aquel que es de la verdad, oye mi voz.

Le dijo Pilato: ¿Qué es la verdad?

Y cuando hubo dicho esto, salió otra vez a los judíos, y les dijo: Yo no hallo en él ningún delito.

Pero vosotros tenéis la costumbre de que os suelte uno en la pascua. ¿Queréis, pues, que os suelte al Rey de los judíos?

Entonces todos dieron voces de nuevo, diciendo: No a este, sino a Barrabás. Y Barrabás era ladrón. Así que, entonces tomó Pilato a Jesús, y le azotó.

Y los soldados entretejieron una corona de espinas, y la pusieron sobre su cabeza, y le vistieron con un manto de púrpura; y le decían: ¡Salve, Rey de los judíos! y le daban de bofetadas.

Entonces Pilato salió otra vez, y les dijo: Mirad, os lo traigo fuera, para que entendáis que ningún delito hallo en él.

Y salió Jesús, llevando la corona de espinas y el manto de púrpura. Y Pilato les dijo: ¡He aquí el hombre!

Cuando le vieron los principales sacerdotes y los alguaciles, dieron voces, diciendo: ¡Crucifícale! ¡Crucifícale! Pilato les dijo: Tomadle vosotros, y crucificadle; porque yo no hallo delito en él.

Los judíos le respondieron: Nosotros tenemos una ley, y según nuestra ley debe morir, porque se hizo a sí mismo Hijo de Dios.

Cuando Pilato oyó decir esto, tuvo más miedo.

Y entró otra vez en el pretorio, y dijo a Jesús: ¿De dónde eres tú? Mas Jesús no le dio respuesta.

Entonces le dijo Pilato: ¿A mí no me hablas? ¿No sabes que tengo autoridad para crucificarte, y que tengo autoridad para soltarte?

Respondió Jesús: Ninguna autoridad tendrías contra mí, si no te fuese dada de arriba; por tanto, el que a ti me ha entregado, mayor pecado tiene.

Desde entonces procuraba Pilato soltarle; pero los judíos daban voces, diciendo: Si a éste sueltas, no eres amigo de César; todo el que se hace rey, a César se opone.

Entonces Pilato, oyendo esto, llevó fuera a Jesús, y se sentó en el tribunal en el lugar llamado el Enlosado, y en hebreo Gabata.

Era la preparación de la pascua, y como la hora sexta. Entonces dijo a los judíos: ¡He aquí vuestro Rey!

Pero ellos gritaron: ¡Fuera, fuera, crucifícale! Pilato les dijo: ¿A vuestro Rey he de crucificar? Respondieron los principales sacerdotes: No tenemos más rey que César.

Así que entonces lo entregó a ellos para que fuese crucificado. Tomaron, pues, a Jesús, y le llevaron.

Y él, cargando su cruz, salió al lugar llamado de la Calavera, y en hebreo, Gólgota; y allí le crucificaron, y con él a otros dos, uno a cada lado, y Jesús en medio.

Escribió también Pilato un título, que puso sobre la cruz, el cual decía: JESÚS NAZARENO, REY DE LOS JUDÍOS.

Y muchos de los judíos leyeron este título; porque el lugar donde Jesús fue crucificado estaba cerca de la ciudad, y el título estaba escrito en hebreo, en griego y en latín.

Dijeron a Pilato los principales sacerdotes de los judíos: No escribas: Rey de los judíos; sino, que él dijo: Soy Rey de los judíos.

Respondió Pilato: Lo que he escrito, he escrito.

(Juan 18:28-19:22)

El título Rey de los judíos es el tema de nuestra conferencia de hoy. ¿Cómo llegó a recibir Jesús ese título? Él habló del reino de su Padre. «Mi reino no es de este mundo»*. Sin embargo, lo llamaron Rey de los judíos con razón. La frase más precisa que se podía haber dicho de Jesús la dijo Pilato. En los misterios sagrados entendemos que la palabra *rey* significa aquel que tiene la clave de la encarnación de Dios.

Hace mucho, mucho tiempo, cuando la Tierra tenía eras de oro, antes de la caída del hombre y la mujer, aquellos con derecho a gobernar eran los que habían elevado la conciencia Crística, los que habían engrandecido la llama del fuego sagrado en el corazón. Ese fuego sagrado se hizo una manifestación intensa de Dios como una llama que arde sobre el altar. Por tanto, los iniciados, los hijos y las hijas de Dios eran quienes tenían el logro más grande en conciencia cósmica, los que tenían el derecho a gobernar en aquellas eras de oro, eras perdidas de Lemuria y la Atlántida; eras más lejanas que los incas de Suramérica, de las cuales los incas fueron solo descendientes; eras tan remotas que no forman parte de la historia escrita.

La idea del derecho divino de los reyes nos ha llegado de esas eras de oro, el derecho divino que tienen los hijos y las hijas de Dios a gobernar. La degeneración de aquellos a los que se concedió este gobierno ocurrió siglo tras siglo, culminando en los últimos cientos

---

*Juan 18:36.

de años cuando se produjo el cambio de la monarquía a la forma de gobierno de una república o una democracia.

Jesús, por tanto, fue el Mesías encarnado, aquel del que profetizaron los profetas de Israel. Jesús vino para dar al pueblo de Israel la clave de la encarnación de Dios. Cuando lo acusaron de decir que era el Hijo de Dios, él les citó sus propias escrituras, Salmos 82, y les citó lo que Moisés había dicho a los hijos de Israel en el desierto: «Yo dije: vosotros sois dioses».

Así, Jesús vino a devolver las verdaderas enseñanzas de los profetas al pueblo de Israel. Y los sacerdotes principales y los escribas, los fariseos y los saduceos, se preocuparon mucho porque Jesús estaba dando al pueblo las verdaderas enseñanzas de sus propios profetas. Al principio de su misión, incluso se puso a citar la profecía de su propia venida en la sinagoga: «Hoy se ha cumplido esta Escritura»*.

Por tanto, vemos que Jesús en realidad no fue crucificado por los judíos, sino por los líderes de los judíos. Hay una gran diferencia. Los que perseguían a Jesús eran los mismos a los que él acusó y aquellos a los que habló Juan el Bautista. Los dos hablaron con la gran intensidad del fuego de Dios Todopoderoso y reprendieron a esos líderes, y les dijeron que se arrepintieran y fueran bautizados. Jesús dijo: «¡Ay de vosotros, intérpretes de la ley!». Y dijo que ellos no entraban al reino del cielo y que impedían que entraran los que estaban haciéndolo.†

Jesús hablaba de una forma totalmente distinta a las personas que tenían el poder en Israel a como hablaba a los hijos de Dios. Y dejó constancia de ello en la parábola de la buena y la mala semilla, el trigo y la cizaña.‡ A sus discípulos les explicó que el buen trigo, la semilla del trigo, eran los hijos de Dios, y que la cizaña la sembraba el enemigo, el demonio, y que la cizaña era la semilla, la progenie el malvado. Solo dio una lección que nos conste, pero sí nos constan muchas que dio sobre dos evoluciones distintas que existían en la

---

*Lucas 4:16-21.
†Lucas 11:52.
‡Mateo 13:24-30, 36-43.

Tierra y que han existido codo con codo hasta el presente.

Así es como entendemos que, con Jesús, en aquella época, había encarnados muchos hijos e hijas de Dios como judíos, que también están encarnados hoy. También vemos que muchos de la semilla del malvado están encarnados hoy entre los gentiles, los cristianos y las demás naciones de la Tierra, y que aquellos a los que Jesús reprendió formaban parte de una clase determinada, una clase de generación impía que no quería escuchar la verdad ni aceptar la verdadera religión de los profetas. Ni siquiera practicaban la religión de sus propios profetas y maestros de Israel. Si lo hubieran hecho, habrían visto la entrega del relevo desde Moisés a Jesús, a través de todos los profetas.

Jesús era el Mesías encarnado. Esta venida de Cristo la utilizaron los saduceos y fariseos no solo del lado judío, sino también en las naciones gentiles y también, finalmente, en las iglesias establecidas en el nombre de Cristo. Los que no fueron capaces de derrocar a Cristo desde fuera de la iglesia se unieron a ella e iniciaron su persecución desde dentro. Pero ya no perseguían a Jesús, perseguían a los que recibieron su relevo para la iniciación de la crucifixión, la resurrección y la ascensión.

Quisiera leerles un extracto de un dictado de un ser angélico que nos ha dado el conocimiento del juicio de Dios en esta era y la entrega no solo del juicio, sino del perdón. El ángel dice:

> Ahora llega el perdón para quienes han sido instrumentos inconscientes de los caídos.

El significado del término «caídos» es el mismo que el de semilla del malvado.

> Jesús perdonó a la gente desde la cruz, diciendo: «Padre, perdónalos, porque no saben lo que hacen».*

Se refería a los hijos de Dios, los judíos que habían sido instrumentos de la voluntad de sus líderes.

---

*Lucas 23:34.

¡Escuchad, pues, el juicio tomado del Libro de la Vida! Los judíos fueron los chivos expiatorios por la crucifixión del Señor. Fueron solo instrumentos de los sacerdotes principales y los ancianos del pueblo. *Ellos* son los que consultaron para matar a Jesús. Estos son los caídos, los luciferinos; y los capitanes y los soldados eran su creación robótica. *Ellos* utilizaron a la multitud para llevar a cabo su asesinato al Ser Crístico, y *ellos* engañaros a los judíos para que tomaran sobre sí el karma de la acción. Por tanto, en medio del tumulto creado por los caídos, exclamaron: «Su sangre sea sobre nosotros, y sobre nuestros hijos».[1]

Les voy a recordar la viva escena que tuvo lugar como réplica moderna de esta crucifixión en Checoslovaquia, cuando llegaron las tropas y los tanques rusos.[2] Ahí vimos que los ancianos del pueblo y los sacerdotes principales que conspiraban a la cabeza del Gobierno estaban decididos a matar tanto a los cristianos como a los judíos que exigían su libertad en Checoslovaquia. Lo mismo ocurrió en Hungría y en otros países de Europa del este.[3]

Los que son de la luz y de la verdad no temen dar la vida por la verdad y la libertad, porque no tienen nada por lo que vivir cuando no tienen permitido decir la verdad en libertad.

¿Van los ancianos, los saduceos y fariseos, los jefes supremos y los tiranos a crucificar a esos hijos e hijas de Dios? No; envían a los capitanes y los soldados. ¿Y acaso no leímos en los informes de esas atrocidades, ese asesinato a sangre fría de miles de personas, cómo los capitanes y los soldados que pilotaban los tanques ni siquiera sabían por qué estaban allí? Muchos de ellos eran campesinos cultos. Otros no tenían ningún conocimiento sobre dónde estaban o qué estaba ocurriendo.[4] Los manipularon. Los manipularon para efectuar la voluntad de los caídos.

Esta anatomía de la crucifixión se produce una y otra vez. No ocurre solo en la Unión Soviética o en China. Sucede en los Estados Unidos de América cuando nuestra gente es crucificada por la verdad y la libertad que defiende. Y lo vemos todos los días, si estamos atentos para reconocer cuál es la realidad de lo que está sucediendo detrás de escena.

Por tanto, empezamos a ver el desarrollo de cierto misterio y a adquirir cierta comprensión sobre cómo se ha usado esta estratagema una multitud de veces. El ángel continúa con el mensaje:

> ¡Soy el ángel con la espada vengadora! Y hoy proclamo con el Señor Cristo: Quedan exonerados de toda culpa con respecto a la muerte de Cristo. Y que se diga esta palabra en los templos de los judíos y en sus sinagogas, porque la Madre de Cristo hoy ha extendido la mano a través de la Madre de la Llama para atraer al Sanctasanctórum a todos los de la casa de Israel. Estos son los que aman el nombre del Señor, YO SOY EL QUE YO SOY, y aceptan su mediador, el Ser Crístico, como alguien capaz de perdonar todo pecado y el sentimiento de pecado.
>
> Hoy el juicio se dirige a los caídos, ¡y llevarán la carga de su karma! Ellos son quienes han matado al Cordero desde el principio del mundo.* ¡Que la energía regrese a su puerta!
>
> Ahora, ¡que los hijos del Uno reconozcan la táctica de «divide y vencerás» de los malvados! Que los que se consideran cristianos perdonen a los miembros de la casa de David. Que todos los que rinden culto al Dios de Israel abracen a los que han seguido al Mesías hacia la nueva era de la proclamación de la ley de Moisés y la gracia de Jesucristo.⁵

Hasta el día de hoy, esos ancianos del pueblo, los sacerdotes principales que han logrado puestos de liderazgo en los gobiernos y las iglesias, así como en las economías de las naciones, han tomado este rumbo: perseguir a los que dicen «soy el hijo de Dios y daré testimonio de la verdad». Dirán que Jesús era el único Hijo de Dios y que no hay otro. Y así le quitarán a la gente el conocimiento de que ese hijo universal único, ese unigénito del Dios Padre-Madre, es el Cristo, el mismo que vive en todos nosotros, la misma llama, la llama única del Dios único que arde en el corazón de cada uno de nosotros.

---

*Apocalipsis 13:8.

Lo que ocurre cuando perdemos nuestro derecho a la filiación es que perdemos nuestra autoridad para hablar la verdad. Perdemos nuestra autoridad para ser libres. Cuando repudiamos nuestra herencia como hijos e hijas de Dios, dejamos de afirmar la autoridad de nuestro Padre y el apoyo de nuestro Padre, y entonces perdemos el valor y la plataforma para defender la verdad. Por tanto, la declaración de Jesús sobre su Filiación divina es la clave en *todas* las iniciaciones de los hijos y las hijas de Dios que vienen después de él.

Esta negación de nuestra filiación individual, nuestra Cristeidad individual, es algo casi universal en las iglesias cristianas actuales, que esgrimen el mismo argumento, la misma persecución: «Nosotros tenemos una ley. Este hombre debe morir, porque se hizo a sí mismo hijo de Dios»*. Por tanto, los que tienen el valor de comprender su filiación con Dios son expulsados de las iglesias y, si no pueden desmentir la acusación y la condenación de sus compañeros, deben encontrar su propia comunidad y forma de rendir culto.

La clave de la encarnación de Dios: Jesús vino a demostrar a los judíos cómo quitarse de encima a esos ancianos del pueblo, y muchos lo siguieron. Entonces la dispensación de la Cristeidad y la enseñanza se extendió a todas las naciones.

Pero después los caídos fueron por todas partes para asegurarse de que la gente no comprendiera el poder de la Trinidad que yace en su propio corazón y en el latido de su corazón. Esto es lo que ha emasculado al pueblo de los Estados Unidos, destruyendo la hombría y la feminidad de esta generación. Esto es la causa de la generación decadente de la civilización occidental. Cuando la gente acepta que son animales o que son pecadores o que son seres humanos según el humanismo científico, pierde la fuente de su poder. Y ese poder, que es Dios, es el *único* poder por el cual podemos mover a este país y a todos los países para devolverlos a la conciencia de Dios.

Leemos que Pilato no quiso cambiar el letrero que tenía escrito: «Lo que he escrito, escrito está». Pilato reconoció la justicia de Jesús

---

*Juan 19:7.

como hombre y también se sintió intimidado por los ancianos que le chantajeaban con el César: «Si pones en libertad a este hombre, no eres amigo del César». Así, Pilato se vio arrinconado; y cuántas veces hemos visto a líderes políticos arrinconados porque han temido la verdad y el testimonio de la verdad.

Por tanto, debemos mirar entre nosotros, en nuestra congregación, para hallar el ejemplo. Si *nosotros* podemos ser el ejemplo de los que defiendan la verdad de nuestra verdadera identidad y la de toda la gente de Dios en Cristo, seremos capaces de proclamar la verdad de que Cristo, al cual Jesús hizo aparecer, es el Yo Real de *todos* los judíos y de *todos* los cristianos, de *todos* los musulmanes, de *todos* los budistas, de *todos* los hindúes. Todo el mundo en la Tierra tiene esa identidad verdadera en Dios a través de Cristo. Y esto vence la exclusividad no entendida por muchos que saben en su corazón que tienen un lazo personal con Dios. Ello trasciende el dogma, que los judíos no pueden aceptar, de que Jesús era el único Hijo de Dios.

Cuando los soldados hubieron crucificado a Jesús, tomaron sus vestidos, e hicieron cuatro partes, una para cada soldado. Tomaron también su túnica, la cual era sin costura, de un solo tejido de arriba abajo.

Entonces dijeron entre sí: No la partamos, sino echemos suertes sobre ella, a ver de quién será. Esto fue para que se cumpliese la Escritura, que dice:

Repartieron entre sí mis vestidos, y sobre mi ropa echaron suertes. Y así lo hicieron los soldados.

Estaban junto a la cruz de Jesús su madre, y la hermana de su madre, María mujer de Cleofas, y María Magdalena.

Cuando vio Jesús a su madre, y al discípulo a quien él amaba, que estaba presente, dijo a su madre: Mujer, he ahí tu hijo.

Después dijo al discípulo: He ahí tu madre. Y desde aquella hora el discípulo la recibió en su casa.

Después de esto, sabiendo Jesús que ya todo estaba consumado, dijo, para que la Escritura se cumpliese: Tengo sed.

Y estaba allí una vasija llena de vinagre; entonces ellos empaparon en vinagre una esponja, y poniéndola en un hisopo, se la acercaron a la boca.

Cuando Jesús hubo tomado el vinagre, dijo: Consumado es. Y habiendo inclinado la cabeza, entregó el espíritu.

Entonces los judíos, por cuanto era la preparación de la pascua, a fin de que los cuerpos no quedasen en la cruz en el día de reposo (pues aquel día de reposo era de gran solemnidad), rogaron a Pilato que se les quebrasen las piernas, y fuesen quitados de allí.

Vinieron, pues, los soldados, y quebraron las piernas al primero, y asimismo al otro que había sido crucificado con él.

Mas cuando llegaron a Jesús, como le vieron ya muerto, no le quebraron las piernas.

Pero uno de los soldados le abrió el costado con una lanza, y al instante salió sangre y agua.

Y el que lo vio da testimonio, y su testimonio es verdadero; y él sabe que dice verdad, para que vosotros también creáis.

Porque estas cosas sucedieron para que se cumpliese la Escritura: No será quebrado hueso suyo.

Y también otra Escritura dice: Mirarán al que traspasaron.

Después de todo esto, José de Arimatea, que era discípulo de Jesús, pero secretamente por miedo de los judíos, rogó a Pilato que le permitiese llevarse el cuerpo de Jesús; y Pilato se lo concedió. Entonces vino, y se llevó el cuerpo de Jesús.

También Nicodemo, el que antes había visitado a Jesús de noche, vino trayendo un compuesto de mirra y de áloes, como cien libras.

Tomaron, pues, el cuerpo de Jesús, y lo envolvieron en lienzos con especias aromáticas, según es costumbre sepultar entre los judíos.

Y en el lugar donde había sido crucificado, había un huerto, y en el huerto un sepulcro nuevo, en el cual aún no había sido puesto ninguno.

Allí, pues, por causa de la preparación de la pascua de los judíos, y porque aquel sepulcro estaba cerca, pusieron a Jesús.

(Juan 19:23-42)

Desde el momento en el que pusieron a Jesús en la tumba, su alma se puso a producir la salvación de todos los hijos de Dios de la Tierra. Este es el período cuando bajó a lo que llaman *infierno*, el descenso al plano astral, donde predicó a los espíritus rebeldes que habían sido llevados allí desde el hundimiento del continente de la Atlántida, o el diluvio de Noé.

Esta tarde vamos a rezar con todas las almas de luz, los santos vestidos de blanco representados en el libro del Apocalipsis, cuya misión en esta era consiste en ir a las zonas más oscuras de la Tierra a predicar a quienes no conocen la salvación de esta luz del Cristo. Vamos a orar por los que actualmente están viviendo la crucifixión.

Quisiera repasar para ustedes algunos ejemplos de lo que considero que sea la crucifixión de masas de gente de Dios en la Tierra en este siglo y en muchos otros siglos.

En respuesta a lo que Hitler denominó la «cuestión judía», se inició un programa genocida de persecución a los judíos en Alemania, Austria, Checoslovaquia, extendiéndose a Polonia, Rumanía, Hungría, Yugoslavia y Grecia. Los judíos eran reunidos y deportados a campos de concentración para ser torturados o exterminados en Polonia y Alemania, campos que todos conocemos: Auschwitz, Dachau, Buchenwald, Bergen-Belsen.

En Polonia, las víctimas eran obligadas a cavar fosas comunes y después eran ametralladas. En algunos campos los judíos eran sometidos a experimentos médicos diabólicos. Los hombres eran sometidos a trabajos forzados hasta la muerte y las mujeres era explotadas por sus captores como diversión. Y luego estaban las cámaras de gas. Por tanto, esa persecución a los judíos es un ejemplo de la tortura que sufren los que se dirigen hacia la luz de la verdad.

Mirando a Uganda hoy, vemos el fanatismo de líder Idi Amin Dada, la persecución de blancos y negros por igual, y que líderes religiosos, soldados o cualquiera que se atreva a decir la verdad puede ser asesinado en veinticuatro horas.* En Sudáfrica y Rodesia vemos a blancos y negros por igual sufrir la muerte por defender la verdad que ellos entienden. Vemos cómo están explotando el Zaire⁺ y los países africanos porque la gente quiere ser libre y está decidida a exigir su libertad. Algunas de esas personas están destinadas a ser libres en la conciencia Crística, mientras que otras que han impuesto la esclavitud buscan la libertad para continuar imponiendo la esclavitud.

Se torna claro, pues, que la confusa línea que separa la persecución de la iniciación de la crucifixión solo puede distinguirla el Señor Dios mismo. Porque mucha gente en la Tierra defiende una verdad que, bajo el análisis y la luz de la razón cósmica, se convierte en una verdad relativa, relativa para su perspectiva humana en vez de la verdad eterna que está por encima y va más allá de cualquier preferencia de raza o religión.

Vemos la muerte de árabes y judíos. Vemos la muerte de cristianos en el Líbano. Vemos la muerte de palestinos. Vemos a millones de personas que han muerto en el Lejano Oriente como resultado de nuestra evacuación de Vietnam.⁶ Vemos a millones de personas asesinadas tras la llegada de Mao a la China comunista. Y vemos lo mismo en Europa del este y en Rusia.⁷

Por todo el mundo y a lo largo de este siglo la gente que ha defendido aquello en lo que creía ha atravesado esta prueba de fuego que es la crucifixión; y esto continúa hasta el presente. Tomamos en cuenta a todos los que fueron a luchar en la Primera y la Segunda Guerra Mundial y en Corea. Miramos las tumbas que se extienden por millas y decimos con Lincoln que debemos vivir «para que estos muertos no hayan muerto en vano».‡ Vivieron por la verdad y pagaron el precio supremo. Vivieron por la libertad y pagaron el precio supremo.

*Idi Amin tomó el poder en Uganda en 1971 mediante un golpe militar. Su Gobierno de ocho años fue conocido por los graves abusos a los derechos humanos, la represión política y la limpieza étnica. Las estimaciones del número de personas muertas como resultado del Gobierno de Amin van de 300.000 a 500.000 en una población de 10 millones de personas.
⁺Conocido desde 1997 como la República Democrática del Congo.
‡Abraham Lincoln, *Discurso de Gettysburg*, 19 de noviembre de 1863.

Hoy día vemos que no se crucifica solo al individuo, sino también a los países. Estados Unidos es un país así. Puede que no lo pensemos al mirar desde nuestra cómoda casa, pero Estados Unidos está sometida a un odio muy intenso y a una degeneración que sale de dentro, de los mismos ancianos del pueblo que mataron a Cristo. Se lo dejo a ustedes el que exploren las persecuciones de este país, viendo que al pueblo estadounidense le están quitando la antorcha de la Libertad que se le ha entregado para que sea incapaz de llevarla a la Tierra.

Hasta nuestros niños están sintiendo una persecución muy intensa a través de la educación que reciben y aún más a través de la pornografía infantil. El aumento de la pornografía infantil en los Estados Unidos es alarmante. Es señal de degeneración y con seguridad acelerará el juicio.

El aborto, que es la crucifixión del Niño Cristo antes de nacer, la recreación de los soldados de Herodes matando a la encarnación de Dios,* no ocurre solo en los Estados Unidos, sino en todos los países. Y por la sangre de cada niño pagamos un precio muy alto. Lo pagamos de muchas formas y circunstancias, desde la sequía, la muerte y la hambruna hasta el desequilibrio ecológico y las condiciones que continúan porque nosotros mismos permitimos esa persecución.

Quisiera leerles una breve crónica sobre la pornografía infantil, por si no han leído nada acerca de este tema tan grave.

> Un grupo de Nueva York lanzó ayer una campaña contra la utilización de niños en películas y revistas pornográficas, y su presidente instó a los miembros del Congreso a que vieran por sí mismos por qué es necesario tomar duras medidas en este asunto.
>
> Contra el telón de fondo de revistas mostrando a niños posando desnudos y en varias posturas de actos sexuales, la Dra. Judianne Densen-Gerber dijo en una conferencia de prensa que el tráfico de este tipo de contenido proporciona mil millones de

---

*Mateo 2:16.

dólares al año y se vende por todo el país.

También dijo que hay pruebas de que padres y custodios «venden» a sus hijos con tales fines y que los niños involucrados tienen una edad mínima de tres años.

La Dra. Densen-Gerber es la presidenta de Odyssey Institute de Nueva York, que se ocupa del abuso de niños y que organizó manifestaciones contrarias a la pornografía ante las tiendas de venta de material para adultos ayer, en Nueva york, Filadelfia, Manchester (Nuevo Hampshire), Detroit, Chicago y Flint (Michigan).

La doctora dice que tiene la esperanza de lograr que aprueben proyectos de ley que exijan licencias para los materiales de contenido infantil y graves sanciones por abusos sexuales. También quiere que haya prohibiciones específicas, bajo el estatuto contra el abuso y el descuido infantil, para el uso o la venta de niños con fines sexuales.

En una conferencia de prensa que incluía extractos de dos películas sobre dos niños realizando actividades sexuales, la doctora dijo que la campaña ya ha dado como resultado la eliminación de este tipo de material en tiendas pornográficas en Washington y Nueva York.

La mayoría de las publicaciones y películas vienen de California, dijo la doctora, y muestran a niños y niñas entre 3 y 17 años...

Una de las películas mostrada en la conferencia de prensa se titulaba, «Suzy y su hermanito», donde se mostraba cómo una niña de 10 años le enseñaba a su hermano de 8 años los aspectos relacionados con hacer el amor, incluyendo el contacto oral genital, el contacto manual y el coito.[8]

Recuerden las palabras de Jesús: «Cualquiera que haga tropezar a uno de estos pequeñitos que creen en mí, mejor le fuera si se le atase una piedra de molino al cuello, y se le arrojase en el mar».* Jesús fue muy severo con nosotros acerca del cuidado a los niños

*Marcos 9:42; Mateo 18:6; Lucas 17:2.

pequeños, la conservación de la inocencia y la integridad del niño. Cuando vemos a una civilización que abusa de los niños, que asesina y destruye al niño, vemos a una civilización en un estado extremo de decadencia moral, una civilización con cáncer. Y nosotros sabremos que ese cáncer solo ser puede revertir poniendo en orden las energías de la totalidad del cuerpo.

Hoy el cuerpo de Cristo encarnado es crucificado. Cuando lloramos por Jesús en la cruz dirigimos indebidamente nuestras energías, porque él está ascendido y nos dijo: «No lloréis por mí, sino llorad por vosotras mismas y por vuestros hijos»[*]. Quienes no tienen permitido hablar con libertad, por quienes deberíamos llorar y rezar, es Cristo, son los judíos y los cristianos en la Unión Soviética.

¿Y qué hay de los productos de nuestra civilización, los jóvenes? En los Estados Unidos, actualmente el clima que hay como civilización es tan pesado que, cuando una madre da a luz a un hijo, ni siquiera tiene la sensación de tener una comunidad o una sociedad, no sabe qué hacer con el niño y lo pone en el cubo de la basura al que después encuentra y rescata algún policía. Esto lo enseñaron en las noticias esta semana. Y me rompió el corazón como si estuviera llorando por Cristo, porque para mí es señal de la gran enfermedad que tiene nuestra generación.

¿Qué hemos permitido que le ocurra a este país durante la última década? ¿Qué hemos permitido que penetre incluso contra los niños pequeños? Ya me pareció muy mal cuando me enteré de que estaban fabricando muñecas con genitales adultos para que los bebés jueguen con ellas. Ahora oímos hablar de una publicación en masa de películas y revistas pornográficas que enseñan niños haciendo todo lo que hacen los adultos.

¿No tenemos respeto por la Palabra encarnada? Esto se debe a que la creación impía, la progenie del malvado, ha conseguido convencer a toda una civilización occidental de que estos niños, estos adultos, estas madres, estos niños que están por nacer, *no* son el Cristo, sino que son una forma de descendencia animal o de ser humano.

---

[*]Lucas 23:28.

Y puesto que están convencidos de que no es el Cristo quien vive en ellos, la llama que hace latir su corazón, permanecen insensibles y duros de corazón pase lo que pase.

¿Qué es la vida? La vida vale muy poco. La vida se ha convertido en basura. ¿Qué importancia tiene que otro y otro más pase por el mundo y cuelgue de la cruz?

Hoy nuestro deber es bajar de la cruz a ese Niño Cristo y enseñarle el camino de la vida, el camino del amor y la maestría del yo. Nuestro deber es hacer que nuestra voz sea una sola, una voz común en la comunidad, donde no temamos involucrarnos, asumir puestos en las mesas directivas de la educación, en la política a nivel local, en la política a nivel estatal, que nuestra voz se oiga en el Gobierno federal, no permitir que estos ancianos del pueblo nos convenzan de que *ellos* son el gobierno.

¿Saben que nuestro país y nuestra gente ya no entienden la idea de «nosotros somos el Gobierno, nosotros, el pueblo, somos el Gobierno»? El ciudadano estadounidense es el miembro más importante del Gobierno de este país y tiene el derecho absoluto a expresarse. Pero la gente en todas partes piensa en el Gobierno como «ellos» allá y «nosotros» acá. Y así, hay una división: una burocracia y un pueblo impotente, impotente solo porque así lo cree la gente, pero en realidad no es impotente.

¿Quién puede ser impotente teniendo el poder de Dios en sí mismo, el poder del Cristo, el conocimiento de la entrega del YO SOY EL QUE YO SOY, la Palabra que Dios dio a Moisés como nombre que es la clave para la liberación de su gran energía? Ese nombre fue una liberación de energía suficientemente grande para liberar a todo el pueblo de Israel, incluso con su obstinación, incluso con su mirar atrás a las ollas de carne de Egipto.

¿Acaso creemos que ese nombre ha perdido su poder, que ese Cristo ha perdido su poder?

En los Estados Unidos estamos a punto de ver la mayor revolución que ha habido y que se ha ganado en esta Tierra. Es la revolución de conciencia. Cámbiese la conciencia de la gente, edúquese a la gente, y se revertirá la marea de persecución a los portadores de luz y se producirá una era de iluminación.

Solo la ignorancia hace que esta persecución continúe. Despierten a la gente. Enseñen a la gente la verdad. Proclamen la verdad y *vean* qué poder, qué creatividad, qué ingenio en Cristo hay en todas las razas, en todas las religiones, en toda la gente que vive aquí. Y luego vean lo que esta gente hará por sus hermanos y hermanas detrás del Telón de Acero, en África, en Sudamérica e incluso aquí, en México, que es nuestro vecino.

Ya verán en lo que se convierte el pueblo estadounidense cuando entiendan realmente que Cristo vive en todos nosotros y que Dios nos dio su nombre y su Presencia YO SOY para liberar todo el impulso acumulado de la Palabra para la victoria de la era.

Por eso el Viernes Santo se convierte en un día de victoria: puesto que uno ha vencido, todo podemos vencer.

Por favor, únanse a mí ahora en oración.

En el nombre de Jesús el Cristo, llamamos a las huestes del Señor. *Llamamos al ángel que consoló a Jesús en el Huerto de Getsemaní. Llamamos al ángel de la agonía. Llamamos a los ángeles de la resurrección. Pedimos todo el poder de la Luz de Dios.*

En el nombre del bendito Hijo que venció por nosotros, llamamos al corazón del Padre conociendo la promesa de que todo lo que pidamos en su nombre, el Padre nos lo dará. Rogamos, Padre nuestro, por la liberación de los niños pequeños, por la liberación de las almas que vienen a la Tierra hoy para ayudarnos y a moverse con nosotros, moviéndonos como un solo Espíritu para la victoria de la llama Crística.

Te llamamos, nuestro Dios Padre-Madre, para que intercedas a través de Cristo y abras los ojos de la gente, para que separes el mar Rojo, para que hagas que retroceda la oscuridad, permitas que este pueblo de los Estados Unidos conozca la verdad, vea la verdad y hable la verdad que lo hará libre.

Llamamos a nuestro Padre en el nombre de Jesús el Cristo para que envíe legiones y a las huestes del Señor para liberar este templo, los Estados Unidos, de los cambistas que han entrado en el templo y pervierten nuestro gobierno, nuestra economía, nuestras iglesias y nuestras escuelas, nuestras comunidades, nuestra individualidad y nuestra unión con amor. Pedimos que se le pueda enseñar a la gente la verdad. Pedimos que podamos tener este año para abrir el camino de la verdad y la comprensión de la verdadera religión que aparece.

Al afirmar nuestra unión con Cristo, con el SEÑOR Dios y con el Espíritu Santo, pedimos que envíes a las legiones de los arcángeles y los Elohim a todas las naciones de la Tierra donde la crucifixión esté teniendo lugar. Que esas almas de luz sean libres. Que las puertas de las prisiones sean abiertas. Que los ángeles vengan y que los que hablan la verdad sean libres. Rogamos por cada alma de la Tierra que esté buscando luz, que esté defendiendo la libertad y la verdad. Rogamos por cada alma del continente de África y Oriente Próximo, de todas las ciudades y estados de los Estados Unidos.

Oh, SEÑOR Dios, los seres humanos no pueden resolver estos problemas que la humanidad enfrenta. Son demasiado grandes para uno de nosotros o para todos. Y no se los vamos a dar a los que crucificaron al amado Hijo, porque tú nos has dado a nosotros, el pueblo, el derecho a gobernar a través de la llama trina del Padre, el Hijo y el Espíritu Santo. Por tanto, en el nombre del bendito Hijo, Jesús, hoy afirmamos nuestra Cristeidad. Afirmamos nuestra filiación e invocamos la autoridad de Dios Todopoderoso de estar con nosotros en nuestra marcha hacia el rescate de las almas de luz, con el verdadero significado del Viernes Santo, de todos los que quieran llevárselas antes de que su misión se cumpla.

Oh, Señor, que tu amor venga a nosotros como castigo, para que sepamos dónde nos equivocamos. Que tu amor venga a nosotros como juicio para que pueda haber la división del camino en nosotros entre verdad y error, luz y oscuridad, para que podamos elegir la luz y abandonar la oscuridad y que todos puedan tener la oportunidad de elegir ser o no ser Cristo. Que hoy elijan ser o no ser.

Oh, Señor, estamos agradecidos de que tu voluntad sea nuestra elección y que tú nos hayas dado a conocer tu voluntad. Por tanto, aceptamos nuestro llamamiento de ser hijos e hijas de Dios queriendo asegurar nuestra elección a través del Cristo, a través de la Presencia YO SOY, a través del Buda y a través de la Madre.

Invocamos a todas las huestes del cielo, a todo el Espíritu de la Gran Hermandad Blanca, los Maestros Ascendidos, para ratificar y confirmar en nosotros hoy el poder, la sabiduría y el amor del Cristo que llevará a la Tierra de nuevo a la era de la iluminación que anhelamos.

Oh, Dios y Jesús y todos los Maestros Ascendidos, comprendemos que ahora ha llegado nuestro momento. Estamos es el escenario de la vida para representar nuestro papel en el gran drama del Cristo. Os pedimos que seáis los directores de esta obra, que nos enseñéis dónde estar y qué decir en todo momento, a dar testimonio del Espíritu Santo y, sobre todo, a traer esa sabiduría, esa información, ese conocimiento con el que la propia gente, como Gobierno justo de este y de todos los países, pueda elegir la verdad, pueda legislar la verdad y volverla a traer a los tribunales y la justicia sea entronada.

En el nombre del Padre y de la Madre, del Hijo y del Espíritu Santo. Amén.

8 de abril de 1977

11

La resurrección de nuestro Señor

Buenos días y feliz Pascua a todos.

Hemos venido a celebrar la resurrección de nuestro Señor. Esta mañana deseo meditar con ustedes y comulgar con este Señor que es el Señor de la vida en todos nosotros. Cuando hablamos de la resurrección del Señor queremos decir que él está en la tumba esperando a aparecer por el llamado de la luz de la resurrección, esperando aparecer por el llamado del alma, por el libre albedrío y la llama interior del corazón que ha decidido: «Voy a ser libre».

Cuando meditamos en la palabra *Señor* descubrimos que su origen está en la misma clave interior que tiene la palabra *ley* y la propia *Palabra*.* De modo, que cuando hablamos de la resurrección del Señor nos referimos a la resurrección de la *Ley*. Ahora tenemos una percepción expandida del significado.

¿De qué ley estamos hablando? Es la ley que es el Señor de nuestra vida. Es la ley que gobierna el flujo de energía desde el origen en el Espíritu hasta el efecto en la materia. Es la ley de la vida que mueve todas las células, que gobierna nuestra conciencia, nuestro contacto mutuo.

---

*En inglés *Lord* (Señor), *law* (ley), *Word* (Palabra). (N. del T.)

Cuando pensamos en la resurrección de la ley, volvemos a querer decir que la ley ha sido enterrada en la tumba. Es la tumba de la materia esperando a que se la invoque.

Ahora tomemos la palabra *Logos,* la palabra griega de la que proviene el término *Palabra,* y nos referimos a la resurrección de la Palabra, y contemplamos el significado de la Palabra en nosotros. La Palabra es la emisión original de la creación. Con la Palabra se hicieron todas las cosas y no hay nada que fuera hecho sin la Palabra. La Palabra estaba en el principio con Dios.* La Palabra es como el átomo semilla de los hijos y las hijas de Dios.

Hablamos de la resurrección de nuestro Señor, de nuestra Ley y nuestra Palabra. Empezamos a comulgar con la vida, el Dios interior. Y comprendemos que toda la representación de Pascua, la pasión de Jesús, tiene que ver con la demostración pública del Hijo de Dios para mostrarnos que a fin de despertar de nuestro sueño y levantarnos de una existencia muerta,† debemos invocar la misma llama de la resurrección que él invocó. Debemos hacerlo por libre albedrío, porque ni todo el cosmos va a imponernos esta resurrección. A nosotros corresponde participar de ella por libre albedrío, por la llama trina en nuestro corazón, el foco bendito de la Trinidad que Dios nos ha dado a todos.

Hoy podemos decidir vivir la resurrección de nuestro Señor, nuestro Ser Crístico, nuestra conciencia Crística. Podemos decidir vivir la resurrección de nuestra ley interior del ser, que está lista para gobernar nuestra vida, si por libre albedrío escogemos resucitarla. Y hoy podemos decidir vivir la resurrección de la Palabra.

El Buda y por el Cristo invocan todas las energías ascendentes de la llama de la Madre en nosotros y hoy unen sus manos para el encuentro de Oriente y Occidente y para comprender que la clave para entrar en la nueva era de nuestra Tierra es la esencia del mensaje de Pascua: la resurrección de la vida de Dios en nosotros.

---

*Juan 1:1-3.
†Romanos 13:11.

El hombre fue quien decidió buscar el descubrimiento de la fusión del átomo, y la energía nuclear que ahora tiene a su disposición, es una energía enorme para cambiar la vida en la Tierra. Por tanto, el hombre es quien debe decidir liberar la energía de su ser. El hombre decidió capturar el relámpago y así tener el poder de la electricidad. El hombre es quien decide a diario encender la luz en su casa con el interruptor. Lo mismo ocurre con la decisión de tener a Dios en nuestro templo.

Las leyes siempre han estado presentes. La Palabra siempre ha estado presente. Y nuestro Señor siempre ha estado con nosotros. Pero esta conciencia que nosotros experimentamos como nuestro potencial de ser Dios se ha dotado del don supremo del libre albedrío, así como de las llamas de la vida con la que implementar la elección suprema: ser el hijo, ser la hija de Dios, reunirse con Dios como hizo Jesús.

Por consiguiente, esta mañana vamos a meditar en esta vivificación, en esta resurrección, en esa elevación de la luz en nosotros. Estamos preparándonos para los dictados de Gautama Buda y Jesús el Cristo. Al prepararnos, la mayor preparación que podemos hacer es ofrecer nuestras energías como lirios en el tallo. Al elevar la luz de la Madre, presentamos nuestra ofrenda floral al Señor del Mundo, al Cristo Eterno. ¿Y no es esta nuestra ofrenda más grande, enseñar a los que nos han precedido que hemos entendido el mensaje de Pascua, que nos hemos convertido en el lirio puro y en lo perenne de la vida, que hemos aceptado la vida como nuestra vocación y que nuestro propósito supremo en la Tierra es resucitar esa vida, primero en nosotros y después en todo lo que tenga vida?

Así, vamos a meditar en la liberación de las energías de nuestros chakras. Estos centros sagrados que Dios nos ha dado son puntos de concentración de su conciencia cósmica cuando son despertados por el Buda, vivificados por el Cristo y amados por la Madre en nosotros. Debemos adorar la Presencia Divina en estos centros. Debemos amar estos centros como flores, como el sol envía el resplandor de amor cuyo calor se traduce para toda la vida en la Tierra como cuidados cósmicos, el cuidado eterno de Dios. Y la finalidad de ese cuidar es exaltar la vida.

Estos centros sagrados sirven para que experimentemos la presencia de Dios a través del Cristo, del Buda y de la Madre. Son como átomos cerrados, semillas cerradas de luz, esperando abrirse. La clave es nuestro libre albedrío. Y después del libre albedrío está el saber cómo hacerlo, el saber cómo implementar la Ley, el Señor y la Palabra para emitir la energía y obtener una emisión controlada, concentrada, disciplinada y amorosa que tenga propósito, y el propósito se declara: «Las hojas del árbol eran para la sanidad de los átomos».*

El hombre y la mujer, el hijo y la hija de Dios, *ustedes* son el Árbol de la Vida, y las hojas son la percepción disciplinada que aparece a partir de los centros sagrados. Esas hojas representan la vida, una vida que llega a ser nuestra para darla a las naciones, las cuales representan todos los planos y niveles de conciencia en la Tierra y en los sistemas de mundos.

En definitiva, al considerar las ambiciones de la vida y la multitud de cosas que buscamos, especialmente en Occidente, donde tenemos una vida tan activa y plena, después de considerar todo aquello por lo que nos esforzamos en un sentido material, todo ese esfuerzo se reduce al hecho de que todos tenemos solo *una* elección en la vida, y esa elección es la de ser o no ser Dios. Todo lo demás que hagamos o bien nos lleva a responder a esta elección o bien nos lleva lejos de su consideración.

Esta mañana nos hemos reunido porque deseamos confirma la vida, porque entendemos que nuestro don más grande para Jesús en Pascua es ser como él en vez de adorar su personalidad y permitir que siga estando lejos de nosotros como el único Hijo de Dios que pudo vivir la resurrección.

Pablo predicó que, si la resurrección de los muertos no es cierta, nuestra predicación es vana.† Por consiguiente, aceptamos nuestra

---

*Apocalipsis 22:2.
† 1 Corintios 15:12-14.

vocación en esta era de implementar el plan que Jesús vivió. Lo aceptamos porque sabemos que, si algunos no lo ven en la carne y la sangre, como Tomás exigió,* si algunos no ven la evidencia de la victoria, no creerán posible que los mortales sean convertidos en inmortales.† Solo creerán que se necesita una excepción a la regla de la vida para la gran demostración de la ley del cosmos. Por consiguiente, por aquellos que no creen a no ser que vean, *nosotros* debemos convertirnos en la resurrección.

Al meditar en la ciencia de la Palabra hablada y utilizarla, voy a transferirles a ustedes cierto impulso acumulado de la maestría sobre los chakras y la apertura de los chakras, empezando con la raíz de la vida, el chakra de la base, la llama de la Madre; y juntos elevaremos esa energía, como el tallo del lirio. Al final de nuestra meditación estaremos en el nivel del chakra de la coronilla, el estallido de la pureza de la sabiduría del Cristo y del Buda.

Primero vamos a hacer los «Decretos de corazón, cabeza y mano», del amado El Morya, y después vamos a hacer unas meditaciones sobre el Buda y la Madre. Todo lo que hagamos desde este punto en adelante es para que ustedes escojan ser Dios a través de la resurrección.

Cuando invoquemos la llama violeta, ello servirá para consumir la sustancia que supone una carga para los centros, toda la sustancia o energía de Dios que no vibra a la frecuencia más alta de la Ley, el Señor y la Palabra que van a liberarse en cada centro.

La acción de la llama violeta del Espíritu Santo sirve para limpiar el camino del Río de la Vida en ustedes. Mediten en esta llama violeta fluyendo e hinchándose a través de ustedes, creciendo y limpiando la senda para que pasen los fuegos de la resurrección.

Cuando lleguemos a la sección sobre la ascensión, mediten en su chakra de la coronilla y sientan la energía subir por el tallo de la vida.

---

*Juan 20:24-29.
† 1 Corintios 15:53.

Decretos de corazón, cabeza y mano

Fuego Violeta

Corazón

¡Fuego violeta, divino amor,
arde en este, mi corazón!
Misericordia verdadera tú eres siempre,
mantenme en armonía contigo eternamente. (3x)

Cabeza

YO SOY luz, tú, Cristo en mí,
libera mi mente ahora y por siempre;
fuego violeta brilla aquí,
en lo profundo de esta, mi mente.

Dios que me das el pan de cada día,
con fuego violeta mi cabeza llena.
Que tu bello resplandor celestial
haga de mi mente una mente de Luz. (3x)

Mano

YO SOY la mano de Dios en acción,
logrando la victoria cada día;
para mi alma pura es una gran satisfacción
seguir el sendero de la Vía Media. (3x)

Tubo de Luz

Amada y radiante Presencia YO SOY,
séllame ahora en tu tubo de luz
de llama brillante maestra ascendida
ahora invocada en el nombre de Dios.
Que mantenga libre mi templo aquí
de toda discordia enviada a mí.

YO SOY quien invoca el fuego violeta,
para que arda y transmute todo deseo,

persistiendo en nombre de la libertad
hasta que yo me una a la Llama Violeta. (3x)

Perdón

YO SOY el perdón aquí actuando,
desechando las dudas y los temores,
la victoria cósmica despliega sus alas
liberando por siempre a todos los hombres.

YO SOY quien invoca con pleno poder
en todo momento la ley del perdón;
a toda la vida y en todo lugar
inundo con la gracia del perdón. (3x)

Provisión

Libre YO SOY de duda y temor,
desechando la miseria y la pobreza,
sabiendo que la buena provisión
proviene de los reinos celestiales.

YO SOY la mano de la fortuna de Dios
derramando sobre el mundo los tesoros de luz,
recibiendo ahora la abundancia plena,
las necesidades de mi vida quedan satisfechas. (3x)

Perfección

Vida de dirección divina YO SOY,
enciende en mí tu luz de la verdad.
Concentra aquí la perfección de Dios,
líbrame de toda discordia ya.

Guárdame siempre muy bien anclado
en toda la justicia de tu plan sagrado,
¡YO SOY la presencia de la perfección
viviendo en el hombre la vida de Dios! (3x)

Transfiguración

YO SOY quien transforma todas mis prendas,
cambiando las viejas por el nuevo día;
con el sol radiante del entendimiento
por todo el camino YO SOY el que brilla.

YO SOY luz por dentro, por fuera;
YO SOY luz por todas partes.
¡Lléname, libérame, glorifícame!
¡Séllame, sáname, purifícame!
Hasta que transfigurado todos me describan:
¡YO SOY quien brilla como el Hijo!,
¡YO SOY quien brilla como el Sol! (3x)

Resurrección

YO SOY la llama de la resurrección,
destellando la pura luz de Dios.
YO SOY quien eleva cada átomo ahora,
YO SOY liberado de todas las sombras.

YO SOY la Luz de la Presencia Divina,
YO SOY por siempre libre en mi vida.
La preciosa llama de la vida eterna
se eleva ahora hacia la victoria. (3x)

Ascensión

YO SOY la luz de la ascensión,
fluye libre la victoria aquí,
todo lo Bueno ganado al fin
por toda la eternidad.

YO SOY luz, desvanecido todo peso.
En el aire ahora me elevo;
con el pleno poder de Dios en el cielo
mi canto de alabanza a todos expreso.

¡Salve! YO SOY el Cristo viviente,
un ser de amor por siempre.
¡Ascendido ahora con el Poder de Dios
YO SOY un sol resplandeciente! (3x)

¡Y con plena fe acepto conscientemente que esto se manifieste, se manifieste, se manifieste! (3x), ¡aquí y ahora mismo con pleno Poder, eternamente sostenido, omnipotentemente activo, siempre expandiéndose y abarcando el mundo hasta que todos hayan ascendido completamente en la Luz y sean libres! ¡Amado YO SOY! ¡Amado YO SOY! ¡Amado YO SOY!

AUM Buda, AUM Christos en el corazón de la Madre. Salve a la luz de hijos e hijas de Dios. Aparece, oh luz, a partir de cada centro sagrado. Aparece, oh luz, en esta hora de la victoria, la hora de la resurrección.

Que nuestra meditación sea sobre la libertad que tiene Dios de existir en nosotros y de ser pleno. Por la invencible majestuosidad del Anciano de Días, aparezca la luz en la Tierra en el corazón de cada niño de Dios.

Ahora, mientras los Elohim, los arcángeles y el Señor Cristo y la Madre mantienen el equilibrio de esta luz, aumente la luz por los fuegos sagrados de la resurrección, elevándose en meditación sobre el Buda y la Madre, elevándose, elevándose, elevándose a Dios, emitiendo energías de Dios.

Que todos los que comulgan ahora con el Señor interior —el Cristo, el Buda, la Madre interior— reciban el fuego del Gran Sol Central para engrandecer la plenitud en la tierra, como es en el cielo.

Hágase tu voluntad, oh, Dios. Espíritu Santo, entra en este templo santificado de nuestro Dios. Maha Chohán, ángeles del Gran Sol Central y la llama del consuelo, pasad ahora por el microcosmos de todos. Pasad, oh vientos del Espíritu Santo. Y que el estruendo del viento y del agua sea para la limpieza de la conciencia, la celosía del ser. Elévate, elévate y elévate, oh llama del Amor.

Oh, Dios, YO SOY para que tú puedas ser en mí
la plenitud de ese amor cósmico.
Soy un instrumento de Dios.
Esta es mi razón de ser.

¡Que la luz se expanda, asuma el mando!
¡Este es mi llamado, esto es lo que exijo!
Lo pongo sobre la vida y el cosmos.
Llamo a cada centro solar y a cada hijo de Dios.
Aquí estoy, oh, Señores de la Vida,
aumentad en mí ahora el centro solar de campos energéticos
y sea yo ese testigo de verdad eterna
de que Dios, como energía, es la prueba
de que todo es uno; Creador en la creación;
y que yo también soy un sol resplandeciente
de justicia.

La Palabra salió y yo fui formado
para ser esa forma infundida de vida,
para que todos sepan y sean
el cristal de la eternidad
y así expandir, expandir, expandir
el gran Yo Divino de todos, YO SOY.
Expándase ahora
para que nadie pueda jamás caer de la gracia,
de la conciencia divina,
del caminar, el caminar interior,
de la plenitud sanadora,
unión sagrada y estado de dicha,
de gracia en la escucha y quietud contemplada,
como el Buda en la Madre,
la Madre en el Buda.

¡Oh, Jesucristo, aparece!
¡Nace y resucita en mí!

¡Gautama Buda, aparece!
¡Nace, sé iluminado en mí!
Deja que yo sea tú, porque ha llegado la hora
de que se cumpla la ley de Dios.
Ven, oh ven, Buda de mi corazón.
Abre, abre, abre el camino
con el aliento sagrado,
con conciencia cósmica, omnisapiente,
la seguridad de Dios fluyendo
al centro de la mano
del Dios Padre-Madre.
Veo tu mano extendida para tomar la mía,
para llamar a mis energías hacia el centro de la luz
del corazón de Dios.

Tómame, Madre,
guíame tras los pasos de tu Hijo.
Tómame, Madre,
y muéstrame el camino de la victoria de Dios lograda.
Tómame y pon mis manos en las suyas,
porque quisiera caminar y hablar con Buda hoy.
Y quisiera ser con él el Cristo en el camino de la vida.
Y todo esto, esta dicha cósmica
y la ley de la superación
por un propósito solo,
es decir, para que la humanidad expíe
los abusos de la vida y los abusos de la Ley.
Quisiera ser el cumplimiento de la expiación
y con Cristo en la cruz y en la tumba,
en el monte con victoria y en el Aposento Alto.
Yo también quisiera ser testigo de la victoria.

¡Afirmo mi identidad!
YO SOY la gloria plena del vivir de la resurrección

y la rosa de la vida en el tallo.
Quisiera ser la esencia, la fragancia,
la plenitud de la conciencia del amor.
Oh, Ma Ray, oh, Madre del Mundo,
envuelve a tus hijos en las mantillas
de la llama de la resurrección,
el principio de la vestidura sin costuras
que cada hijo tejerá algún día.

AUM Buda.
AUM Buda.
Sea tu manto de justicia cósmica e iluminación
el manto de receptividad,
el manto de tu plenitud,
de contemplación y de nirvana,
para que vayamos contigo
al lugar donde Cristo ha resucitado
para oír sus palabras,
conocer su voz
y seguirlo
en la ascensión de esa Palabra en nosotros,
que se ha convertido en la Palabra de nuestra vida eterna.

He aquí, YO SOY el Camino, la Verdad y la Vida.
YO SOY la resurrección.
YO SOY con Madre la Ascensión en la Luz.
Amén, Buda.
Amén, Madre.
Amén, Ser Crístico.
YO SOY ahora y por siempre un resplandeciente sol cósmico.

10 de abril de 1977

Notas

CAPÍTULO 1

1. El primer versículo de esta epístola afirma que esta está escrita por San Pablo. Algunos eruditos modernos la atribuyen a un seguidor que escribió como San Pablo; otros defienden su autenticidad con igual convicción.

CAPÍTULO 2

1. Cuando Siddharta Gautama (que pronto sería el Buda) se sentaba bajo el árbol Bo, habiendo hecho el voto de quedarse ahí hasta estar totalmente iluminado, Mara, el Malvado, lo tentó con visiones de deseo y de muerte, desafiando finalmente su derecho a hacer lo que hacía. Gautama, que permaneció inamovible, respondió golpeando suavemente la tierra haciendo el gesto de tocar la tierra (mano izquierda sobre el regazo, mano derecha señalando hacia abajo, tocando la tierra) y la tierra tronó su respuesta: «Yo doy testimonio». Todas las huestes del Señor y los seres elementales aclamaron su derecho a buscar la iluminación del Buda, tras lo cual Mara huyó.

CAPÍTULO 4

1. Hechos 27 describe a Pablo siendo llevado a Roma como prisionero. Cuando su barco estaba anclado en Creta, Pablo le dijo al centurión que lo vigilaba que seguir adelante en esa estación era poner en peligro el barco. Al navegar a pesar de la advertencia de Pablo, la gran tormenta venció al barco que pareció que se perdería. Un ángel de Dios se apareció a Pablo y le dijo que no temiera, que Dios le había concedido las vidas de todos en el barco. Desde ese momento, la tripulación del barco siguió las instrucciones de Pablo y aunque habían naufragado en la isla de Malta, los pasajeros se salvaron, como Pablo había predicho.

CAPÍTULO 6

1. Quizá, entre otros escritos de los apóstoles, el más notable que ha visto la luz sea el Evangelio de Tomás, cuyo manuscrito se descubrió en Nag Hammadi, en Egipto, en 1945. Este y otros escritos cristianos primitivos descubiertos en Nag Hammadi se pusieron en circulación en inglés en 1977 con la publicación de la primera traducción inglesa de la biblioteca completa. Véase James M. Robison, ed., *The Nag Hammadi Library in English* (San Francisco: Harper & Row, 1977).

   También tiene interés el relato del padre de la Iglesia Clemente de Alejandría sobre una segunda versión más extensa del Evangelio de Marcos. Clemente cita un pequeño fragmento de este evangelio en una carta descubierta en la biblioteca del monasterio ortodoxo griego de Mar Saba, en 1958. Véase Morton Smith, *The Secret Gospel: The Discovery and Interpretation of the Secret Gospel According to Mark* (*El Evangelio secreto: Descubrimiento e interpretación del Evangelio secreto según Marcos*) (Clearlake, Calif.: Dawn Horse Press, 1982).

   Otros textos del cristianismo primitivo no incluidos en el Nuevo Testamento están publicados en G. R. S. Mead, *Pistis Sophia: A Gnostic Gospel* (*Pistis Sofía: un evangelio gnóstico*) (Blauvet, N.Y.: Spiritual Science Library, 1984); y Willis Barnstone, ed., *The Other Bible* (*La otra Biblia*) (San Francisco: Harper and Row, 1984). Puesto que estos manuscritos han estado perdidos durante casi dos mil años, parece probable que existieran muchos otros escritos de los apóstoles que no han sobrevivido hasta el presente.

CAPÍTULO 7

1. La relación entre Jesús y los esenios ha sido causa de una enorme cantidad de debates entre los eruditos. Jesús no puede haber desconocido a los esenios, puesto que estos eran una de las tres sectas judías principales del momento, junto con los fariseos y los saduceos. Jesús hace frecuentes referencias a las dos últimas, pero los esenios nunca son mencionados en el Nuevo Testamento. Algunos eruditos concluyen que Jesús y sus seguidores no mencionan a los esenios porque ellos mismos eran esenios.

   Los eruditos señalan los parecidos entre lo que se conoce de las prácticas y creencias de los esenios y los cristianos primitivos. Por ejemplo, los esenios practicaban el bautismo y compartían el vino mucho antes de que esto lo popularizaran Juan el Bautista y Jesús; el libro de los Hechos dice que los cristianos primitivos vivían en comunidades y tenían compartían sus posesiones, como los esenios; y ambos grupos buscaban la unción del Espíritu Santo.

2. Para encontrar una crónica de la persecución y tortura a los cristianos detrás del Telón de Acero, véase Richard Wurmbrand, *Tortured for Christ* (*Torturado por Cristo*) (Bartlesville, Okla.: Living Sacrifice Book Company, 1998). Después de

su liberación tras catorce años en una prisión rumana, Wurmbrand estableció "La voz de los mártires", una organización de apoyo a los cristianos presos y a sus familias en países comunistas, islámicos u otros países donde los cristianos son perseguidos por su fe.

CAPÍTULO 8

1. Un tema importante sobre el que habla la Sra. Prophet en este capítulo es el principal tema geopolítico de aquel momento, la amenaza que representaba la Unión Soviética. En las décadas posteriores a la Segunda Guerra Mundial, la Unión Soviética expandió su influencia de manera agresiva con guerras subsidiarias en países tercermundistas, habiendo declarado abiertamente tener como meta el dominio de los países occidentales mediante un estado totalitario. La situación geopolítica en el siglo veintiuno es distinta, pero las mismas fuerzas tiránicas y opresoras siguen muy vivas, aunque aparezcan en el mundo con formas y apariencias distintas. Por tanto, al leer, piense en los asuntos de actualidad en el mundo y cómo esos principios aún tienen validez.

El día después de la toma de posesión de Jimmy Carter como presidente, en enero de 1977, el disidente soviético Andrei Sakharov escribió una carta buscando apoyo en su oposición a las violaciones de los derechos humanos y la opresión en la Unión Soviética. Carter respondió el 5 de febrero expresando el apoyo suyo y del Gobierno de los Estados Unidos en la promoción de los derechos humanos en la Unión Soviética y en todo el mundo. Cuando la carta de Carter apareció en la prensa, los líderes soviéticos reaccionaron con enfado, acusando a Carter de interferir en los asuntos nacionales de su país.

2. En 1977, los préstamos de los bancos occidentales a la Unión Soviética sumaban un total entre cuarenta y sesenta mil millones de dólares, aproximadamente doscientos mil millones de dólares del año 2014. (Senado del Congreso de los Estados Unidos, Subcomité Permanente sobre las Investigaciones del Comité de Asuntos Gubernamentales, *The Rising Soviet and East European Debt to the West* [*La creciente deuda de la Unión Soviética y Europa oriental con Occidente*] [Washington, D.C.: Government Printing Office, 1977], pág. 12; y Maj. Gen. George Keegan, "The Defense of America" ["La defensa de los Estados Unidos], discurso en Summit University Forum, Pasadena (California), 9 de octubre de 1977).

3. Los Acuerdos de Helsinki son el resultado de la Conferencia sobre la Seguridad y la Cooperación en Europa celebrada en Helsinki (Finlandia) en julio y agosto de 1975. Los acuerdos fueron un intento de mejorar las relaciones entre el bloque comunista y Occidente, en los que se incluyeron estipulaciones contra la amenaza o el uso de la fuerza contra otros países, acuerdos pacíficos de

disputas, la no interferencia en asuntos nacionales de otros países y el respeto a los derechos humanos y las libertades fundamentales. Los líderes soviéticos vieron los acuerdos como una aceptación por parte de Occidente de la anexión forzosa de los países de Europa del este después de la Segunda Guerra Mundial. Sin embargo, no hicieron ningún intento por cumplir su compromiso bajo los acuerdos de respetar los derechos humanos.

4. El hecho de que Moisés recibió la Ley de los ángeles parece haber sido un conocimiento común en esa época. La epístola de Pablo a los gálatas dice que la Ley "fue ordenada por medio de los ángeles" (Gálatas 3:19). La epístola a los hebreos, hablando de la Ley, dice: "La palabra dicha por medio de los ángeles fue firme" (Hebreos 2:2). Flavio Josefo, el sacerdote e historiador judío del primer siglo d. C. dice: "Hemos aprendido de Dios la más excelente de las doctrinas y la parte más santa de nuestra ley de los ángeles". (William Whiston, tr., *Antiquities of the Jews* XV, 5:3 *(Antigüedades de los judíos)*.

5. El rechazo a los ángeles por parte de las jerarquías eclesiásticas se retrotrae al menos al Concilio de Laodicea, 363-364 d. C. El canon 35 de este concilio pronuncia un anatema sobre los que invocan la ayuda de los ángeles: "No corresponde que los cristianos abandonen la Iglesia de Dios y se alejen, que invoquen a los ángeles y convoquen congregaciones porque ello está prohibido. Por ello, si alguien es descubierto ejerciendo tal idolatría secreta, que sea anatematizado por haber dejado a nuestro Señor Jesucristo, Hijo de Dios, y haberse dedicado a la idolatría".

En el Concilio de Roma en 745 d. C., el papa Zacarías prohibió que se utilizara el nombre de cualquier ángel que no fuera Miguel, Gabriel y Rafael.

En las últimas décadas los ángeles se han popularizado dentro y fuera de la Iglesia, una tendencia que algunos líderes cristianos han adoptado. (Por ejemplo, Billy Graham ha escrito un libro sobre ángeles que consta en la lista de los más vendidos). Sin embargo, otros líderes cristianos continúan predicando contra el contacto con los ángeles basándose en que la oración es una forma de idolatría a no ser que esté dirigida a Dios Padre o a Jesús.

CAPÍTULO 9

1. Oswald Johnson, "Carter Vows to Push for Arms Agreement" ("Carter promete trabajar por un acuerdo armamentístico"), *Los Angeles Times*, 3 de abril de 1977, pág. A1.

2. Para obtener más documentación sobre la ayuda militar y tecnológica de los Estados Unidos a la Unión Soviética, véase Antony Sutton, *National Suicide: Military Aide to the Soviet Union (Suicidio nacional: ayuda militar a la Unión Soviética)* (New Rochelle, N.Y.: Arlington House, 1973).

3. Véase capítulo 2, nota 1.

4. Véase Aleksandr Solzhenitsyn, *Archipiélago Gulag*, tres volúmenes (New York: Harper & Row, 1973-76, versión en inglés); Sidney Bloch y Peter Reddaway, *Soviet Psychiatric Abuse: The Shadow over World Psychiatry* (*Abuso psiquiátrico soviético: la sombra sobre la psiquiatría mundial*) (London: Victor Gollancz, 1984); Senado de los Estados Unidos, Comité de lo Judicial, *Abuso psiquiátrico para la represión política en la Unión Soviética:* Audiencia, Congreso noventa y dos, segunda sesión (Washington, D.C.: U.S. Government Printing Office, 1972).

5. "En marzo de 1977, el juez del Juzgado Superior de California S. Lee Vavuris dictó de que cinco miembros adultos de la Iglesia de la Unificación fueran puestos durante treinta días bajo la custodia de sus padres. El juez Vavuris se negó a prohibir la desprogramación durante la custodia, pero dictó que los padres debían estar presentes en todo momento: 'Un hijo es hijo, aunque los padres puedan tener 90 años y el hijo 60'". (Thomas Brandon, *New Religions, Conversions and Deprogramming: New Frontiers of Religious Liberty* (*Religiones, conversiones y desprogramación nuevas: nuevas fronteras de libertad religiosa*) [Oak Park, Ill.: Center for Law & Religious Freedom, 1982], págs. 18-19). El dictamen fue revertido por apelación en octubre de 1977.

CAPÍTULO 10

1. Mateo 27:25; Arcangelina Aurora, "Now Is the Judgment of This World" ("Ahora es el juicio a este mundo"), en Elizabeth Clare Prophet, *Vials of the Seven Last Plagues* (*Viales de las siete últimas plagas*) (1976; segunda ed. Gardiner, Mont.: Summit University Press, 2004), pág. 85.

2. A principios de 1968, el Gobierno comunista de Checoslovaquia inició un programa de liberalización que ha llegado a conocerse como la Primavera de Praga. El movimiento para la reforma tenía mucha popularidad en Checoslovaquia, pero los líderes soviéticos temían que eso terminara en exigencias para más reformas parecidas en otros países del bloque oriental soviético. En agosto de 1968, 200.000 soldados y 2000 tanques de la Unión Soviética y fuerzas del Pacto de Varsovia invadieron Checoslovaquia. Los ejércitos invasores recibieron como respuesta numerosas muestras de resistencia no violenta.

3. En 1956, una sublevación espontánea nacional derrocó al Gobierno comunista de Hungría. Un nuevo Gobierno, liderado por Imre Nagy, declaró la neutralidad de Hungría y su salida del Pacto de Varsovia. Los líderes soviéticos al principio anunciaron su intención de negociar con el Gobierno húngaro, pero unos días después enviaron una gran fuerza militar para invadir Hungría. El ejército húngaro y las milicias locales lucharon contra el ejército soviético, pero

en una semana la resistencia se eliminó. Durante la invasión, los programas de la Radio Free Europe en idioma húngaro animaba a los húngaros a oponer resistencia a las fuerzas invasoras y daba consejos tácticos sobre métodos a utilizar por la resistencia. Aparte de eso, los Estados Unidos y los países occidentales se quedaron como observadores y no hicieron nada. Dos mil quinientos húngaros murieron durante la invasión.

4. Se dijo que algunos soldados de las fuerzas soviéticas que invadieron Hungría pensaban que los enviaban a Berlín para luchar contra los fascistas alemanes (Peter Fryer, *Hungarian Tragedy (Tragedia húngara)* [London: D. Dobson, 1957], cap. 9).

5. Arcangelina Aurora, "Ahora es el juicio de este mundo", págs. 85-86.

6. Las tropas estadounidenses se retiraron de Vietnam del Sur en 1973, después de firmar los Acuerdos de paz de París, que pusieron fin a la Guerra de Vietnam. En diciembre de 1974, el régimen comunista de Vietnam del Norte, que recibía ayuda militar de la Unión Soviética y China, violó los Acuerdos de París al lanzar una invasión total del Sur. Saigón cayó el 30 de abril de 1975. Después de la guerra, el Gobierno comunista instituyó un programa de colectivización obligatoria de granjas y fábricas. Dos millones y medio de vietnamitas del sur fueron obligados a entrar en "campos de reeducación", donde murieron unos 200.000 prisioneros. Entre 100.000 y 250.000 personas fueron ejecutadas en asesinatos extrajudiciales y otras 48.000 murieron en trabajos forzosos en las "nuevas zonas económicas". A finales de la década de 1970 y a principio de 1980, las condiciones eran tan opresivas que millones de personas huyeron del país en barcas rudimentarias, creando una crisis humanitaria internacional. Se estima que unas 500.000 personas murieron en el mar. Estas estimaciones no incluyen a quienes murieron por la carencia de alimentos creada por la política del Gobierno.

    La retirada estadounidense del Sureste de Asia también permitió la toma de poder en Camboya por parte de los Jemeres Rojos, que mataron a unos 2 millones de su propia gente, aproximadamente una cuarta parte de la población de Camboya.

7. R. J. Rummel estima que el número de muertes causadas por el Gobierno de la Unión Soviética es de 62 millones de personas. Las muertes que se pueden atribuir al Gobierno comunista en China son de 73 millones de personas, desde 1949 a 1987. Véase R. J. Rummel, *China's Bloody Century (El siglo sangriento de China)* (New Brunswick, N.J.: Transaction Publishers, 1991); disponible online en http://www.hawaii.edu/powerkills/NOTE2.HTM#FIG.

8. "Dicen al Congreso que 'busque' la obscenidad infantil", *The Daily Herald* (Chicago, Ill.), 15 de febrero de 1977, pág. 4.

ELIZABETH CLARE PROPHET es una escritora de renombre mundial, instructora espiritual y pionera en la espiritualidad práctica. Sus innovadores libros se han publicado en más de treinta idiomas y se han vendido más de tres millones de ejemplares en todo el mundo.

Para obtener más información acerca de las obras de Elizabeth Clare Prophet, que incluye sus libros de bolsillo para la espiritualidad práctica y su serie sobre Las enseñanzas perdidas de Jesús y Los senderos místicos de las religiones del mundo visita SummitUniversityPress.com.